国家出版基金项目
NATIONAL PUBLICATION FOUNDATION

20世纪中国科学口述史

民国时期机电技术

MECHANICAL ENGINEERING
AND ELECTRICAL ENGINEERING
IN THE REPUBLIC OF CHINA

王守泰 陆景云 顾毓琇 雷天觉 等◎口述
恽 震◎自述 张柏春◎访问整理

湖南教育出版社

席泽宗序

正当21世纪开头的时候，湖南教育出版社策划编辑出版一套《20世纪中国科学口述史》丛书，有计划地访问一些当事人，希望他们能将亲历、亲见、亲闻的史实回忆口述，让采访者整理成文字和音像资料，为后人留下一些宝贵的文化财富。这是一件很有意义的事，应该得到各方面的支持。

口述历史很重要。《论语》就不是孔子（前551—前479）的著作，而是口述。这情形与希腊的苏格拉底（约前470—前399）及其以前的哲学家们相似。那个时代学者们还没有自己著书立说的习惯，思想学说都是靠自己口述而由门人弟子记录下来的。正如《汉书·艺文志》所说："《论语》者，孔子应答弟子、时人，及弟子相与言而接闻于夫子之语也。当时弟子各有所记，夫子既卒，门人相与辑而论纂，故谓之《论语》。"《论语》被奉为儒家经典，流传两千多年，一字值千金。我们当代人的所见、所闻、所历，不能与之相比，但"集腋成裘，聚沙成塔"，贡献出来，流传下去，对社会还是有益的。

司马迁著《史记》，上古部分文献太少，主要根据"传说"

席泽宗（1927—2008），天文史学家，中国科学院院士（1991）。

（一代一代“传”下来的“说”，即口述、口述、再口述），准确的年代只能从西周共和元年（前 841 年）算起，这不仅给年代学留下了一个空当，因而有今日的“夏商周断代工程”，还给后人提供了怀疑的口实。辛亥革命前后，国内外出现了疑古思潮，提出“东周以前无史”论，企图把中国文明史砍去一半。幸而这时在河南安阳殷墟发现了甲骨文，王国维于 1917 年写了《殷卜辞中所见先公先王考》及《续考》，指出甲骨文中发现的殷商王室的世系，与《史记·殷本纪》中所载相吻合，《殷本纪》中的口述记载只有个别错误。这就把中国有文字可考的历史，由东周上推了近千年。由此，王国维提出“二重证据法”：“古书之未得证明者，不能加以否定，而其已得证明者，不能不加以肯定。”他又于 1926 年在上海《科学》杂志第 11 卷第 6 期上发表《最近二三十年中国新发现之学问》一文，指出中国历代出现的新学问大都是由于新的发现。他举了很多例子，最重要的是汉代曲阜孔壁中古文和西晋汲冢竹书的发现，说明新材料对于学术的推动作用。与此同时，胡适于 1928 年在《新月》第 1 卷第 9 期上写了一篇《治学的方法与材料》，进一步指出，我们不仅是要找埋在地下的古书，更重要的是要面向自然界找实物材料。他说：“材料可以帮助方法；材料的不够，可以限制做学问的方法；而且材料的不同，又可以使做学问的结果与成绩不同。”他用 1600 年到 1645 年间的一段历史，进行中西对比，指出所用材料不同，成绩便有绝大的不同。这一段时间，中国正是顾炎武（1613—1682）、阎若璩（1636—1704）这些大师们活动的时代，他们做学问也走上了新的道路，站在证据上求证明。顾炎武为了证明衣服的“服”字古音读做“逼”，竟然找出了 162 个例证，真可谓小心求证。但是，他们所用的材料是从书本到书本。和他们同时代的西方学者则大不相同，像开普勒、伽利略、牛顿、列文虎克、哈维、波义耳，他们研究学问所用的材料就不仅仅是书本，更重要的是自然界的东西。哈维在他的《血液循环论·自序》中说："我学解剖学和教授解剖学，都不是从书本上来的，是从实际解剖来的；不是从哲学家的学说上来的，是从自然界的条理上来的。"结果是，他们奠定了近代科学的基础，开辟了一个新的科学世界。而我们呢，只有两部《皇清经解》做我们300年来的学术成绩。

1915年《科学》的创刊和中国科学社的成立，标志着近代科学开始在中国落地、扎根，但成长、壮大、开花和结果，还有待于努力。中央研究院（1928年）、北平研究院（1929年）、中央工业试验所（1929年）、中央农业试验所（1931年）等国家科研机构的相继建立，《大学组织法》（1929年）、《大学规程》（1929年）和《学位授予法》（1934年）等的颁布，都为科学的进一步发展提供了必要条件。至1949年，全国已有700多位科学家在200余所高等院校、60多个科研机构、40多个学术团体中工作。用卢嘉锡半开玩笑的话来说，"这是一支物美价廉、经久耐用的队伍"。李约瑟把他记述抗战时期中国科学家工作的一本书，取名《科学前哨》（*Science Outpost*）。他在序中说："书名似乎应当稍加解释。并不是我们中英科学合作馆的英籍同事远在中国而以科学前哨自居。我所指的是我们全体，不论英国人或中国人，构成中国西部的前哨。""这本书如有任何永久性的价值，一定是因为它提供了一类记录（虽然不甚充分）……看到中国这一代科学家们所具有的创造力、牺牲精神、坚韧、忠诚和希望，我们以和他们在一起为荣，今天的前哨就将成为明天的中心和司令部。"

李约瑟的预言即将实现。1949年中华人民共和国的成立，为科学的发展提供了前所未有的有利条件。1956年制定的《1956—1967年科学技术发展远景规划纲要》，通过十几个重大项目、几十个重点研究任务、几百个中心课题，把第二次世界大战以来的新科学和尖端技术都涵盖于其中，下决心，攀高峰。据杨振宁搜集起来的10项产品的年代比照，我们的赶超速度是很快的。从原子弹到氢弹，我们所花费的时间最少：法国8年，美国7年，英国5年，苏联4年，中国3年，爆炸在法国之前。还要注意一点，别的国家的科学家，是全力以赴搞科学，中国科学家要政治学习、劳动锻炼、下乡"四清"，至于"文化大革命"那样的干扰，更是史无前例，就连"中国核弹之父"钱三强也不能幸免。1978年以后，抛弃以"阶级斗争为纲"，才把书桌子放稳，安下心来搞科研，然而在市场经济大潮的冲击下，也有新的问题。科学是没有阶级性的，但是科学家是在社会中生活的，科学事业是社会建构的一部分，都有时代的烙印。与过去300年相比，科学在20世纪的中国，特别是后50年，取得了举世瞩目的成就。总结这段历史经验，对于21世纪科学的发展无疑是有借鉴意义的。这项工作国内有许多人在做。

湖南教育出版社邀请有经验的专家组成编委会，派人准备从人物（包括科研组织管理工作者）、学科、事件等方面进行访谈和旧籍整理，这无疑是一种新的形式。口述历史虽然是历史学的最初形态，但那时没有录音、摄像等设备，也没有现在的严密组织准备，效果是不一样的。因此，我相信，这套书一定能成功，故为之序。

席泽宗

2007年10月于北京

韩启德序

20 世纪是中国社会巨变的一个世纪，也是中国科学大发展的一个世纪。

中国的现代科学是在西方科学传入之后发展起来的。远在明末清初，西方科学就传到了中国。但从明末到清末，300 年的“西学东渐”，其主要成果不过是翻译介绍了一些西方科学著作，传播了一些科学知识。到了 20 世纪，中国才出现了现代意义的科学事业和科学家。

20 世纪之初，在以“新政”为标榜的政治和社会改革风潮中，延续千年的科举制度被废除，近代新学制开始在全国范围内实施，现代科学被纳入我国教育体制，从此科学知识成为中国读书人的必修课程，科学观念逐步深入人心。“赛先生”与“德先生”成为五四新文化运动的两面旗帜。

20 世纪二三十年代，特别是国民政府成立之后，国立和私立大学的科学教育和科研水平稳步提高，以中央研究院为代表的专门科研机构逐步建立，一系列专业学会成立起来并开展各种学术活动，奠定了我国现代科学各主要学科的基础。然而，

韩启德（1945—），病理生理学家，中国科学院院士（1997）。现任全国人大常委会副委员长，九三学社中央主席，中国科学技术协会主席。

日本侵华战争使我国刚刚起步的现代科学事业遭到严重摧残。抗战胜利后，内战又使科学事业在短期内无法恢复元气。

中华人民共和国成立之后，在中国共产党的领导下，科学事业受到前所未有的重视。建国后不久，国家就陆续成立了从中央到地方的各级综合性和专业性科研机构，调整和新建了一大批高等院校，组织实施了一系列重大科研计划。在 20 世纪的 50 年代末到 60 年代，以“两弹”（原子弹和导弹）研制、大庆油田的开发和人工合成结晶牛胰岛素等重大成就为标志，我国科学事业实现了跨越式的发展。不幸的是，不断升级的政治运动严重干扰和破坏了科学事业。“文化大革命”十年动乱，使我国科学不进反退，拉大了我们与世界先进水平的差距。

改革开放迎来了中国科学的春天，知识分子终于彻底摘掉了“臭老九”的帽子，我国科技工作者焕发出前所未有的活力。经过科技体制改革的探索，在 20 世纪末，我国确立了“科教兴国”战略。近年来，国家对科技的投入大幅增长，科研水平稳步提高，我国科学技术全面发展的时代正在到来。

一个世纪之前，中国的现代科学事业几乎还是一张白纸。今天的中国科学已经以崭新的面貌自立于世界。“两弹一星”、杂交水稻、载人航天等一系列成就，标志着我国科学技术事业的空前发展，同时也极大地提升了我国的国际地位。但我们也应清醒地认识到，我们与国际科学技术的先进水平还存在相当差距，我们仍然在探索适合中国国情的科技发展道路，建立完善的现代科研体制的任务还没有完成。

中国现代科学技术的发展既有顺利的坦途，也历经坎坷和曲折。艰苦的物质条件和严酷的政治运动没有动摇中国科技工作者的爱国报国之心和求索创新之志。为中国科学技术事业建立功勋的既有像“两弹元勋”一样的科学英雄，更有许多默默无闻、甘于奉献的科技工作者。他们的名字，他们的事迹，是中国现代历史中的重要篇章。比较令人遗憾的是，我们很少见到中国科学家的自述、自传一类的作品。因此，许多科学家的事迹，他们的奋斗与探索，还不大为社会所了解；许多珍贵的历史资料，随着一些重要当事人的老去而永远消失，铸成无法挽回的损失。

湖南教育出版社出版的这套《20世纪中国科学口述史》丛书，在一定程度上弥补了这个缺憾。口述历史的特点是真实生动、细节丰满、可读性强。这套丛书中，无论是口述自传、个人或专题访谈录，还是科学家自述，都出自科学家、科技管理者、科学普及工作者或科技战线的其他工作者的亲口或亲笔叙述，是中国现代科学事业的参与者回忆亲历、亲见、亲闻的史实，提供了许多鲜为人知、鲜活逼真的历史篇章，可以补充文献记载的缺失，是我们研究中国现代科学发展史的珍贵资料。同时，书中也展现了我国科技工作者爱国敬业、艰苦探索、勇于创新、无怨无悔的精神境界，必将激励后来者为发展我国的科学技术而努力奋斗。

近年来，访谈类节目在电视、电台热播，大受欢迎。我相信，《20世纪中国科学口述史》丛书也一定能赢得读者的喜爱，在我国科学文化建设中发挥应有的作用。故乐为之序。

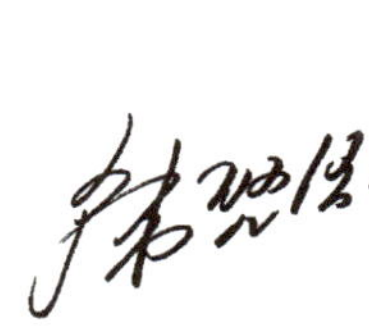

2007年10月于北京

主编的话

以挖掘和抢救史料为急务

自文艺复兴以来，西方经过宗教改革、世界地理大发现、科学革命和产业革命，建立了资本主义主导的全球市场和近代文明。在此过程中，科学技术为社会发展提供了最强大的动力，其影响至20世纪最为显著。

在从传统社会向近代社会的转型中，国人知识结构的质变，第一代科学家群体的登台，与世界接轨的科学体制的建立，现代科学技术学科体系的形成与发展，乃至以“两弹一星”为标志的一系列重大科技成就的取得，都发生在20世纪。自1895年严复喊出“西学格致救亡”，至1995年中共中央、国务院确定“科教兴国”的国策，百年中国，这“科学”是与“国运”紧密关联着的。百年中国的科学，也就有太多太多的行进轨迹需要梳理，有太多太多的经验教训需要总结。

关于20世纪中国历史的研究，可能是格于专业背景方面的条件，治通史的学者较少关注科学事业的发展，专习20世纪科学史者起步较晚，尚未形成气候。无论精治通史的大家学者，或是研习专史的散兵游勇，都共同面临着一个难题——史料的缺乏。

史料，是治史的基础。根据20世纪中国科学史研究的特点，搜求新史料的工作主要涉及文字记载、亲历记忆、图像资料和实物遗存这四个方面。

20世纪对于我们，望其首已遥不可及，抚其尾则相去未远。亲身经历过这个世纪科学事业发展且做出过重要贡献的科学家和领导干部，大都已是高龄。以80岁左右的老人为例，他们在少年时代亲历抗日战争，大学毕业于共和国诞生之初，而国家科学事业发展的黄金十年时期（1956—1966）则正是他们施展才华、奉献青春、燃烧激情的岁月。这些留存在记忆中的历史，对报刊、档案等文字记载类史料而言，不仅可以大大填补其缺失，增加其佐证，纠正其讹误，而且还可以展示为当年文字所不能记述或难以记述的时代忌讳、人际关系和个人的心路历程。科学研究过程中的失败挫折和灵感顿悟，学术交流中的辩争和启迪，社会环境中非科学因素的激励和干扰等等，许多为论文报告所难以言道者，当事人的记忆却有助于我们还原历史的全景。

湖南教育出版社欲以承担挖掘和抢救亲历记忆类史料为己任，于2006年启动了《20世纪中国科学口述史》丛书的工作计划，在学界前辈和同道的支持下，成立了丛书编委会，于科学史界和科学记者群中招兵买马，认真探索采访整理工作规范和成书体例。通过多方精诚合作，在近两年中已出版图书20种，得到了学术界和读者的认可。

近年兴起的口述史（Oral History）热潮，强调采访者的责任，强调采访者与受访者之间的互动，强调留下"有声音的历史"。不过，口述史内容的"核心"是"被提取和保存的记忆"（唐纳德·里奇《大家来做口述历史》）。把记忆于头脑中的信息提取出来，方法上有口述与笔述之差别，但就获取的内容而言，并无实质性的差别。因此，本丛书当前在积极组织从事口述史采访队伍的同时，也积极动员资深科学家撰写回忆文本，作为“笔述系列”纳入本丛书中来。

科学，作为一种社会事业，除科学研究之外，还包括科学教育、科学组织、科学管理、科学出版、科学普及等各个领域，与此相关的人物和专题皆可列入选题。

本丛书根据迄今践行的实际情况，在大致统一编辑规范的基础上，将书稿划分为 5 种体例：

1. 口述自传——以第一人称主述，由访问者协助整理。

2. 人物访谈录——以问答对话方式成文。

3. 自述——由亲历者笔述成文。

4. 专题访谈录——以重大事件、成果、学科、机构等为主题，做群体访谈。

5. 旧籍整理——选择符合本丛书宗旨的国内外已有文本重新编译出版。

形式服务于内容，还可视实际需要而增加其他体例。

受访者与访问整理者，同为口述史成品的作者。忆述内容应以亲历者的科学生涯和有关活动为主线展开，强调以人带史，以事系史，忆述那些自己亲历亲闻的重要人物、机构和事件，努力挖掘科学事业发展历程中的鲜活细节。

书中开辟“背景资料”栏，列入相关文献，尤其注重未经披露的史料，同时还要求受访者提供有历史价值的图片。这些既是为了有助于读者更好地理解忆述正文的内容，也是为了使全书尽可能地发挥“富集”史料的作用。

有必要指出，每个人都会受到学识、修养、经验、环境的局限，尤其是人生老来在记忆力方面的变化，这些会影响到对史实忆述的客观性，但不能因此而否定口述史的重要价值。书籍、报刊、档案、日记、信函、照片，任何一类史料都有它们各自的局限性。参与口述史工作的受访者和访问者，即便是能百分之百做到“实事求是”，也不能保证因此而成就一部完整的信史。按名家唐德刚先生在《文学与口述历史》一文中的说法，口述史“并不是一个人讲一个人记的历史，而是口述史料”。史学研究自有其学术规范，不仅要用各种史料相互参证，而且面对每种史料都要经历一个“去粗取精，去伪存真”的过程。本丛书捧给大家看的，都是可供研究20世纪中国科学史的史料，囿限于斯，珍贵亦于斯。

受访者口述中出现的历史争议，如果不能在访谈过程中得以澄清或解决，可由访问者视需要而酌情加以必要的注释和说明。若对某些重要史实有不同的说法，则尽可能存异，不强求统一，并可酌情做必要的说明或考证。因此，读者不必视为定论，可以质疑、辨伪和提出新的史料证据。

本丛书将认真遵循求真原则和史学规范，以挖掘和抢救史料为急务，搜求各种亲历回忆类史料，推动20世纪中国科学史的研究！

欢迎各界朋友供稿或提供组稿线索，诚望识者的批评指教。谨以此序告白于20世纪中国科学史的研究者和爱好者。

樊洪业

2008年10月于中关村

2011年元月修改于中关村

民国时期机电技术

Mechanical Engineering and Electrical Engineering in the Republic of China

CONTENTS 目录

引言

口述史料有十分重要的学术价值，这方面的工作越来越受到学术界的重视。1987 年，我有幸师从华觉明、陆敬严和周世德三位技术史家，开始研究晚清和民国时期的机械工程和机械工业，查阅文献资料和档案，考察机械工业遗迹和遗物。研究工作中，我时常受到史料缺失或模糊的困扰，体会到仅靠档案和其他文献资料，很难认识某些技术的演变过程、内容、水平和发展条件。为了突破文献资料的限制，我走访了民国时期重要历史事件的亲历者或知情者，收集口述史料。从 1989 年到 1991 年，以一些机构、事件和人物为主题，我先后在北京、上海、南京等地拜访了近 50 多位机械行业和相关领域的前辈，其中包括少数前辈的亲戚。他们的年龄大多在 70 岁至九十几岁之间。他们热情接待了我，并讲述了自己在民国时期的作为和所见所闻。恽震先生曾向中国科协提供了一部自传，但该自传并未被直接刊出。他将自传的复印件交给了我，供研究参考。受经费和条件的限制，我当时仅能做笔录，未采用录音等技术手段记录全部口述内容。一些与机电技术关系较远却非常有趣的故事只是记在头脑中，没笔录下来。非常遗憾！

岁月如梭！在我当年拜访的前辈中，至少有十多位已经作古。我曾想以两三位先生的经历为内容做口述史。然而，这些年忙于学业和课题，至今也没能实践这个想法。2006 年科学史家樊洪业先生组织同仁做口述史，筹划《20 世纪中国科学口述史》丛书。在他的启发和鼓励下，我开始全面整理十几年前做的口述史记录。当再次阅读那十多万字的口述记录时，我既为自己失掉多做口述民国科技史工作的良机感到遗憾，又为曾抢救了点滴口述史料而略感安慰。事实上，我在拙书《中国近代机械简史》中并未全面展示我所收集的口述史料，未发表的口述记录中有更丰富、更生动的珍贵资料。我以为，这些资料或许能为研究民国科技史、工业史、教育史等领域的学者提供某些根据或线索，对认识民国时期机电技术的发展水平和工业化程度有所帮助。

本书所述的“机电技术”意指机械、电工技术，主要包括机械技术、电力技术和电机技术。根据已经掌握的资料，我们分两篇安排本书的主要内容：上篇第一章至第四章是王守泰、贝季瑶、雷天觉、孙家谦、朱清淮、陆景云、支少炎、顾毓瑔、范从振、萧家捷等 33 位前辈口述三个典型工厂和一个研究机构的情况。须特别说明的是，我们从 1989 年昆明机床厂厂志编辑部所编的《昆明机床厂志》（内部发行）中直接摘录了郭可讱、陶亨咸二先生的谈话摘要，以充实中央机器厂的口述史料。上篇第五章系董树屏、杨立洲等三位专家口述机械工程教育的情况。下篇实际上是恽震自传的民国部分，其主要内容是忆述他所亲历的电工技术活动，包括开拓电工事业、建设中央电工器材厂及其他机构、引进美英电工技术与资金、规划电工技术与工业等。其中，资源委员会中央机器厂是国民政府经营的技术水平最高的机器厂；中国汽车制造公司是全面引进国外技术，建立新兴制造业的一个案例；上海新中工程公司是民营机器厂开拓制造业的一个典型；中央工业试验所代表了机械应用研究机构的一种发展模式和技术水平；清华大学和中央大学的机械系基本上反映了当时机械工程教育的状况；中央电工器材厂和其他国营和民营电工企业展现了中国人创办的电机、电力、无线电等技术与产业的历程。

由于年代较久远及受客观和主观因素的影响，有些忆述难免有些模糊或差错，不同的忆述者对同一个对象有时作了相互矛盾的描述，这些都是口述史工作中不易避免的问题，也应能得到同行和读者的谅解。瑕不掩瑜，如果我们比对不同的口述史料，比对口述史料与文献资料，使之相互印证和相互补充，就能判断口述史料的客观性和价值，并使历史的图景变得越来越清晰而生动。

为了便于读者更好地理解和利用口述史料，本书收录了反映民国时期机电工程与机电工业发展史的四篇经典文献，即著名专家庄前鼎、刘仙洲、顾毓瑔、顾毓琇、恽震分别撰写的《三十年来中国之机械工程》、《三十年来中国之机械工业》、《三十年来中国之电机工程》、《三十年来中国之电机制造工业》，作为附录。这些文献可以帮助我们了解当时机电技术与工业的概貌。如果要更细致地了解民国时期的机电技术，读者还可以参阅近些年出版的书籍，比如拙著《中国近代机械简史》（北京理工大学出版社，1992 年）、中国电器工业发展史编辑委员会编写的《中国电器工业发展史》（机械工业出版社，1989—1990 年）。附录中的个别文句存在语义不清的现象，迄今尚不能澄清。我们尊重原作，将原文作为史料照录，未做删改，敬请读者谅解。

1990 年前后做口述史时，受经费和技术条件等因素的制约，未能为多数受访专家拍摄照片。当时只为顾毓瑔、雷天觉、萧家捷、高良润、郑林庆等部分前辈拍了黑白照片。遗憾的是，由于收存资料杂乱，我至今未找到那些照片，所以，本书只能选用少数受访人的亲属提供的照片。

重读十几年前的口述记录，那些口述机电技术发展历程、提供史料的前辈们的音容笑貌又浮现在我的眼前。当整理出这份口述史文稿的时候，我们要再次感谢恽震、顾毓瑔、陆景云、王守泰、贝季瑶、雷天觉、张乔啬、韩云岑、张遐昌、周肇基、糜若虚、顾克铮、江厚渊、张觉亚、朱广颐、李天基、丛勉、王明贞、王守璨、曹立瀛、孙家谦、朱清淮、梁相济、戴成钰、支少炎、喇华琨、缪良、支德瑜、范从振、陈学俊、施景山、陈文禧、萧家捷、高良润、董树屏、程光蕴、杨立洲、季树农、戴丕寿、杨锦山、郑林庆、胡国栋等前辈口述民国机电技术的发展并提供资料或资料线索！

张久春帮助录入和校对口述记录，编索引。孙烈帮助扫描了所有受访者的签名和插图。在初稿完成后，又得到了丛书编委会转来的非常宝贵的审稿意见。在此，谨致诚挚谢意！

张柏春

2007年4月6日于北京孚王府

上篇

机械技术

第1章 中央机器厂

“九一八”事变之后，国民政府加强资源调查并筹划重工业建设。资源委员会与航空委员会于1936年9月开始筹建机器制造厂，11月成立以王守竞为主任委员的筹委会，着手在湖南湘潭建厂，计划陆续建设飞机发动机、原动机、工具机、汽车等分厂，战时还可以制造坦克。抗战爆发后，航空委员会单独筹建飞机发动机制造厂，资源委员会则将机器厂改建在云南，1939年9月中央机器厂在昆明黑龙潭正式成立。战争使机器厂建设计划大为缩减，但中央机器厂在技术方面仍代表了20世纪40年代中国人自办机器厂的高水平。1946年10月，资源委员会组建中央机器有限公司，所辖中央机器厂改称昆明机器厂。1953年昆明机器厂易名昆明机床厂，隶属机械工业部。

王守泰先生谈王守竞、建厂与产品

王守泰（1908—1992），江苏吴县人，昆曲家与科学书籍翻译家王季烈（1873—1952）之子，东南大学动力工程系教授，机械工程专家、昆曲理论家。

访谈时间：1990 年 5 月 23 日；访谈地点：东南大学四牌楼蓁巷。

王守竞像

1935 年秋或 1936 年上半年我在德国遇见王守竞①。我当时在德国 A. E. G.（Allgemeine Elektrizität-Gesellschaft）当工程师。该厂生产动力机械等，包括炼钢用的电炉。一个星期天，王守竞来找我，托我找点关于电炉的资料。我给了他一些资料。他不让我到旅馆去看他，怕那里住的日本人看见。第二天他就走了，可能是回国了。他再三让我保密，以防让日本人知道他的行踪。当时日本人对中国搞工业建设非常注意，已经注意资委会（N. R. C.）筹建机器厂了。后来，王守竞并没向德国买电炉。

王守竞买机器的总机构设在美国。关于买机器，你可以找张乔啬。他在北京，是铁道部的顾问。他在美国跟王守竞买机器。知道此事的人，现在只有他一个了。还有一个很重要的人，是季岳忠，现在江西。可以写信问一问昆明机床厂，了解他在哪儿。季岳忠是筹备建厂时跟着王守竞的。昆明机床厂的沙莹光副厂长曾找过季岳忠。

---

① 王守竞（1904—1984），江苏吴县人，物理学家。1922 年考入清华学校，1924 年赴美国留学。1927 年成功地用量子理论分析氢分子现象，1928 年获哥伦比亚大学哲学博士学位。1929 年回国，曾在浙江大学、北京大学物理系任职，1933 年参加国防设计委员会，投身工业建设，1936 年负责筹建机器厂。1942 年当选中国物理学会副会长。1943 年被国民政府派往美国，负责购买器材、物资，安排留学生等。

上海新通公司值得注意。抗战前，新通公司是瑞士 B. B. C. 公司（Brown Boveri Co.）在中国的代理机构，负责安装修理 B. B. C. 的机器，可以搞电厂的设计和安装，能在国内为汽轮机组织辅助设备。旧中国机器工业是工头制，技术方面大多靠工头。工头是老板提拔的工人。新通公司并没有工厂，人员是一批学工科的知识分子，他们可以搞电厂设计。新通公司的施伯安可以设计锅炉。施伯安的弟弟施子京搞安装很有一套，对 B. B. C. 的汽轮机熟极了。你可以到上海找袁丕烈，了解新通公司。

新通公司是中央机器厂（Central Machine Works）搞内燃机、动力机的先行者。资源委员会机器厂与瑞士有两个项目，一个是机车厂的，一个是 B. B. C. 的，让新通公司的费福寿、施伯安负责办理。跟瑞士机车厂本来没有关系，都是费福寿、施伯安去瑞士与 B. B. C. 联系后找到的。后来施伯安脱离新通公司，参加中央机器厂的工作。中央机器厂看重知识分子，这是一个进步，是王守竞的一大贡献。

中央机器厂最早有五个分厂。一分厂是施伯安一手开创的，本来预备搞汽轮机，但没有正式开展工作。尽管我在德国是搞汽轮机的，但中央机器厂在昆明刚成立时（1939 年 9 月）我没搞汽轮机。一分厂厂长施伯安。二分厂厂长是施伯安兼任。三分厂搞内燃机，厂长张宝龄。四分厂是我任厂长。五分厂厂长史久荣。当时厂长负责管理、人事、技术，没有总工程师，是真的厂长负责制。工务处权较大，管全厂工务行政。工具机组的组长是贝季瑶，铸工组的组长是吴学蔺，纺织机械组组长是连忠静，齿轮组组长大概是雷天觉，热处理组组长是韩云岑。技术人员少。三四分厂的技术人员加在一起，也不过二三十人。中央机器厂图书馆很好，技术资料很全。

一分厂开始没把汽轮机搞起来。施伯安有技术，但不善于管理，办事较拖拉。1942 年前后，王守竞把汽轮机划给四分厂，正好与发电机配套搞。蒋泰熙负责汽轮机与发电机配套，后来终于使汽轮机与发电机完整化了。当时只搞了两套，一套装在昆明，另一套装在泸州。这两件产品正式交货时，我已离开昆明。蒋泰熙后来去了台湾。

锅炉是施伯安搞的，完全是自己设计的，新通公司有基础。施伯安只为配套的 2 000 千瓦汽轮机搞了两台弯管式 Sterling（水管）锅炉。他用了弯管机、弯板机、小车床，主要是靠工人的技术。

与瑞士机车厂合作时，我们自己没有搞产品设计，主要是搞工艺设计。搞工艺设计也遇到了问题，最初是预备搞 8 台煤气机（250 马力，每分钟 600 转）。最早主持搞煤气机的是张宝龄，搞了图纸等基础工作。他是个老工程师，经验丰富，但没搞出产品。帮助张宝龄的是周永升（现在

建于 1939 年的中央机器厂门房（2006年秋拍摄）

在湖南一个很大的兵工厂里）。他从翻转国外图纸就参与工作了。在张宝龄之后，江厚渊搞了不长一段时间，到胡国栋时（煤气机）搞出了结果。因为三、四分厂联系紧，车间不分彼此，大机器都是合用。有五六部大机器，包括刨床、大立式车床、大镗床，都是美国的旧货。王守竞买设备精打细算，先进的不惜工本（如无心磨床、光学检测仪），对于花钱多的大机器，他就买旧货。

张宝龄在技术方面很行，办事麻利，但管理人事不行。他怕人事管理，再三辞职，后来我兼任三分厂厂长。江厚渊接着搞煤气机，不久就出国了。再接着就是胡国栋。经过多次试制，张宝龄才在吴学蔺配合下铸出来煤气机的机身。头两台煤气机的曲轴是从瑞士机车厂买来的①。中央机器厂曾考虑过先锻小件，用几个小件拼套起来制曲轴。这个方案搞没搞，可以问一问胡国栋（他家现在在大连新华街）。后来从香港黄埔造船厂锻造4或6根曲轴坯，然后自己加工完成。经过热处理后，上磨床加工。关于曲轴的退火，可以问问胡国栋是在哪儿搞的。搞成煤气机时，正是胡国栋在做。轴瓦是自己制造的。内燃机缸体是普通铸铁的。中央机器厂发展铸钢比较靠后。郭可讱是第一分厂搞铸造的第二把手。他现在在大连工学院。

1943年底，资源委员会办了一个展览会，会上展出了中央机器厂搞出来的第一台煤气机。它是1942年制成的，在厂里试运转过。安装这台煤气机的技术人员是周永升。几个月后，这台煤气机卖给了天原电化厂，该厂是中国第一家制味精的工厂办的。中央机器厂驻重庆办事处柳昌学主任了解这台由机器厂卖给天原电化厂的煤气机的情况。他现在住无锡中市

---

① 曲轴是内燃机的关键零件之一，通常是锻造出来的。抗战时，中央机器厂和其他后方机器厂没有锻造大零件的设备和能力。

桥巷。

搞柴油机的人是胡国栋，时间大概是1943年。柴油机的油泵是从瑞士机车厂买的，但不是机车厂产的。试车报告寄给瑞士机车厂，瑞士方面认为中方产品的油耗低于瑞士的。给瑞士机车厂的英文信稿是我拟的，由总厂发出的。了解柴油机的情况，可以找上海交大的李勃仲教授。他当时帮助胡国栋搞柴油机，现在是搞柴油机的权威。

中央机器厂造的煤气机和发电机

四分厂最早是搞发电机，主要是与2 000千瓦汽轮机配套和200千瓦煤气机配套。四分厂与中央电工器材厂摩擦较大。电工器材厂认为电机是归他们造。后来，双方达成一种方案，中央机器厂搞大的，中央电工器材厂搞小的。再后来，慢慢地，我们也搞小的，但不大批搞。我们造他们没法搞的，比如根据外面订货制造60千瓦的、150千瓦的。造2 000千瓦发电机时，我们没法搞转子，就进口B. B. C. 的转子。由于没有动平衡设备，也搞不了超速试验。定子是我们制造的，在他们原设计基础上进行更改设计。原设计电压是2 300伏，我们改成6 900伏（中国标准）。这是我领导搞的，帮手是贺霖（听说现在在邢台长征汽车制造厂）。制造发电机的铜线是进口的，到厂后要再加工成产品。在绝缘材料方面，虫胶是由云南紫胶精炼加工成的。先征得电工器材厂的同意并承诺不外卖，我们为第五分厂（工具机厂）的 100 台钻床配造了电动机。这种电机功率小，大概只有 2 马力，是法兰式的。这是贺霖在我的指导下设计的。他很能干，专搞电机。我们几乎同时离厂，他出国了。

四分厂搞成水轮机，是我负责的。后培养了几个帮手，其中有张遐昌（现住在秦皇岛）。水力学设计是我自己搞的。在我的指导下，张遐昌搞具体的机械设计。这不是我灵机一动想起来搞的。1939 年或 1940 年，王志超在西康雅安搞水力发电，找我搞水力发电机。他是留德的。他说："你照葫芦画瓢也能搞出来。你中央机器厂不搞谁来搞?"王守竞也极力支持这一工作。

在王志超、王守竞的支持鼓励下，我就从书本入手，研究水轮机的理论和设计方法。当时昆明有个水力发电厂（有几百或上千马力），张遐昌带人去该厂测绘。我们搞成的第一台是 80 马力水轮机，配 60 千瓦的发电机。发电机完全是自己设计的，机壳是焊接的。

后来，我们搞水轮发电机定型问题，我还在西南联大的杂志上发表了一篇文章（大概是在 1942 年或 1943 年）。主要是先调查国内水文情况，决定式样（中低水头反动式或高水头的冲击式），我们决定制造中低水头反动式的，并使之系列化。这个系列化是很复杂的。外界具体水文条件很复杂，还要考虑到容量的大小。我们在容量方面定型为 150 千瓦、300 千瓦、600 千瓦三种，每种容量还要适应不同条件。在这方面我们搞出了产品的定型设计。我在厂时，具体生产过两台 150 千瓦的，一台在云南还用着。我又搞了一种 60 千瓦螺旋桨式（立式，螺叶可调）的，这有点新的设计。后来吴恕三继续这一工作，而我去了宜宾。我在宜宾时，他还写信问我技术问题。中央机器厂搞得最大的是资委会电业处订造的 2 000 千瓦水轮机，准备装在贵州修文，后因抗战胜利，合同取消。中央机器厂在我脱离以前已搞完设计，但还没加工。

水轮机制造最难解决的是转子加工问题，主要是叶片成形问题，因为叶片是三维的。经过反复试验，我们解决了这个问题。约在 1940 年，我们搞第一台（给西康），这是我和吴学蔺一起解决的。转子是用青铜铸造的。搞出第一台后，我们自己觉得不满意。叶片角度的精度要求高，而铸工却没有这个概念。后来，与吴学蔺研究之后，我们用钢板锻出叶片，再把叶片焊到轮鼓上，然后在外面浇铸铸钢（不铸叶片），最后进行车削加工。后来就采用这种办法搞转子。雅安的那一台也换成了这种转子。在调速器方面，雅安的那台是靠人工来控制水轮机转速，后来的两台 150 千瓦水轮机配备了王守竞从美国买的调速器。由于技术数据不全，是大材小用。我还没搞完设计，就买了美国的调速器（由于太平洋战争，不得不快买）。在买调速器时，我已在厂里设计小型调速器，有吴恕三帮助我。我离开厂子时，设计已经搞好了。

装配汽车完全是史久荣经手的。1939 年前，史久荣在美国设计出了卡车，好像是 2.5 吨的。根据他的设计，在美国买了四部车的零件。不知道这些零件是否都运到了中国。大概在 1940 年，昆明茨坝建了钢结构架子的汽车厂房。1941 年汽车厂房被日本人炸毁。可以肯定，没装配过汽车。被炸之后，五分厂就停办了，史久荣也离开了中央机器厂。后来，工具机组就升格为第五分厂。

六分厂搞纺织机械，仿造印度 Gosh 小型纺纱机。这种纺纱机每套 144 个锭子，可以纺 16 支纱。这是全套设备，从清花、梳棉、并条、粗纺、细纺都有，梳棉机的钢丝布是进口的。第一套纺纱机大概是 1942 年搞成的，技术上是连忠静抓的，下边还有人帮助他。这个问题可找崔克明，他曾是连忠静手下的副厂长（他现在在机械工业出版社）。第一套设备出来后，六分厂为湖南沅陵装了一套，办了个示范纺纱厂，主持人是彭钰昌（现在在郑州电力学校，已退休）。

普通机械组先搞成过木炭煤气发生炉，最早是管中一搞成的。后来，普通机械组升格为七分厂，厂长王守融。1949 年以后，王守融在天津大学搞成地震仪，“文革”时自杀了。

宜宾机器厂大概是 1940 年或 1941 年成立，是从头开始建的。它是中央机器厂的分厂。开始办厂的两个人是夏彦儒和季岳忠。他俩是从勘测地皮开始做起。办这个厂是资源委员会的意思。选址考虑到避免被轰炸，三个厂区相距非常远，不方便。最初没有专门的产品生产目标。该厂设备差，搞得不好，以至于发不出工资。工作母机是中国自己制造的。该厂独立后，孙文藻任厂长，季岳忠回到中央机器厂。孙文藻不善经营，厂里发不出工资。主要原因是孙文藻依靠吃定金，欠贷款。工厂积聚了很多半成品，欠钱，欠货。欠了航空委员会 20 台小型汽油机，航空委员会告到蒋介石那里。蒋问资源委员会，于是资委会换下了孙文藻，派我去。那是连说带劝，几个月后我才在 1945 年 4 月 1 日上任。我讲了条件，请资委会先保证三个月的工资，了解该厂的家底。后来我在四川把厂子搞起来了，靠了原来的基础，加上改善经营，在生产技术方面作了调整。我主要是改进管理，调整好位置，近处搞重件，远处搞轻件，最后装配。原来的技术人员书呆子气重，实际经验少。原来搞的铸件太厚。我带去了几个技术人员，有张遐昌（搞业务）、徐德鑫（搞铸造，他现在在上海）、徐鸿济（搞机加工，他现在在天津气象台路新兴里 18 号）、彭钰昌（搞行政）。他们都是中央机器厂的。1945 年 9—10 月间我离开宜宾，去接收天津的机器厂。

孙文藻的得力帮手是工务处长姜家祥，他们都是留日的。姜家祥现在在洛阳，详细地址可问天津解放南路282号的韩修玉。韩修玉也是宜宾机器厂的老人，曾帮助我做工作。我解决了航委会的汽油机问题。汽油机是宜宾厂参照书本自己设计的，大概是5马力。我还是用原来的人，帮助把这项产品搞成了，让航委会提了货。这20台烧汽油的发动机制成后并未在厂里试过车。航委会是衙门，也没试车。这项产品到底怎么样就不知道了，算是糊弄出去了。抗战胜利后，发生工人运动，宜宾机器厂停办了。

1945年底，我被派接收冀热察的机器工业。我带着张遐昌、徐鸿济、韩修玉、马仕杰四个人去接收100多个厂。日本人的手续很清，但地下人员接收时搞得不像样子。我们是以经济部名义接收的。资委会让我挑几个大厂，准备由资委会办。据此，我挑大的，把小的甩给敌伪产业处理局局长孙越崎、副局长顾毓瑔。我们留下了三个日本人的工厂，一个是“华北机械工业”，一个是钢丝绳厂（大概是兴亚），一个是自行车厂（原称昌和）。1946年春，钱昌照到天津、北平视察，决定设厂方案。只有这几个厂可多安插人。我把钢丝绳厂让给李公达，仍搞钢丝绳。自行车厂让给张心田。我派徐鸿济到华北机械工业主持工作，但没有正式任命职务。我能安插人的只有这一个厂，压力很大。技术人员要从昆明出来①。我要接收来自昆明、宜宾的人，但没有地方安排。资委会人事变动也大。1946年4—5月间，我看大势已去，困难重重，没法再搞下去了。于是，我就去了北平工学院，它当时算北洋大学的北平部。

我走后，张心田把徐鸿济管的“华北机械工业”又收归到自行车厂。

① 抗战胜利后，资源委员会从昆明中央机器厂抽调很多技术人员和管理人员，去各地接收敌伪的机器工业，并筹划战后工业建设。

张心田是搞运输出身，原来在玉门油田①。他的适应性很强，但技术上不行。他大概在 1948 年离开天津，去了马鞍山，负责马鞍山机器厂的工作。我不能肯定马鞍山机器厂是否真的投产了。张心田走后，天津自行车厂由赵耀东负责（可以找徐鸿济核实）。解放前夕，赵耀东离开天津，去了台湾，后来当了经济部长。他非常能干，有魄力。

孙文藻去接收过东北的机器厂②，但时间很短就离开了，后来去了台湾。徐德鑫、韩修玉可能了解宜宾机器厂老人去东北的事儿。宜宾机器厂收尾时是徐德鑫做工作。宜宾机器厂结束后，他也到了天津机器厂，那时我已经要离开了。后来，他到东北去了一趟，搞火车轮箍。

资源委员会的杜殿英是留德的，曾在青岛四方机车厂搞技术。

中央机器厂刚成立时，王守竞是厂长，可能在 1940 年（或 1941 年）王守竞改称总经理。

王守竞的父亲王季同，号筱徐。他在上海办了大效机器厂。大效机器厂为永利制碱厂制作了设备③。大概是一九二几年，大效机器厂垮了。王季同去中央研究院④，在上海搞研究。

我认为，王守竞搞物理、搞机械的原因有两个：一个是爱国，一个是

---

① 玉门油田是抗战时期国民政府开发的重要油田。孙越崎先生因成功支持开发玉门油田而获得中国工程师学会的金质奖章。

② 苏联红军攻入中国东北之后，将日伪机器厂和其他企业的机器设备等拆掉，作为战利品运往苏联。后来，国民党军队进占东北后，资源委员会和其他机构接收了日伪企业及其残存的设施。辽沈战役后，东北企业遂被中国共产党接收。

③ 永利制碱厂是范旭东先生开创的化工企业，是民营工业的典范。侯德榜和他的同事在该厂成功制成了纯碱。

④ 王季同（1875—1948），江苏吴县人，约于 1890 年至 1895 年间于京师同文馆学习数学。20 世纪初，他在英、德等国任职和学习期间，继续学习和研究数学，1911 年在《爱尔兰皇家学会会刊》第 29 卷 A 第 4 号发表现代数学论文“四元函数的微分法”。回国后，曾创办上海大效机器厂。1927 年随蔡元培筹备中央研究院，1928 年在工程研究所任研究员。

家庭影响。最根本的是受我祖母谢长达（王三太太）的影响。我们都受她的影响。她家是搞店铺、做生意的。她是清末开明的女性，在清末提倡放足，成立放足会，在压力很大的情况下创办了振华女子小学。费孝通是振华女子小学唯一的男生。振华小学发展成振华中学，解放后改为江苏师院附中，现在是苏州第十中学。

周总理晓得谢长达。王季点原来是交通银行的董事。公私合营后，周总理召集交通银行的私股董事。周总理问王季点："您是不是王三太太的后人?"

我的祖父王颂蔚死得很早，家有房产、土地，以为生计。我祖母很有魄力，非常开明。戊戌变法后，把子女培养起来，甚至送出国。我的父辈四个弟兄，五个姐妹。四个男的，三个出国，老大王季烈没出国。五个女的，三个出国，老四、老五没去。王季烈是张之洞的人，是洋务派，是中国物理界光学方面的第一人。老二王季同，留英，学电机。老三早亡。老四王季点，留日，学化工。老五王季绪[①]，毕业于英国爱丁堡大学机械专业，后来搞机械工程教育，1968 年去世。女的，老大王季昭，留美，生物学硕士。结婚后，她看男人不顺眼，就回家了，后来出国，当时被认为怪。老二王季茝，留美，化学博士，百岁时在美国逝世。老三王季玉，留美，硕士，在苏州办教育，很有名。她独身。

受家庭的影响，我们大都搞科技。我的胞兄弟五个（王季烈之子），老大学农，老二学采矿，老三学商，老四是我，老五早逝。王守竞的胞兄弟（王季同之子），老大王守竞，老二王守融，老三王守武[②]，老四王守

① 1936 年中国机械工程学会在杭州成立，王季绪是六位发起人之一。

② 王守武（1919—），中国科学院半导体研究所研究员，半导体物理学家，中国科学院院士。

觉（解放后搞电子学）[①]。王季同的女儿，老大王淑贞，搞医学（妇产科），留美。老二王明贞，搞物理。老三王守璨。王季绪家的子女，老大王守中，在西南联大学机械，抗战时在昆明22兵工厂造光学仪器。老二王守和，清华毕业，搞建筑，现在在苏州。

王守泰 1990.5.23.

南京四牌楼存卷

张乔啬先生谈购买美国机器

张乔啬（1912—1993），四川南充人，民盟创始人张澜的长子，铁道科学研究院高级工程师，中国民盟会员。

访谈时间：1990年7月3日；访谈地点：北京皂君庙南三楼。

我是清华学校出来的，1924年去普度大学，学铁路机械。1926年毕业，到北太平洋铁路（Northern Pacific Railway）实习了4年。1930年回国，在天津大昌实业公司（Chinese Engineering and Development Co. Inc. 中美合资，进口铁路机器设备和材料）当工程师。1932年在大昌汉口公司当经理。

1936年底资源委员会中央机器厂筹备处主任委员王守竞到汉口来找我。我与他是清华同班同学。王守竞告诉我他们筹备建厂的事儿，要求我

① 王守觉（1925—），中国科学院半导体研究所研究员，半导体物理学家，中国科学院院士。

到资委会当专门委员，让我到美国去，以大昌实业公司的名义买机器，给大昌公司 1%的佣金。这是因为大昌公司到美国买机器是按批发价，价格便宜 10%。1937 年初，我到美国去买机器。买机器与引进飞机发动机的美国厂家无关。

王守竞比我先去美国一个多月。他主要是谈判引进飞机发动机的制造转让权。在买机器方面，他没什么具体工作，买机器由我一个人做主。我们的办事处设在通用汽车大厦（General Motors Building），只租了一间办公室。我买的都是美国产的机器，主要有 American Tools Co. 和 Jones & Lamson Co. 的车床，Cincinnati Milling & Grinding Machine Co. Brown & Sharp Co. Pratt & Whitney Co. Fellows，Gleason Co. 等的各种工作母机①，价值约 100 万美元，数量较多。当时正是美国经济大萧条，机器便宜得很。其中，还买了不到 10 部旧机器，便宜。买完以后，我找当地的中国留学生做验收和试用。除了贴补留学生一些出差费以外，没有给他们任何其他报酬。留学生中有吴学蔺②、顾光复、金希武、贝季瑶，都是我找的。后来他们都去了中央机器厂。1939 年回国时，中央机器厂已开始生产，所买的机器都运到了。

王守竞没专门派人去德国买机器，德国机器是通过其他渠道买的。

王守竞非常聪明，在清华时一心读书，很少参加活动。（建机器厂时）他慕名请人，但对请来的人了解不够，后来发现请来的人能力差就不重用，请来的人又走了。

---

① 生产这些机器的厂家都是美国著名的机床制造厂。

② 吴学蔺（1909—1985），江苏武进人，材料专家。1937 年在美国卡内基大学获硕士学位，遂到资委会机器厂驻美国办事处工作，1938 年回国到资委会工作。1949 年起，曾任上海钢铁公司总经理、一机部技术司总工程师、中科院长春光机所副所长、中科院南京天文仪器厂厂长等职。1955 年成为中国科学院学部委员。曾是中国民主促进会中央委员。

我在中央机器厂工作了一年，在购置运输部门当工程师。1940 年冬我回重庆，脱离中央机器厂。以后，我在公共汽车公司当经理，又到民生机器厂当工务处长。

抗战前，国内机车厂有修理能力，但没能力自制机车。很简单的零件都要进口，如车灯、发电机、锅炉门、逆转器、车轴、车轮、注油器、预热器、仪表、车钩、缓冲器、起道机等都是进口的。可悲得很！

大概是 1943—1945 年，我在重庆的民生机器厂。当时这个厂能造小船，主要是修船。厂里有机器车间、翻砂车间、锻工车间、修船车间、木工车间、电工车间。它就是现在的东风机器厂。

1946 年，又是王守竞把我请到“中国驻美国物资供应委员会”，买机器材料等。这个物资供应委员会设在华盛顿，归王守竞管，上边是宋子文管。王守则（王守泰的哥哥）也在物资供应委员会。1948 年物资供应委员会被取消之后，我回国。淮海战役刚打过，我到重庆，没事儿干，等到解放。解放后到铁道部，1955 年 9 月到铁道科学研究院。后来听说王守竞曾在王安公司搞推销。

张有青 1990.7.3.
于北京铁道科学研究院
南三楼211号

贝季瑶先生谈购买美国机器与制造机床工具

贝季瑶（1914—2004），江苏苏州人，曾任中央机器厂工程师、分厂厂长、总厂协理等职。退休前为上海交通大学机械系教授，九三学社成员。他是机械制造、精密加工工艺和磨削学等方面的专家。

访谈时间：1990 年 5 月 28 日；访谈地点：上海市溧阳路 1014 弄。

翁文灏当过清华大学代理校长，与王守竞熟。翁文灏和钱昌照都信任王守竞。

中央机器厂最初打算制造飞机发动机。当时国内没有专门搞飞机发动机的人才。王守竞很聪明，也肯钻研。比如说，他本来不懂机器和飞机发动机制造，接受了建机器厂的任务后，他就去参观美国的发动机制造厂、机床厂。但他不暴露身份，不懂的地方就问，慢慢地对这方面的技术也熟悉一些了。他找了一些人筹建机器厂，在国内找了连忠静、施伯安、夏彦儒、吴学蔺、顾光复等。他还在留学生中找人。

王守竞找了一个设在上海的美国洋行，叫大昌实业公司（Chinese Engineering and Development Co. Inc.）。该行的工程师张乔啬是清华毕业的，曾在美国留学，认识王守竞。我估计，王守竞是利用这个洋行的名义，为建机器厂买机器的实际是张乔啬。这样做省钱。王守竞掌握买机器的决定权。

我于 1935 年从交大机械系毕业，考入清华留美，学习机械制造。钱学榘是我的同班同学，也考到了美国，学习发动机制造。考什么专业是由清华大学定的。王守竞是清华大学评议会成员。通过考试，王守竞认识了我们。

王守竞在纽约设了一个办事处，由张乔啬负责业务，以洋行的名义买机器。我于 1938 年 2 月离开麻省理工学院，到办事处工作。那时，吴学蔺负责买材料和热工设备，顾光复、金希武和我负责买机床工具。顾光复是学航空发动机的，在交大比我高一班，考清华公费也比我高一届，比我早一年参加机器厂的工作。金希武是清华大学助教，由清华派到美国留学，归国后参加了机器厂的工作。

在买机器时，机器厂的产品还不太明确。因此，买的都是通用机床，都是名牌货。我参加买机器工作时，有的机器已订购了。我去参观或验收的厂家有二十几个。卖给我们机床的厂家有 Cincinnati 铣床磨床厂、Wanner & Swasey 六角车床厂、Brown & Sharp 磨床厂等。我们买了 Pratt & Whitney 坐标镗床、Monarch 车床、Barber & Coleman 滚齿机、Fellows 插齿机、Grey 刨床、Excello 精密镗床和动力头、National Arme 多轴自动车床、Bullard 立车，等等。还有欧洲的 Lindner 螺纹磨床、Werner 光学曲线磨床、Zeiss 全套精密测量仪器等。Cincinnati 铣床厂管理非常先进，专门聘请管理专家帮助搞起管理办法，有知名学者在它的研究机构中工作。其他工厂也都各有特色。W. & S. 六角车床厂制造天文望远镜，这完全是为了满足技术人员的爱好。

当时尽可能买最好的机床，有美国、德国、瑞士的。绝大多数机床是新的，但也有旧的。美国有卖旧机床的厂，所卖的机床都经过了大修，经检验已达到原来厂家的质量标准，但价格便宜。买旧机床是大家商量的，王守竞同意了。许多专门生产机床的工厂只卖产品，不外露设计原理和制造技术。Gleason Works 制造锥齿轮机床，有很多专利。总工程师是老板的女儿。这个厂出卖新机床，并为用户调整好机床，配备刀具。如果机床坏了，还得找这个厂修。我们没有直接从这个厂买锥齿轮机床，而是从 Morey 厂买旧的 Gleason 锥齿轮机床。Morey 厂并不制造机床，而是整修旧机床，然后出售。从 Morey 厂买锥齿轮机床有几个好处：首先是便宜。其次是质量有保证，因为旧机床经过整修可能比新机床精度保持性还好。再次，Morey 厂的师傅技术较高，知识面较广。Morey 厂卖给我们机床，也传给了我们一套技术，使我们掌握了机床设计原理、刀具设计方法和不同用途下调整机床方面的技术。王守竞本来希望买了旧机床以后让技术人员钻研，没想到通过买旧机床却掌握了更多的技术。

从设备条件看，中央机器厂同国外机器厂是一样的，厂里有 P. & W. 立式坐标镗床，这在当时是一流的。但厂里没有较大的锻压设备。

1931 年我进交大时，学校已有汽车这门课，教师有黄叔培，史久荣也兼过课。我在美国参加买机器时，史久荣没参加机器厂的工作。后来史久荣从美国一个小厂买了一些装配汽车的工具（没有机床），当然很便宜。

我是 1939 年初回国的，先回到上海（家在上海），一个月后绕道越南去昆明，同时带了二三十名上海工人。

中央机器厂有试验室，主要搞理化分析工作，最初归工务处。产品开发是在各分厂搞的。试验室试制过土砂轮。

瑞士机车厂的技术在世界上是中等的。瑞士 B. B. C. 公司在锅炉、汽轮发电机方面当时在世界上是第一流的，现在也是一流的。因过去国内没基础，所以引进技术。王守竞去过瑞士 B. B. C. 公司。

1939 年刚开工不久，工务处来不及准备搞自己的产品，就揽了一些生意。比如，为航空委员会制造飞机起落架，为兵工署制造炮弹引信。这都是顾光复和金希武搞的。他俩在中央机器厂工作了一年多就离开了，并没有搞机床。

我负责工具机组，参加搞机床的有赵佩之、糜若虚、马世英等。大概是从 1939 年开始搞机床，总体布置按传统结构，具体设计是自己搞。生产机床的目的不是为自己用，而是为出售。当时的工厂大都是小修理厂，所用机床设备简单，好机床买不起。我们制成了皮带式车床、马达驱动的立式钻床、牛头刨床、少数联合机床（增加附属装置后可具有车、钻、铣、刨的功能）。当时，内迁的一些厂也制造机床，水平差不多。但中央机器厂所用的材料是进口的，热处理工艺较先进，关键的部件是镍铬合金钢的。

大概在 1942 年以后，机床制造技术有提高。在昆明的一家兵工厂制造望远镜和光学仪器，由于所用的 Shaublin 精密小铣床数量少，兵工厂就要求中央机器厂制造这种铣床。Shaublin 厂很有名，采用模块化设计，Shaublin 铣床的立铣头精度高，转速高，没有振动，但必须用螺旋伞齿轮（即一种锥齿轮）。我们用 Gleason 螺旋伞齿轮机床和研磨机制造螺旋伞齿轮，但所用刀具的设计制造及齿轮加工工艺都是自己搞的。搞螺旋伞齿轮的可能是赵佩之。第一批精密铣床制造了 40 台，精度和质量达到了原来产品的水平，兵工厂也很满意。此外，我们还设计制造了万能铣床、龙门刨床、制迫击炮弹的专用车床（原理像六角车床）、磨刀具的机具，但没制造过镗床和磨床。搞成的产品，质量与外货基本上没差别。

中央机器厂造的铣床

中央机器厂所产机床上的轴承主要是滑动轴承，也制造过少量的滚动轴承（特别是推力轴承）。机床所用的电机大部分是从中央电工器材厂第四分厂买的，我们的第四分厂也制造过一些电机。中央机器厂后期所制造的机床大都是齿轮式的。我们准备仿制美式 P. & W. 车床，后来这项工作因抗战胜利停止了。我们试用过少数硬质合金刀具，是王守竞从美国寄来的。生产上用的刀具是高速钢的。

工具方面的技术负责人先是雷天觉，后来是胡国栋、李天基。制造千分尺较早，主要是雷天觉搞的。齿轮滚刀（用于制涡轮）和铣刀都制成了，前者是我搞的，后者是雷天觉搞的。当时普通小工厂没有滚齿机，所以齿轮滚刀没有销路。车床用的三爪夹头主要是胡国栋搞的。

中央机器厂曾为兵工厂制造了一批望远镜的镜片研磨机，其中有两台没卖出去。利用留下的研磨机试制了块规。厂里完全具备制造块规的条件。关键的问题，一是材料，中央机器厂有；二是热处理，要稳定性能；三是研磨，厂里有研磨机；四是检验设备，以检验平面度、平行度、尺寸精度。我们有全套的 Zeiss 精密测量仪器，包括专门测量块规的光谱干涉仪。搞块规主要是技术上的好奇，是研究性质的。北平研究院物理研究所迁到了昆明黑龙潭，离中央机器厂很近。该所的迈克尔逊干涉仪是通用的，精度比中央机器厂的高。钱临照用迈克尔逊干涉仪检验了中央机器厂产的块规，证明达到了瑞士的约翰逊最高一级精度水平。搞块规的人主要是我、赵佩之、李天基。块规只是试制了样品，因为没有市场。当时除了兵工厂等以块规做精度的基准，其他工厂用不上。

江厚渊在去第三、四分厂之前，搞印度 Gosh 式纺纱机。我在时，中央机器厂并未搞梳棉机，可能是计划要试制。

中央机器厂对国家的贡献主要还不是搞了多少产品，我觉得是培养了一批技术人才，对解放后机械工业的发展起了很大作用。中央机器厂之所以能做到这一点，是因为它有几个条件。一是设备与国外一样。二是我们用的人是每年大学机械系的前五名，机械系的毕业生也认为到中央机器厂是最理想的。中央机器厂也有意识与大学机械系建立联系，希望他们把最优秀的学生推荐到这个厂。当时我和吴学蔺都到西南联大去兼课，完全是义务的，每两周去一次昆明市，一整天都在联大教课，这样也可以物色优秀的学生。抗战快胜利时，美国依据租借法，出钱支持中国派大批技术人员到美国深造。这些技术人员在大学是优等生，在中央机器厂得到了锻炼，又到美国进修，后来成了机械工业的骨干。另外，中央机器厂办艺徒训练班，招初中、高中毕业生当学徒。这些技术工人中也出了一批厂长或技术骨干。

抗战胜利后，美国答应给中国 20 亿美元贷款，帮助中国搞工矿企业。资源委员会据此拟了个计划，准备搞建设。大家都很高兴，以为可以干一番事业了，不少在国外的人也回国了。

1945 年 10 月我离开中央机器厂，奉资委会的命令去上海接办机器厂。在离开重庆以前，资委会决定让我办的厂包括大陆重工业株式会社（原大隆机器厂）①、昭和自行车株式会社（现上海自行车一厂）、丰田自动车厂（日本人原来准备装配汽车）、远东钢丝针布厂。最初的计划是：自行车厂继续造自行车，大陆厂造机床和纺织机，钢丝针布厂继续造原来的产品，丰田厂看具体情况再决定造什么。到上海以后，我从昆明中央机器厂调了些人，第一批二十来人，后来零零散散也有来上海的。因资委会与其他系统有矛盾，后来把丰田自动车厂和远东钢丝针布厂转给其他部门，成立了中国纺织机械制造公司②。上海机器厂最初编为三个厂：大陆厂是第一厂，丰田厂是第二厂，昭和厂是第三厂，最后只有一、三两个厂。上海机器厂没造过柴油机。

接办时技术人员都跑了，一些工人还在。其实在日本投降前的几个月这些厂就已停工了。接办后，工人回来工作，但技术人员没回来。大陆厂的厂主任是韩云岑。我估计大陆厂有 100 台左右机床，还有炼钢的电炉。自行车厂规模很小，接办的厂主任姓瞿。因条件困难，开工仓促，工厂来

① 大隆机器厂是抗战前创办的民营机器厂，其技术实力在中国的民营机器厂中是比较强的。
② 顾毓瑔担任该公司总经理。

不及考虑计划。大陆厂恢复生产齿轮式车床（6 呎①或 8 呎）、气锤、梳棉机，以及零散产品。自行车厂生产自行车零件及整车。我先任厂长，1947 年夏离开工厂，到交大任教。

资委会工业处处长杜殿英实际上并未指挥过工厂。他与王守竞有矛盾，想自己办厂。于是，他发动成立中央机器公司，还想成立马鞍山机器厂。他曾去美国，与 Kearny & Tucker 铣床厂谈判，准备引进铣床制造技术，后因 20 亿美元计划落空而没合作下去。杜殿英找我和他办马鞍山机器厂。后来，我看办不成，就脱离了。杜殿英还曾想利用日本赔偿的设备。韩云岑被派往日本，挑选了一些机器（主要是机床），并运回了一部分，分给了马鞍山机器厂和通用机器公司等。通用机器公司（现上海汽轮机厂）经理是马雄冠。这个公司可能在接近解放时把昆明机器厂制造柴油机的图纸拿来，生产柴油机。

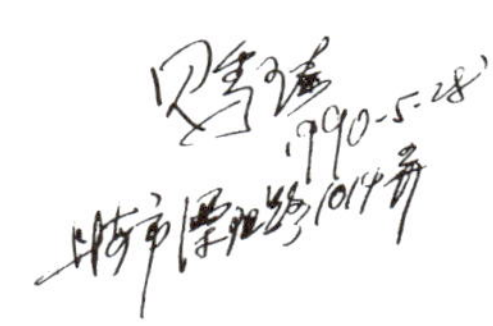

雷天觉先生谈制造工具与留美实习

雷天觉（1913—2005），湖南浏阳人，机械工程学家。1935 年在北平大学机械系毕业后留校任教。后任昆明中央机器厂工程师。1942 年赴美国学习精密加工。1947 年回国，任上海中央机器公司工程师。1949 年后，

① 呎，英尺旧作呎，1 英尺等于 12 英寸，合 0. 3048 米。

先后任上海机床厂副厂长兼总工程师、一机部机械科学研究院副院长、总工程师兼自动化研究所总工程师等职。长期从事精密计量、精密加工、机械设计、静压技术等方面的研究。1955 年成为中国科学院学部委员（后称院士）。

访谈时间：1989 年 9 月 17 日，1990 年 6 月 10 日；访谈地点：北京市百万庄辰区 5 号楼。

王守竞买机器大概是在 1935—1937 年之间，帮他买设备的是张乔啬。航空委员会办了一个两年制的学校（附设在中央大学里），招大学毕业生再学两年。王守竞在学校教空气动力学。这时有人请他做飞机发动机制造工作。他为做这项工作到美国、德国买设备。他在留美学生中找回一些人，如贝季瑶、金希武、顾光复。

我在 1936 年夏到南京加入兵工署，1937 年春自己到资源委员会机器厂，找到预备厂厂长周茂柏[①]。七七事变后，我到湘潭下摄司，参加筹备飞机发动机厂。在湘潭的预备厂主要是做生产准备工作，有二三十台国内和国外产的机器设备，有个铸工车间，并没有正式生产。1937 年冬发现湘潭也受到日本人的威胁，预备将工厂搬到昆明。

1937 年冬我到香港，改变进口机器的运程，把准备运往湘潭的机器改运越南海防，再运到昆明，还把湘潭的机器设备经香港转运站运到昆明。我在香港转运站工作了大半年，然后去了昆明。机器厂的设备损失不大，基本上都运到了昆明。有一台坐标镗床现在还在用。这台坐标镗床是 P. & W. 式。还有一台瑞士的 Hille 式坐标镗床。除了没有数控外，当时的坐标镗床和现在的产品没有根本的区别。

① 周茂柏是武汉民营机器制造业的技术和管理专家。

大概在1938年夏，我去了昆明茨坝。我先负责齿轮车间的工作，大约在1939年又兼管工具车间。从1938年到1942年夏，我共开发了五样东西，这五样恐怕都是中国第一次做。第一是齿轮的成形铣刀，第二是千分尺，第三是车床上的三爪夹头，第四是块规，第五是一套机关枪弹盒的模具。齿轮成形铣刀是标准工具，制造方法几乎是我一个人设计的。规格（模数）大概相当于1.5~6个模数，其质量与一般的外国货差不多。这恐怕是中国最早的。每种铣刀做了很多把，大概有3 000多把。千分尺是比较特别的。以前，0~25 mm是一把，25~50 mm是一把，我把它改成每隔32 mm一把。这样，用比较少的工具，可以量更多的东西。这种千分尺产量在当时算是大的，卖到了昆明、重庆一带。这几乎是我一个人做的。当时只做了0~32 mm，0~64 mm的两种。千分尺的内螺丝牙是磨的。三爪夹头做了不少。最早是由贝季瑶设计的，他先做，我接着做。帮我工作的是胡国栋。贝季瑶的主要精力放在制造机床上。块规没有大量生产，但得了国家的奖励。帮我工作的是胡国栋，李天基也参加了。在我出国以前，已经制造出块规了，得奖时我已经出国了。可能胡国栋比我做的工作更多。在制分厘卡、块规方面，杜朝藩帮助做了一些工作。北平研究院检验块规以前，我已出国了。我搞了很久的钢铁研磨，但目的并不是制块规，制块规只是顺便做的。块规没有成为一种产品。机关枪弹盒消耗量很大，很难做。兵工厂委托中央机器厂制造弹盒。模具图是兵工厂提供的。我主持制造，韩云岑管热处理。我做的每样东西都要经过热处理，与韩云岑关系非常密切。我经历的主要是这几项工作。当时在我的工具车间工作的有胡国栋、杜朝藩、李天基、朱广颐。朱广颐在制造齿轮铣刀方面帮我做了很多工作。

贝季瑶先管工具，后来把工具部分转给了我。贝季瑶也做过分厘卡、三爪夹头方面的设计制造工作，我接着做了这方面的工作。以上五样产品，除了块规，大量生产工作主要是我做的。我离开中央机器厂后，赵佩之接替了我的工作，他现在是美国热传导方面很有成就的人。我走以前，糜若虚、赵佩之、贝季瑶都在做机床方面的工作。

主持制造德国（或奥地利或瑞士）的 Gleischlauf 精密小铣床的是贝季瑶。贝季瑶下边有赵佩之、糜若虚。这种机床的设计是根据测绘做的，仿造得很好。我离开中央机器厂时，这种铣床已开始装配了。我印象里，那种铣床是厂里最好的产品。

齿轮滚刀少量地制造过，供自己用。我在工具车间时制造过齿轮滚刀，成功了。这种滚刀的制造工艺是我和韩云岑负责制定的。我印象里，贝季瑶管工具车间时可能没有制造齿轮滚刀。胡国栋一直和我在一块儿。我走了以后，他去搞内燃机。

纺织机械是连忠静负责的，他制造过印度式家庭用纺纱机，还企图制造大型纺纱机，但没搞成。

张宝龄在厂时只造出一台煤气机，用的是瑞士图纸，后来胡国栋又主持造了几台，好像有 100 多马力。

史久荣在美国买了一些发动机，想在此基础上造煤气汽车。史久荣在国内没搞成。中央机器厂搞横吹式煤气发生炉，温度太高，煤渣结饼，不太成功。搞煤气发生炉的是顾逢时、王守融、吴德楞、管中一。

王守竞很聪明，本来是学物理的，但兴趣很广，什么东西都想搞。他在中央机器厂的作用很大，这个厂带有他的个性。他不是以一个厂长的身份在办厂，而是有把工厂办成一个研究机构的趋势，这对培养人才很有用。他在用人方面不排斥年轻人，培养出了很多方面的人才。他让你做什么事儿时，他能谈到怎么做，帮你出主意。

中央机器厂的图书馆很大，收有大量书刊，以机械方面为多。这些书刊是在建厂以前就买了，在当时非常宝贵。

1942 年底，钱昌照发动一批人到美国去实习。王守竞推荐了中央机器厂的人，包括我。派往美国实习的技术人员，至少都工作过几年，到美国后要进工厂。这比现在派留学生的办法好，它能结合实际。我们能接触到实质的技术，了解到工人手中的窍门。我们比美国工程师知道的窍门都多。除了像 Gleason 厂的技术以外，一般的技术都能摸到，至少可以摸个大概。这种办法比进学校拿学位好得多。“学”是公开的，“术”是保密的。在学校可以得到“学”，从书本中可以得到理论上的东西，而在工厂可以得到“术”。去美国实习的人明白了去工厂的好处。

我在美国五年，多数时间是在美国的几十个工厂里实习。我在 1947 年底回国，到中央机器公司（上海），时间很短，没做什么工作。中央机器公司的工厂没有一个是成功的。

在美国的实习对我回国后工作帮助很大。例如，解放初我在上海机床厂当副厂长、总工程师，用了一年时间就造出了磨床，后来又用了两年多的时间造出了镗床。这两种机床在国外展览时，让外国人很吃惊：为什么中国发展得这么快，质量这么好？实际上很简单，我差不多每个工序都掌握了，做起来也就容易了。我掌握的工序，一半是过去的经验，一半是从美国学来的。

解放前夕，机械工业的人员充其量不过几万名。国家主要力量集中在兵工方面，还有一部分技术力量在铁路修理厂，但解放前从来没有完全靠自己制成过机车。国内也制造过一些非常简陋的机床，如明精公司制造的皮带式机床。抗战胜利后皮带式机床被齿轮式机床取代。1935 年以前，最成功的是上海新中公司，主要制造农业机械、水泵、柴油机。

昆明中央机器厂有 100 名左右技术人员，在员工中的比例非常高。几乎每个车间都是一个研究室，研究与车间在一起，主要从事开发研究，理论方面很少。真正的开发研究是从抗战时开始的。该厂设备很好，有三四百台机床，包括美国、德国产的名牌机床、德国 Zeiss 的全套检验设备。美军空军技术人员说中央机器厂完全可以造枪的同步器（用在飞机上），不必进口美国产品。中央机器厂的技术工人大约不超过三四百人，分别来自上海、武汉等地，有些人跑回去了。不得已，招本地人当学徒。

英、美重视开发研究，而苏联却搞了很多繁琐的理论。

韩云岑先生谈热处理、制造工具与日本赔偿机器

韩云岑，江苏如皋人，机械切削加工和量具刃具专家。1949 年后，曾任上海工具厂副厂长兼总工程师、哈尔滨量具刃具厂总工程师、一机部二局总工程师、机械工业部科技情报所高级工程师等职，九三学社会员。

访谈时间：1990 年 7 月 13 日；访谈地点：北京市安外和平街 11 区 12 号楼。

我是 1938 年在浙江大学机械系毕业的，当年 7 月去铁道部株洲机厂。这时该厂有一二百台新的机器设备，已开始修理机车车辆，有制造机车的能力。我在厂里当实习生，工资是每月 60 块银元，工资比工人高。工程师的月工资可达 300 块银元，相当于现在的二、三级高级工程师。当时的大学教授都是 300 多块银元。我在株洲机厂只工作了一个月，由于日本飞机来轰炸，工厂停产，员工被遣散。

我在 1938 年中秋节的前一天到达昆明，加入了设在昆明的中央机器厂筹备处，在工务处打杂，这个处是个生产技术管理部门。

1939 年初，我转到昆明市郊茨坝的中央机器厂。到茨坝后，连忠静要求我搞热处理。在这以前，中国工厂搞热处理靠工人观察，凭经验，没有仪器设备。我答应了连忠静，后来搞热处理出了名。我们是按工艺做，靠技术，而不是靠经验。

我主要是做了两件事。第一件事是建立工艺规程，以脱离凭手工经验的做法。没有工艺规程，就很难把工作做好。中央机器厂有两个电炉子，一个可以烧到约 1 000 ℃（能处理炭钢、低合金钢），一个可以烧到 1 300 ℃（能处理高速钢、高合金钢）。这两个炉子全部是自动控温，有炉氛控制装置，是美国产的。后来我们又仿造了两个炉子。一个是900~1 000 ℃，也是自动控温的；另一个是盐炉。盐炉比电炉的炉氛控制好得多。炉氛控制当时只能做到不氧化、不脱碳、不烧伤，但是黑的，而盐炉处理后是白的。

跟我搞热处理的，有两个学徒，一个钳工。我们都是外行，就从头学习。厂里的图书馆是昆明最好的技术图书馆。有不少人到茨坝看书。王守竞很有远见。他成套购买了美国的 10 年旧杂志，抗战时还订购了新杂志和许多书，内容包括机械加工、热处理、铸造、理化试验、仪表、机械设计等。这些杂志中，有英文的，还有德文的、法文的。我利用厂里的图书馆，学习热处理，还要给工人讲技术。我印象里有两本美国出的英文书，一本是《钢铁热处理与金相》，一本是工人用的《工具钢简述》。

我要求试验每种牌号的美国钢材在炉子里烧的温度、时间、炉氛，每种钢都要做这三个方面的系统实验。王守竞很支持我们的工作。厂里用于热处理的温度表、检验温度表的温度表都有，是自动控制的。厂里还有服务于全厂的物理实验室和化学实验室。这两个实验室可以做炉氛试验、硬度试验、强度试验、冲击试验等。这就具备了搞出工艺规程的条件。根据试验结果，就知道了温度、时间、炉氛与各种用途的关系，选择出最合适的热处理工艺规程。我在厂里时，已经搞出了系统的工艺规程，彻底解决了问题。我离厂时，别人很容易接手这项工作。

我做的第二件事是解决炉氛问题。最初是用乙炔作炉氛，搞成了。后来制乙炔的电石没有了，我们就用木炭煤气发生器控制炉氛，比用乙炔的价格便宜。炉氛控制主要是一氧化碳和二氧化碳的平衡。一氧化碳多了就渗碳，二氧化碳多了就脱碳。后来，我们设计制造了盐炉。

高速钢齿轮铣刀热处理难。它要求热处理后的铣刀不改变刀刃曲线、不脱碳、不烧伤、不氧化、不渗碳，要用炉氛控制。我搞成了这种铣刀的热处理。我印象中没热处理过曲轴。块规的热处理并不难，要求热处理后的金属内部组织稳定，尺寸不能变。抗战时，兵工厂的人到中央机器厂，在我那里热处理刀具、重要的零件、枪的弹簧等。枪的弹簧软了顶不上子弹，硬了就断，我们做了多次试验。

在锻压方面，开始时是由老工人管。我快出国时，厂里成立了机锻组，把气锤、压力机等集中在该组，要我负责，还有个叫顾乃润的工程师帮我。这样做的目的是锻打汽车的钢板弹簧（锡锰钢的）。我在时没做出什么。我到美国后听说这个组的设备烧毁了。中央机器厂在西山自己炼过钢。

王守竞是物理学家，人很好，通英文、德文、法文，可以看着法文读出英文来，桥牌打得也很好。他对技术人员特别好，很支持他们的工作，在培养人方面贡献很大。他主要关心技术问题，重视试验研究工作。他每天到车间里转，与技术人员讨论技术问题，厂里的人解决技术问题的意识很强。新杂志来后，王守竞先看，在上面批“某某人看”。

中央机器厂是个大杂摊子，产品种类多，批量很小。王守竞在工厂经营管理方面不内行，过问得少，生产方面靠工务处的连忠静。厂子什么都做，比较乱，经济效益不好。王守竞说：“只要给我合适的价钱，我什么都能做。”当时美国人参观中央机器厂，认为工程技术人员太多。当时厂里大约有 300 名工程师。

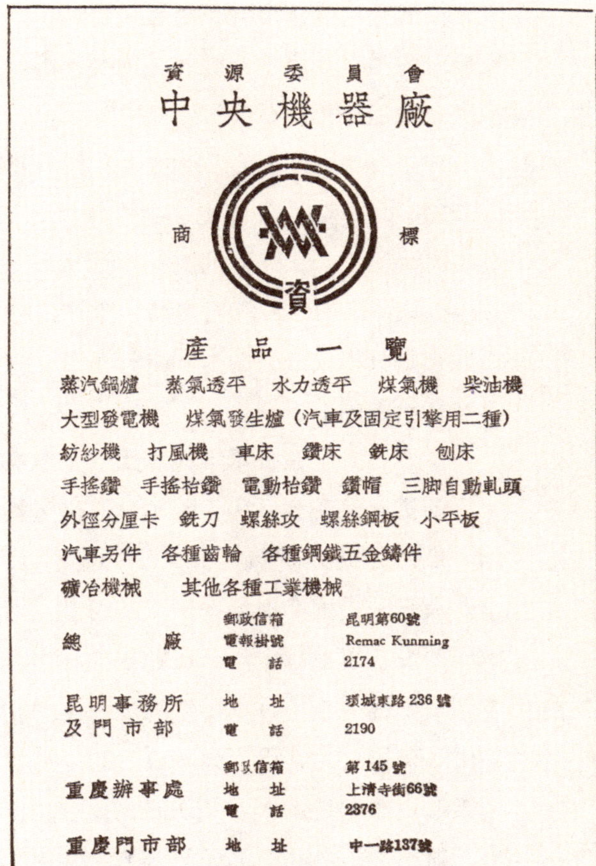

中央机器厂的产品广告

我在 1942 年底离开中央机器厂，去美国实习。在美国，我一直在工厂实习，没去大学念书。实习这种办法很好，既省钱，又解决问题。资委会让我在美国学焊接，但我干了两个月之后觉得没多大意思，于是改学刃具和量具的制造。我去过美国的十几个工具厂和机床厂。美国工厂欢迎你来，但不许偷技术，不让做笔记。通过参观，我还是掌握了工具批量生产的工艺和专用设备的使用。

美国工厂靠董事会、经理来管理，人才是第一流的。为了赚钱，就要发展。为了在竞争中获胜，必须要经济效益好，出新东西。工厂有小试验室，一般是在车间试验。

1945 年 5—6 月间，我回到昆明中央机器厂，被任命为五分厂副厂长（厂长是贝季瑶）。实际上，我没做什么工作。1945 年 12 月我被派到资委会上海机器厂，担任它的第一厂的主任（相当于分厂长），在那里工作了一年。第一厂有 100 多台设备，生产梳棉机等产品，维持着发工资。第二厂原来是日本人经营的昌和自行车厂。大概在 1946 年 10 月我去日本，验收赔偿给中国的机器。

中国有一个驻日军事代表团，其经济组负责日本赔偿。所赔的东西是工厂的机器设备和厂房。盟军总部决定将日本工厂机器设备的一半分给中国。最初提出拆掉上百个工厂（有兵工厂、一般机器厂），中国分得 50 个。后来，美国考虑到中国内战形势的变化，改变了想法①。于是，赔偿中国的设备越来越少。最后赔偿盟国的只剩了 17 个兵工厂，中国只得了不到其中的一半。日本赔偿的设备比解放前的一般中国工厂的略好，但不如中央机器厂的，也不如解放后的。日本赔偿的机床约有几千台。中国派去索赔机器的技术人员有几十个，来自资委会、兵工署、交通部、铁道部、航委会。各部门都争机器设备，实际上没得到多少，运输能力也不足。上海工具厂开工时，有几台机床是日本赔偿的美国造的旧机床。负责索赔机器的是经济组的组长吴半农，兵工署派了一名副署长，资委会的代表是周茂柏，我是专门委员（实际上是技术专家）。

在日本工作到 1948 年 10 月，然后回国到中央机器公司担任计划处副

① 从辽沈战役，到淮海战役、平津战役，国民党军队由优势转为劣势，美国对国民政府逐渐失去了信心，转而扶持日本恢复和发展工业。因此，美国改变态度，不再主张大规模拆日本的工厂。

处长，与雷天觉等几十名技术人员（多数从美国归来）在一起，实际上没做什么事。我提出利用日本赔偿的几十台机器设备，筹备上海工具厂。这个工具厂设在浦东。解放前夕，职工中成立了应变委员会，搞了一些煤油、银元、大米，分给职工，我负责保管银元。厂里设备还没安装，上海就解放了。

解放以后，军代表筹备工具厂，用的是原班人马，一个姓朱的军代表任主任，我是副主任。我先后担任上海工具厂总工程师、上海设计院总工程师（一年）、哈尔滨量具刃具厂总工程师（两年多）、一机部第二局总工程师，再到干校、机械科学研究院，现在是机械情报所顾问。1976 年，周总理去世时，我参加编《机械工程手册》，写《大百科全书》中的条目。

解放后，我搞了大量制造工具的工艺和专用设备。在上海工具厂时，厂里有十几个像样的、能搞设计的工程师。我们很快就制造出了专用设备，大量生产钻头、丝锥。实际上，搞专用设备是在美国学会的。

苏联帮中国建工厂，提供工艺和设备，对中国帮助很大。但苏联人不讲质量，哈尔滨量具刃具厂建成后，其产品质量已超过了苏联。我掌握的是美国技术。大部分苏联专家都很好，但也有不好的。我常与苏联专家争论。

1990年7月13日在和平街11区12楼1单元

韩云岑

郭可诹先生谈炼钢与热处理

郭可诹（1915—1989），福建闽侯人，大连工学院材料系教授。

这个谈话摘自 1989 年昆明机床厂厂志编辑部所编的《昆明机床厂志》

（内部发行）的《万里寻踪访老人，对灯拊掌话当年》。

我是1939年9月份到的昆明，中机厂已经开工了。我当时在吴学蔺领导的化验室工作。化验室实际上包括两个翻砂车间、一个热处理车间、一个化验室、一个材料试验室，我在材料试验室工作了一年半。1940年日本人开始轰炸，搬家了，有的进了山洞，我就调到了翻砂车间。当时值得说的大概有这么几件事：

一、我们在1941年左右在翻砂车间用国外买来的回转炉炼钢、铸造，为滇缅公路大桥生产钢索的桩子。在云南炼钢史上，我们是第一家用新方法炼出钢来的，后来的云南钢厂炼出钢来比我们晚了好几年，至少晚了一两年。

二、我们在西山搞的电炉是云南省的第一座，当时中央研究院也搞了一座电炉，但他们一直没有很好地投入生产。我们在西山还搞了铁合金炉，炼硅铁、锰铁，这在云南也是第一家。此事可到上海找徐德鑫（在上海钢厂）和叶学齿（在机械部工艺研究所）。他们两人在西山负责炼钢厂的事。

三、当时的热处理技术在国内也是比较领先的，如高速钢淬火我们都是采用炉氛控制技术，这在当时国际上也是一流水平，全套设备都是从美国进口的。

四、培养了一批人，今天在热处理方面，在铸造方面，一些知名的人都曾在中央机器厂待过，好多都是在那个厂培养出来的，如蔡习传（上海工具厂总工程师）、韩云岑。我们还为当地培养了一批学徒，开办了一个技工训练班，用新式的方法即办学校的方法培养了一批年轻的技术工作者。

王守竞是中国很有名的物理学家。他在美国学习时的老师是诺贝尔奖获得者。王守竞还是比较开明的。有一次他错打了工人，事后还向工人道歉。中机厂用一些新技术是王守竞的功劳。当时一些兵工厂设备、人力不比我们少，但比较保守，不敢采用新技术，王守竞什么都敢搞。

关于炉氛控制高速钢淬火的技术在当时确实是先进的。那炉子打开后有一个火帘子，隔绝空气，不会在里面发生氧化，淬出的零件表面光光滑滑，硬度也是高的，不像普通淬火表面麻麻点点，要磨去一层。我们虽是引进的设备，但也有创造。原来要向炉中通入什么气体，我们却是用煤气发生炉，吹入一氧化碳来搞的。

关于炼钢，我们自己做了贝氏炉吹风炼钢，自己设计炉子，一次成功。转炉也是试了几次就炼成了，也没请什么外国专家。我们能生产高强度铸铁，当时在国内也仅此一家。后来资源委员会要在兰州搞一个兰州机器厂，还派人在我们那里专门学习生产高强度铸铁。云南钢铁厂刚筹建时也向我们定做高强度的铸铁连辊。此事可以问问北京钢铁设计院的张铨，他是我的同班同学，1943 年左右到中机厂，我就让他负责这事（马街子分厂炼钢）。

我们刚去时只有板铁，是土法炼出来的，不能用于铸造。那时铸造用的铁要到越南去买。我们要用这种板铁来铸造，就要加入高硅生铁，因为土铁中几乎没有硅。我们加入含硅 50% 的高硅铁。当时有人说这样搞不行，我们经过试验，还是搞成了。这也是一项铸造技术，即用本地铁来搞现代铸造。

还有那个转炉是用燃料油来烧，但燃料油哪儿有硅？我们国家桐油出不了口，我们就向农民购买桐油来烧。这从技术上来说也许是不科学的，但在当时的困难条件下还是解决问题的，烧了好几年。

当时我们一批技术人员年轻，受过高等教育，又得到信任，让你放手干，所以特别有干劲，敢干，也干了一些事情。

张遐昌先生谈制造水轮机与接收敌伪产业

张遐昌，秦皇岛耀华玻璃公司高级工程师，中国民盟会员。

访谈时间：1991 年 3 月 29 日；访谈地点：香山饭店。

1939 年我从重庆中央大学机械系毕业，之后去重庆的资源委员会炼钢厂。炼钢厂的厂长是叶渚沛①。叶厂长的朋友林可胜博士在贵阳想办救护总队的汽车修理厂。叶厂长介绍我去了贵阳的汽车修理厂，我在那里工作了一年。

1940 年 11 月或 12 月，我到中央机器厂工作。宜宾机器厂筹备处主任季岳忠把我要过去，到宜宾筹备建厂，目的是搞一般的机器制造。在宜宾做了一年筹备工作后，我又跟着季岳忠调回昆明，进了中央机器厂的第三、四分厂。孙文藻接任宜宾机器厂的厂长，厂子改称资委会中央机器厂四川分厂。

我去中央机器厂三、四分厂时，王守泰正在开发水轮机。水轮机从设计、制造都是我们自己搞。他领导我和居秉琦、刘士雄等工程师做设

① 叶渚沛（1902—1971），化工冶金专家。在美国宾夕法尼亚州立大学获金属物理化学博士学位之后，1928 年任美国联合碳化物研究所和美国中央合金钢公司工程师。后任美国机器铸造公司工程师，冶金部主任。1933 年回国，任南京国民政府国防设计委员会化学专门委员。1950 年，任中华人民共和国重工业部顾问。1955 年，当选为中国科学院学部委员。1958 年，任中国科学院化工冶金研究所所长。

计、制造工作。他找来了一些德国的资料，指导技术工作，审定设计。我们用焊接方法制作模型，做动平衡试验，试验各种水头下的技术参数。我们曾与西南联大的施嘉炀教授搞合作研究，此人是王守泰的朋友。我们主要设计几十马力的小型水轮机，在1943—1944年间制成模型。实际制造水轮机产品时，我去西康了。具体在现场负责制造的技术人员姓周。

在研制水轮机时，发生了一件事。西康省会康定的电厂从国外（大概是美国）进口了水轮发电机，经印度运到中国。为便于向国内运输，先拆开机器，用飞机把零部件运到康定。然而，零部件到厂后却不能组装成整机。于是，电厂的技术负责人找王守泰帮助安装发电机组。这时我们搞的水轮发电机已试验成功。我记得，1944年4—5月间我和电气工程师贺霖及两个工人师傅一起去康定。我们把进口的水轮发电机安装、调试成功的时间是1944年中秋节后。1944年10月，我们从西康回到昆明，11月参加了出国留学考试，同年底请假去重庆。我在重庆时，王守泰调到宜宾机器厂当厂长，想调我到宜宾厂，并在重庆当办事处主任。

王守竞很注意培养技术人才，重视知识分子。中央机器厂风气较正，确实培养了不少人才，很多人在解放后当了总工程师。

1945年冬，我跟王守泰到华北接收敌伪产业。把天津的几个中小工厂合并为天津机器厂，下设两个分厂。第一分厂厂长是徐鸿济（或叫徐德鑫）。第二分厂生产自行车，厂长是王谔、马仕杰。两个厂各有几百人，设备不如中央机器厂的精密。1946年春工厂恢复生产。不久，天津机器厂改组，王守泰离厂，张心田接任厂长，我到敌伪产业处理局当专员（在天津）。

1947年2月我调到秦皇岛的耀华玻璃公司。该公司最初是中国与比利时合办，后来改成中日合办，再后来是资委会与中国民营资本合办（挂资委会牌子）。从那时到现在，我一直在这个厂搞平板玻璃。

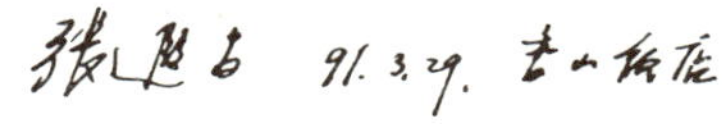

周肇基先生谈设备、产品与中央机器公司

周肇基，南京汽车制造厂高级工程师。

访谈时间：1990年5月24日；访谈地点：南京市西石坝街27号3幢。

1937年我从浙江大学机械系毕业。我是第二班，江厚渊、喇华琨我们是同班，韩云岑、范君超比我们低一班。浙大在1949年前没培养过机械学科的研究生。

1938年7月，我在武汉通过翁文灏认识了王守竞。1938年8月我到昆明时，中央机器厂已经选定了厂址，开始筹备建厂。筹备处在昆明东门外，有王守泰等很少一部分人。那里叫东门厂，有我们的宿舍、办公室、仓库和几台已经安装的设备。两三个月后，我和三四名技术人员一起去了昆明市郊的茨坝，那里正在施工，连宿舍都没有。设备先到东门厂，然后再运到茨坝。冬天时，人员陆续搬到茨坝，东门厂成了城中的办事处。我在中央机器厂主要搞设备管理工作，一直在工务处。

中央机器厂的设备很大一部分是王守竞从美国选购回来的，当时在国内还是比较先进的。除了从美国进口机械加工等设备之外，还从德国买了一部分机床，Zeiss的检测设备和光学仪器等。进口的机器设备包括坐标镗床、万能磨床、工具磨床、外圆磨床、内圆磨床、自动车床、无心磨床、卧式镗床。锻压设备多数是二手货。水压机压力很低，大概不超过200吨。有一台3英寸（75毫米）的平锻机，没很好使用过。空气锤很小，不到500公斤，不能锻造曲轴。热处理设备比较先进，炉子主要是箱式炉和盐炉，已经开始使用保护气体，能搞渗碳，可能试验过氰化。搞过电炉炼钢，可以生产高锰钢，但没正常生产。

中央机器厂从国内的民营机器厂也买了机床，其中有明精机器厂的。国产机床数量不多，最多占机床总数的20%。

王守竞买的设备中，有一部分先运到湖南，估计不到总数的十分之一。绝大部分是直接运到昆明的。我进厂以前，设备都已买好。我进厂后，王守竞再没出去买设备。他买设备的手续、账目非常清楚。我们管设备的可以从手续、文件上看得出，王守竞是没有拿回扣的。这说明他正直、清廉。我管设备以后，中央机器厂也买过设备。通过美国贷款订购原材料和很少的整台设备，这是我经手的。受王守竞的影响，我买设备时也没得回扣。

机床制造是贝季瑶主持的，参加者有叶自伟、糜若虚、张觉亚、朱广颐，可能有个别的记错。造了普通机床，包括小车床、小刨床、铣床、钻床，没有镗床等。这些机床主要是仿造国外产品，只是个别的地方改一改，还不是完全独立的设计。带动机床的电动机是国产的，我估计所用轴承是进口的。

搞工具，最初是贝季瑶负责。搞千分尺、铣刀、块规等工具肯定有贝季瑶和雷天觉，做具体工作的有胡国栋。雷天觉把齿轮制造搞起来了，还搞过加工齿轮的刀具。

Gosh式纺纱机制造主要是连忠静主持的，具体工作是江厚渊搞起来的。成功之后，江厚渊就去搞内燃机了。

工务处最初的专业组有普通机械组，由崔克明负责。后来普通机械组就没什么人了，其任务划给了七分厂。王守融进厂比我们晚，不会迟于1940年。他到厂后就搞木炭汽车，他的工作与史久荣没关系。大致在1940或1941年，王守融搞成了木炭汽车，参加这项工作的主要有喇华琨（现在上海巨鹿路）等。后来木炭汽车组充实为王守融的第七分厂。厂里自己用的汽车也加装了木炭炉，成为木炭汽车。这种车爬坡不及汽油汽车，但能用。

在王守融制木炭汽车之后，即1941年底或1942年初，史久荣自己开车从滇缅路回国。他把美国的Stewart厂的设备买下来了。这些设备的一部分运到了昆明，有几十箱，都是些手工操作的钣金设备，很旧、很落后，生了锈。我们开箱验收过，可以说没有一台能用，也没有汽车零件。我在时连一台旧设备都没有装起来。我认为，史久荣买Stewart厂的设备是上当了。他们处理这些很旧的落后设备，是甩包袱。王守竞买设备就没有这种问题。

史久荣回来时还带来了一位在美国汽车厂工作过的华侨老技师，叫孙森。孙森在汽车制造方面很有经验，在厂里没事儿干，就管汽车修理。史久荣在昆明没做技术工作，后来离开了中央机器厂。

1943年春，我离开中央机器厂，去资委会的昆明化工材料厂。我离开以后，王守竞也离开中央机器厂，去了美国。通过王守竞，雷天觉、江厚渊、韩云岑、刘曾适四个人去美国深造。刘曾适在解放前到台湾造船公司。

1943年底或1944年初，我去了重庆的兵工署第28厂，它是一个特殊钢厂。我在1944—1946年之间去过一次兵工署第21厂。这个厂规模较大，历史较长，有几千人和几百台老设备，制造步枪。

抗战胜利后，我曾回过资委会中央机器公司，参加筹建马鞍山机器厂。马鞍山机器厂主要是准备做工作母机，由杜殿英担任筹备处主任，贝季瑶担任筹备处副主任。我是准备接收原来日本人的炼铁厂，其中有几座被破坏的小高炉，还有很简陋的仓库、房子。日本人投降后，国民党的骑兵住在这里，把厂子糟蹋得一塌糊涂。我刚去时，还有两个原中央机器厂的技术人员，一个是莫磬一（现任机械部农机设计院的总工），一个是刘雪野（50 年代在沈阳重型机器厂）。实际上，我们这三个人在马鞍山没事可干。另外还有杜殿英请去的几个土建设计人员。我走以后，听说有些设备到厂了，但厂子没什么进展。上海机器厂是两个接收过来的工厂，由贝季瑶、崔克明负责。

1947 年冬，我离开中央机器公司，在一段时间里没做什么工作。1948 年夏，我到上海的善后救济总署渔业物资管理处。善后救济总署有剩余物资、救济物资，还掌握了一批美棉。其中有一部分渔业物资，包括冷藏、冷冻、鱼品加工、鱼粉加工、鱼肝油加工等水产加工设备，以及渔船和修理渔船的设备。我当时在冷冻厂，搞冷藏、冷冻、制冰，所用设备多数是新的，一直工作到 1949 年 5 月上海解放。善后救济总署渔业物资管理处被接管后，改成国营上海水产公司，我在厂务处工作。我在 1964 年调到南京汽车制造厂，退休前是该厂的高级工程师。

[illegible] 1990,5,24.
南京西石坝街27号8幢

縻若虚先生谈机构、设备与产品

縻若虚，曾在中央机器厂、中央机器公司、上海杨树浦发电厂等单位工作。

访谈时间：1990年5月29日；访谈地点：上海市平江路170弄18号。

1939年7月，我从交通大学机械系毕业。中央机器厂派顾逢时秘密到交大来招聘大学生，他是1935年在交大机械系毕业的。与我同时去中央机器厂的还有赵佩之、王慈明、张选瑶（中专毕业），赵、王是我的同班同学。我们与顾逢时一起走，乘船先去香港，再去越南海防，从海防乘火车去昆明。1939年9月，我们到了昆明中央机器厂，这时厂子才挂牌“中央机器厂”。

工务处下面的组是根据产品分的。齿轮组搞各种齿轮，组长好像是雷天觉。特种产品组（引信组）制炮弹引信、轻机关枪子弹夹、机枪零件，组长好像是刘曾适。热处理组、铸工组都由吴学蔺负责。纺织机组搞了全套印度Gosh式纺纱机，江厚渊参加了这一工作。样板工具组搞样板工具，主要是为其他组服务，组长是贝季瑶。赵佩之、王慈明、张选瑶和我都分到了工务处的样板工具组。大概在1940年初又成立了工具机组，搞机床，组长是贝季瑶兼任。王守融是后去木炭汽车组的。

1939年二分厂生产锅炉，厂长是施伯安。三分厂造煤气机，厂长是张宝龄。四分厂的厂长是王守泰。1940年底到1941年初，把原来的组升为分厂，成立了第一、五、六、七分厂。一分厂搞铸铁、铸钢、热处理，厂长是吴学蔺。五分厂就是工具机厂，生产样板工具和机床，厂长是贝季瑶。五分厂还为玉门油矿造过高压阀门，阀门设计和制造工艺是莫磬一搞的。六分厂制造纺织机械，造过一种大型梳棉机（非印度式的），厂长由连忠静兼任。七分厂制造特种产品，没再搞木炭汽车，厂长是王守融。这个局面一直维持到 1946 年。

1941 年以前昆明比较太平。从 1942 年开始，天天有日本飞机来轰炸昆明。有的厂房、设备被炸坏了。于是，就建立了疏散厂，一、二、三、四厂没有疏散厂，五、六、七分厂把一部分比较好的设备搬到总厂附近（5 公里以内），搞疏散厂。疏散厂搞了大概两年。1944 年有盟军飞机保护，疏散厂搬回总厂。

中央机器厂在后方是规模比较大，设备比较新，技术力量比较雄厚的，至少有一两百大学毕业生。厂里钻研学习的风气比较好，有自力更生精神，发展了一些国内原来没有的产品。机床方面，仿制过德国的 6 呎车床、德国的 600 mm 牛头刨床、瑞士的小型精密万能工具铣床（主轴转速 1 000 多转，为兵工厂制造）、40 mm 立式钻床，自己设计制造过 8 呎车床（设计者是朱广颐）、龙门刨床（龙门高、宽都是 1 米）。车床和钻床造得比较多，铣床和刨床各造了十几台，龙门刨床造了两台。我在时，没搞过镗床和磨床。1944 年五分厂仿照兵工厂的设备，造过一批加工迫击炮弹的专用车床。生产机床的合金钢最早是用进口的存货。大概在 1943—1944 年自己搞合金钢，炼了不少硅锰钢，用于制造机床的主轴、三爪夹头、钻夹头。造铣刀的材料是用进口的高速钢。

机床上的电机是四分厂生产的。8 呎车床、6 呎车床的动力来自机床下部的马达、变速箱或皮带，而不是天轴。机床所用的滑动轴承和滚动轴承曾是进口货，自己制造了推力滚珠轴承。自制滚珠轴承时，用的滚珠是进口的，内外圈是自己制造的。轴承的批量小，只是自己用。

搞机床的主要是张觉亚、朱广颐、我和莫磬一等。贝季瑶 1939 年负责样板工具组时，设计过生产引信的钻模夹具、加机床齿轮箱的钻模。当了五分厂的厂长以后，他管五分厂的产品方向、人事，做原则性的技术指导，没有时间做具体技术工作。具体的设计、测绘、制图、制定工艺等工作是各小组的技术人员搞成的。五分厂的计划调度是由周家振负责的。

1941—1942 年，中央机器厂自己设计开发出片式齿轮成形铣刀和千分尺。雷天觉最早开发齿轮滚刀和片式齿轮铣刀，设计了生产工艺。千分尺是雷天觉、赵佩之设计开发成功的。朱广颐参加了具体计算工作，搞了一两年。此前，国内兵工厂搞过齿轮滚刀、螺丝攻、螺丝铰板，但还没搞过片式齿轮成形铣刀。螺丝攻和螺丝铰板恐怕是赵佩之搞的。精密块规是李天基、韩云岑（搞热处理的）搞的。1943 年赵佩之、杜朝藩在国内首次仿制成钻夹头、三爪夹头。1943 年左右搞成了精密平板。国内制造皮带搭扣的厂家很少，中央机器厂制皮带搭扣的一个老技师叫谈富奎。

五分厂生产样板工具的机床精度较高，有德国 Lindner 螺纹磨、平面磨床、铲齿车床、内圆磨床、外圆磨床、样板磨床（专制界限量规）、Zeiss 精密光学量具、工具显微镜、精密块规、光学测长仪、干涉仪等。P. & W. 坐标镗床、德国坐标镗床（Heller）各有一台，还有不少铣床、磨床、车床等。

中央机器厂有气锤，但没有大的锻压设备，制造不了曲轴。有一个卧式模锻机，却始终没有装起来。那台设备很大，需要建基础和厂房才能用。

曾计划建个汽车厂，从美国的 Stewart 汽车制造厂买了旧设备，很少一部分设备运到了中央机器厂。在中央机器厂盖过汽车厂的房架子，这个工作是史久荣主持的。有一位姓孙的华侨跟史久荣来了中央机器厂，他曾在 Ford 汽车厂工作过。史久荣在厂工作时间不久就离开了。我没听说过造出汽车，但厂里有两台进口的汽车，一个是蒸汽汽车，一个是煤气汽车。

我是 1945 年 8 月离开中央机器厂，被厂里派到美国实习，10 月份开始在美国机床厂家实习。1947 年 2 月到密歇根大学进修。1948 年 2 月离开学校，到纽约经纬纺织机械厂筹备处工作。5 月离开筹备处，然后回国。1948 年下半年到中央机器公司技术室工作，和雷天觉、韩云岑、张觉亚、杜朝藩等 10 来个人在一起设计产品。1949 年初我去杨树浦发电厂，直到解放。

张觉亚已从上海工具厂的总工程师岗位退休，现在上海北苏州路 400 号。朱广颐后来在成都工具研究所担任总工程师，退休后回上海，现在四川北路 273 弄。

糜若虚 于1990年5月29日
上海(200032)平江路170弄18号

顾克铮先生谈材料技术

顾克铮，中国纺织大学机械系教授。

访谈时间：1990 年 5 月 29 日；访谈地点：上海市建国西路 393 号。

我在 1941 年从重庆的中央大学机械系毕业，11 月到中央机器厂，在技术训练班教课。一两月后，我就到铸工组，当时该组开始搞半钢和高强度铸铁，先搞半钢，后来搞孕育铸铁，主要用于制造煤气机的气缸衬、齿轮的铸造等。我开始是甲种实习员，管炼钢的转炉。煤气机的缸体是半钢（semi-steel）的。

后来，铸工组、热处理组、锻造组、木模组、电焊与机修车间、西山炼钢部分，合组为一分厂。这个分厂有一个有色金属翻砂车间，可以铸轴瓦、铜、铅等。物理实验室装备了金相设备。各厂的铸件都是一分厂搞的。铸工组和一分厂的负责人都是吴学蔺。吴学蔺提供资料（我们的图书馆很好），并指导我们制定技术方案。铸件方面有两个技术人员，一个叫郭可讱，一个叫王锦儒。

我们配合工具机组制造成形齿轮铣刀、齿轮滚刀等，所用材料是高速钢，热处理时用自制的盐浴炉搞保护气体（木炭气）。热处理组由罗士瑜负责。我们是国内第一家搞保护气体的厂。搞孕育铸铁在国内也是少见的。我们曾把买来的硬质合金刀头焊在刀柄上。

锻造方面，有气锤、落锤，可能还有小水压机。煤气机的曲轴是先锻造，再加工，热套而成（即分段制造）。

七分厂制造普通机械，造过万能铣床，这是百分之百的。这种铣床是仿造美国 Cincinnati 的产品。这个厂的生意很杂。

1943 年以后制造过柴油机。实际制成柴油机的是胡国栋。

我在 1945 年 7 月去美国。先是在几个铸造厂、热处理厂实习，一年后到密歇根大学学习。1947 年 9 月下旬回国，到中央机器公司，分配去南京机器厂，实际上我没去南京，而是去了资源委员会输出管理委员会。四五个月后到申新纺织厂，直到解放后。我现在中国纺织大学机械系当教授。

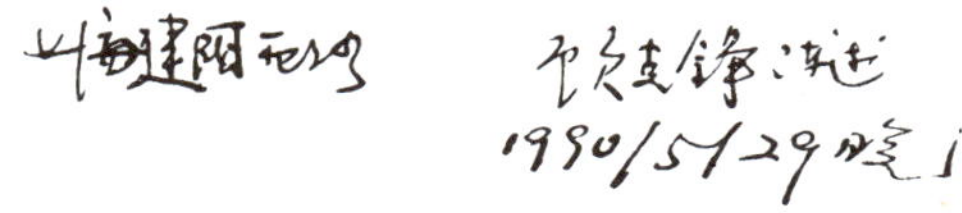

江厚渊先生谈制造内燃机与留美实习

江厚渊，曾任中央机器厂工程师、上海内燃机研究所所长等职。

访谈时间：1990 年 5 月 30 日；访谈地点：上海市淮海中路 1218 号。

我 1937 年 9 月从浙大机械系毕业，马上去湖南湘潭下摄司的机器厂筹备处（也叫预备厂），参加筹建机器厂。那里人不多。筹委会负责人是王守竞，他当时在汉口商量把机器厂改建在昆明还是在重庆。筹委会副的负责人是周茂柏。设计课长是周修济。1938 年厂子迁往昆明时，周茂柏不愿意去昆明，就离开了机器厂，没参加搬迁。

买机器很早。王守竞当了筹备主任以后，就去美国、德国、瑞士订购机器，同时签订技术引进合同。他大概是在 1937 年或 1938 年回国的。他订购的机床经过越南、香港直接运到昆明。雷天觉在香港搞转运进口的机器。

湘潭下摄司的预备厂顶多有十来台普通机床，并没有生产什么。从上海招来了大约 200 名技术工人，在预备厂接受培训。这批工人后来去了昆明，成了骨干。在下摄司，我参加翻译德国的 DIN 机械工业标准，给技术工人上课（教基础知识），兼管柴油发电机组。胡国栋等人也给工人上课。工人晚上听课，白天操作机床。机床大都是进口的。

我一到昆明（1938 年）就主持搞纺纱机。从拆机器、测绘机器开始，仿制一套小型纺纱机械。原型机是从印度买回的，包括清花、并条、粗纱、梳花、细纱五种，适合于家庭用。我们制造了好多套，还建了一个纺纱厂。参加仿造纺纱机的还有几位。徐鸿济和我一起制造纺纱机锭子。顾崇衔主管工时，现在可能在西安交大。王慈明管工具，现在成都量具刃具厂。周善钦管车间加工。还有两个主要的技术工人。连忠静管工务处，兼管纺织机组，但没有参加仿制纺纱机的具体工作。我离开后，纺织机械组发展成第六分厂。

造成纺纱机后，我去主持造煤气机。徐鸿济、张伯勋参加了这项工作，分别管制造加工和工具。

王守竞引进了瑞士 S. L. M. 厂的 VG25 煤气机和 VD25 柴油机（两者大部分零件是通用的）的设计图纸、工夹具图纸、工艺规程和部分零件。还从瑞士 B. B. C. 公司引进了发电机技术。

VD25 就是现在重庆柴油机厂制造的 6250 柴油机（6 个缸、250 mm 缸径）。当时买的零件有两根曲轴、油嘴，油泵是自己做的。中央机器厂既无大的钢锭，又无大的锻压设备，无法制造内燃机的曲轴。我曾到美国买曲轴，因太贵，没买成。后来还是到香港订制曲轴。解放前自己没造过曲轴。

为了制造 VG25 煤气机，引进了一套煤气炉的图纸。这种煤气机的转速为 600 转/分钟，在当时这个转速是很高了。它可以烧天然气、城市煤气和发生炉煤气。最早负责造 VG25 煤气机的是张宝龄。他年纪大，对这样高的转速有点怕，担心发生问题。后来他离开了中央机器厂。

我接煤气机任务时，张宝龄已经翻译出图纸，准备据此造工夹具。我把工夹具搞全，订出工艺规程，试制煤气机。大概在 1942 年初制成了两套 250 马力 VG25 煤气机发电设备，包括 VG25 煤气机、煤气发生炉、发电机。煤气机缸体是高强度铸铁的，活塞也是铸铁的。

造发电机和造煤气机都在一个车间里。我和王守泰一起办公。我负责煤气机，他负责制造发电机的工作。王守泰是留德学电机的。帮助王守泰搞发电机的主要是蒋泰熙，其他人就是实习员了。那时，大学毕业后，在厂里要经过实习员、工务员、助理工程师、副工程师这几个技术等级，升到工程师，几乎是一年升一级。

制造柴油机时，只需再制造油泵、油嘴，更改缸头等部分零件。我离开时，制造油泵、油嘴、改零件的工作还没成功，但煤气机已经在生产了。胡国栋接替了我的工作，后来造出了 300 马力、每分钟 600 转的 VD25 柴油机。引进的煤气机、柴油机都只有一种规格，当时是瑞士的先进技术，现在也不是落后的，国内还在生产 VD25 柴油机。

资委会要求每个厂推荐人去美国指定的工厂当实习工程师，共推荐了 31 人。中央机器厂推荐了雷天觉（搞机床）、韩云岑（搞工具）、刘曾适（搞汽车）和我（搞柴油机）。我们没经过考试，后来出国的人参加了考试。

王守竞被派到美国，担任资委会驻美办事处的主任，也兼任中国物资供应委员会主任委员。他不再管中央机器厂里的工作。费福焘主持中机厂的工作，贝季瑶当协理。王守竞在抗战胜利后代表资委会与美方谈判，争取向美国贷款 5 亿美元，用于建设资委会的若干工矿业。

我在 1942 年底离开中央机器厂去美国，当时已是工程师。我们先在美国的工厂实习两年，然后，韩云岑、刘曾适回国，我和雷天觉被王守竞留在资委会驻美办事处。我们在王守竞领导下工作了三年。我在华盛顿，雷天觉在底特律。雷天觉带一批中央机器厂派出的人，为战后规划设计国内的机床厂。

我在 1947 年 7 月回国，到周茂柏负责的中央造船公司筹备处工作。该公司只在吴淞口造了个码头，有两个仓库，没机器设备。雷天觉归国后到了中央机器公司技术室（上海），负责该室的工作，韩云岑是他的副手，这是由资委会安排的。解放时，周茂柏和大部分公司员工去了台湾，后来中央造船公司被华东工业部接收。我和雷天觉到了华东工业部技术室。不久，我到上海柴油机厂（吴淞机器厂），它原是中国农业机械公司的。雷天觉去了上海机床厂（虬江机器厂），它原来也是中国农业机械公司的。我们俩都担任总工程师。

1954 年雷天觉、韩云岑调到北京。1956 年我到上海动力机械研究所，任副所长，所长在北京。1958 年这个所改称内燃机研究所。

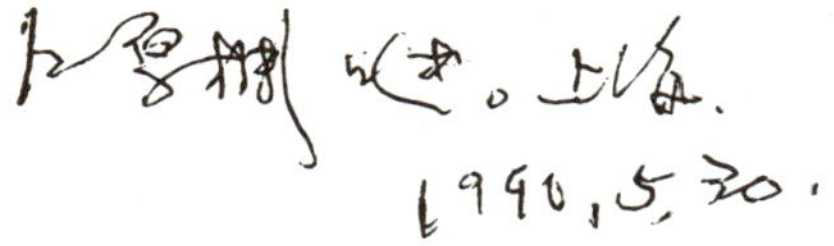

张觉亚先生谈制造机床工具与留美实习

张觉亚，曾任中央机器厂工程师、上海工具厂总工程师等职。

访谈时间：1990 年 5 月 31 日；访谈地点：上海市北苏州路 400 号。

我在 1940 年 7 月从同济大学机械系毕业，到中央机器厂，被分配到工具机组。我搞了一年的工装设计后，调到工具机组的零件制造车间。这个车间大概只有一两千平方米，工人不到一百，主要制造带宝塔轮的 6 呎车床的零件，一年造几十部车床。在零件制造车间工作一年后，我到了装配车间，管装配工作，相当于车间主任。这个车间有 6 台大机床，包括龙门刨、龙门磨、镗床、立车等机床。大型零件在这个装配车间制造。车间有几个上海来的老师傅、一个技术员和一个工长。分厂的厂长贝季瑶的办公室也搬到了装配车间的一端。

在装配车间，主要装配 6 呎宝塔轮车床，以及牛头刨床、立钻、龙门刨床、小型万能铣床。我们造的每台机床出厂之前都要按 Schlesinger 的检查项目严格检查，还要试车、油漆，然后才装箱。管机床工艺和设计审查的可能是糜若虚和朱广颐，我负责制造装配。除了我这个副工程师，装配车间还有技术员张遵敬帮我工作。我晓得机床都是自己测绘的。我们没搞过镗床和磨床。轴承没有国产的。

小型万能铣床好像是仿造瑞士的，上面有一对螺旋伞齿轮，我的印象那时国内还没有人制造这种齿轮。这种齿轮很难制造。中央机器厂有制造这种齿轮的 Gleason 机床。在贝季瑶指导下，我设计了螺旋伞齿轮的切头（刀具）。当时在计算过程中出现了一个不应有的负值。我和贝季瑶都没搞懂是怎么回事。我们把这一套计算交给了雷天觉，雷天觉改了改计算，最后制造出来了，但噪音大。经过了研磨，切头能用了，噪音一直存在。这是雷天觉搞出来的，时间是 1941—1942 年。雷天觉管制造工具，设计并主持制造了齿轮铣刀、千分尺。搞块规的也是雷天觉，还有王慈明，参加者还有技术员李天基、负责热处理的韩云岑。我晓得这项工作属于雷天觉，别人不好插手这种工作。螺丝攻不是出卖的产品，可能也是雷天觉搞的。他手下有人帮助搞计算。我的印象中中央机器厂没有制造过齿轮滚刀。

1945 年 5 月，我离开中央机器厂，根据国际训练经理社（I. T. A.）

的安排，被资源委员会派赴美国。那次去了一千来人，各行业都有，中央机器厂人员出国分三批，第一批是雷天觉、江厚渊、韩云岑、刘曾适等，第二批有马世英、糜若虚、魏永守等，我是第三批的。实际上，第三批比第二批出去得还早，第三批分了两次，有一部分比我们还晚了一年。

我在美国工厂实习了两年。1947 年 7 月回国，回到中央机器公司总公司（上海）。我们没做什么工作。有地下共产党与我们联系，我们留在了大陆。贝季瑶在台湾一个工厂任协理，但人在上海。1948 年，我在天津机器厂工作了一年，搞工装设计。这个厂的厂长是张心田，技术副厂长是赵耀东。

从解放那天开始，我一直在上海工具厂工作，当了 26 年总工程师，1983 年退休。最初，这个厂的技术人员都是我们留美归来的中央机器厂的人，地方、设备、工人都是接收的协兴机器厂的，设备不过二三十台，工人不过二三十人。

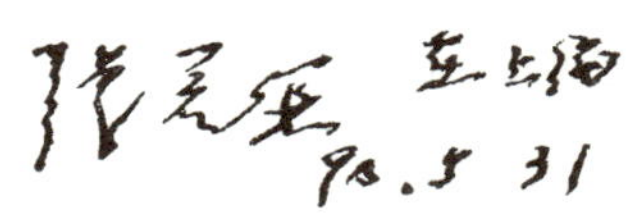

朱广颐先生谈制造机床与工具

朱广颐，曾任中央机器厂工程师、成都工具研究所总工程师等职。
访谈时间：1990 年 5 月 31 日；访谈地点：上海市多伦路 237 弄。

我是 1939 年 12 月到中央机器厂的，先是在制造课（科），时间较短。大学刚毕业到厂是甲种实习员，6 个月后转为工务员。

我在制造课工作了6个月，然后就到了雷天觉负责的样板工具组。这个组是服务性的，但我去时已改变了性质，实际上已出产品了。齿轮铣刀的开发主要是雷天觉做的。他自己搞出了工艺方法，但不够严密，设计计算方面有漏洞，产品精度不够好。我同雷天觉一起继续做完这项工作，完善了他搞的工作。印度的Tata钢铁厂曾向中央机器厂订购很少的齿轮铣刀（经节48DP，相当于现在的0.5模数）。这大概是在1942春夏之间，设计是我做，工艺是雷天觉出主意。我自己上机床制造出两件，向印度方面交了货。

雷天觉还制造了千分尺、三爪卡盘、缺口样板、冲模（订制）、螺丝攻。千分尺造得很不容易，但达不到当时国际上（美国）的质量水平。关键是磨不出0.5 mm牙的螺纹，中国没有相应的砂轮，螺丝磨床也不行。三爪卡盘是生产出来了，但质量不好。三爪卡盘上的平面细丝反面的锥齿轮本来是要铣两次，比较费时。雷天觉把锥齿轮改成face gear，结果大齿轮带不动小齿轮。后来通过切短齿长，能动了，但强度不够。缺口样板曾制造过一大批，是兵工厂订购的，但质量不好，用户有意见。雷天觉还试制了块规，但没达到生产的水平。雷天觉培养李天基搞过平面研磨工艺。辅助雷天觉工作的还有胡国栋。

在雷天觉主持工作时，工具组按订货生产过齿轮滚刀。这主要是雷天觉搞的，我负责用铲齿机床做的。这种齿轮滚刀的精度质量相当于现在的合格的C级，能用。雷天觉离开以后，样板工具组归贝季瑶管，但他没亲自做过工具制造方面的工作。

雷天觉出国不久，我到了贝季瑶负责的工具机组。贝季瑶是个M. I. T.（麻省理工学院）的硕士。我去以前，贝季瑶在车床方面搞得不错，生产过牛头刨床（可能是500 mm的）和立式钻床、小铣床。贝季瑶已仿照德国的样机设计了 6 呎宝塔式车床。设计图纸是他审核的，工艺卡也是他写的。这种车床生产过不只一批。

我到工具机组后，负责设计工作。设计图由我签字后，就可以用了。我发现他们搞的车床装配质量不好。我按贝季瑶的指令，改进车床，增加它的刚性。结果，图纸变更了大半，制造工艺和装配工艺也完善了，大大提高了装配质量。这毫不夸张。我去时，看到一些废零件扔在车间外边。后来再没有这种现象了。

我还主持仿制了上海明精机器厂的 8 呎车床。贝季瑶要求取消天轴，改成单独电机带动的宝塔皮带轮传动。据此要求，我们绘制图纸，出工艺卡，设计工具。此前，赵佩之负责测绘了美式 P. & W. 的 B 型全齿轮工具室车床，但没有制造。赵佩之后来在芝加哥大学任机械系主任，现已退休。

我在贝季瑶组工作到 1945 年 4 月 30 日，5 月 1 日去美国。我在美国 Pratt & Whitney 厂实习时，看到这个厂造的齿轮铣刀的精密度并不比中央机器厂的好。

1947 年 6—7 月间，我回国，到中央机器公司（上海），在贝季瑶下边工作。我听说要在马鞍山建一个工具机厂，在南京设了个筹备处，就要求调去工作。大概在 1947 年 12 月我去南京工具机厂筹备处。杜殿英每星期去南京一次。南京筹备处由一个办公室主任负责，陈湖实际负责马鞍山的工作。我是归陈湖管的，每周去马鞍山上班，周六回南京。杨承祉（解放后曾任云南机械厅总工程师）对马鞍山厂的情况最清楚，他比我去得早，仅在筹备处工作。

按当时中国同美国等战胜国的要求，要拆掉日本兵工厂的设备赔偿中国等亚洲受害国家。但中国仅得到了一批。资委会接收的第一批日本赔偿机器大概有一两万台，这些机械制造设备运到了中国。我对未来的厂有个初步的设想，据此挑选日本赔偿的400台机床设备。这400台机器后来运到了马鞍山的厂址，但没开过箱。

南京解放前夕，资委会上边的人下令把马鞍山工具机厂和南京四个厂的设备和人一起装船，运往台湾。1948年末（除夕时）我们的船到上海，资源委员会领导吴兆洪命令我们留在上海。当时，杜殿英在台湾，夏安世主持中央机器公司的工作。夏安世让韩云岑带领我们在上海浦东利用一个仓库的房子，预备建立一个厂。厂子还没搞成，上海就解放了。解放之后，军代表朱兆衍让我们这些人在韩云岑带领下，在现在上海工具厂的位置（当时叫协兴铁工厂）建厂，并且补充了美军在南太平洋的一些设备，成立了上海工具厂。

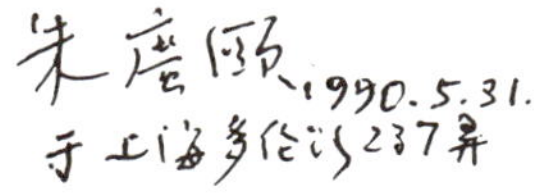

李天基先生谈制造工具

李天基（1914—），天津大学机械系教授。

访谈时间：1990年7月25日；访谈地点：天津大学六村3号楼。

1941年7或8月，我从西北工学院机械系刚毕业，就和三名同学被分到中央机器厂。王守竞为防止人员形成“篱笆”，就从不同的大学要毕业生。

我一进中央机器厂，就到了样板工具组，组长是雷天觉。这个组的主要产品有：卡尺、塞规、千分尺、丝锥、板牙、三爪夹头、麻花钻、各式铣刀（平面、立铣等）、齿轮刀具、齿轮、螺旋伞齿轮，试制过块规，后来大量生产柴油机油泵。

样板工具组的产品是分工专人制造的。朱广颐承担齿轮刀具的设计计算，制造工作由其他人来做。朱广颐搞计算时，用了手摇计算机。齿轮铣刀在热处理时要控制变形。螺旋伞齿轮是雷天觉、马世英（现在可能在西安飞机厂）负责试制成功的。马世英做具体的制造工作。陈邦圻负责制造丝锥。丝锥可用，但寿命低，这与热处理不好或材料不好有点关系。胡国栋在样板工具组时做的工作不太多。雷天觉走后，胡国栋去了三、四分厂。

我去时，样板工具组已经制造出卡尺，但质量不太好。雷天觉掌握英文、德文，读了很多技术资料，决定产品试制，组织大家工作。朱仁培负责制造千分尺，把具体工作分配给下边去做。根据雷天觉从国外资料上找来的研磨工艺，我做千分尺的平面度、平行度、垂直度方面的研磨工作，这项工作很不好做。

雷天觉在中机厂时，赵佩之没在样板工具组（我在时是这样）。雷天觉离厂后，他的工作是由赵佩之负责的。赵佩之很能干，搞了三爪夹头的制造工艺，最后制成了三爪夹头。五分厂成立后，样板工具组和工具机组还是独立地搞自己的产品。贝季瑶没参与过样板工具和齿轮制造方面的工作，也不常来我们组。

试制块规没有规划。雷天觉搞来了一部磨镜片的机器，用于研磨千分尺。他在厂时主要忙于制造千分尺。他离开工厂后，我们才开始搞块规。因为当时工作不忙，我想起来做块规。制块规的工艺是钻研研磨工艺时掌握的。块规制成之后，贝季瑶才了解到试制块规的事，拿着块规找北平研究院的钱临照去检验。检验结果表明，块规精度基本上达到要求（但不是很高）。不过，粗糙度不够，可能是因为磨料质量差和环境清洁度不够。制块规一般是在净化室里做，但中央机器厂没有净化室。只有一次在晚上试制时，块规粗糙度达到13级（平常最高达到12级）。可能是那天气候好，灰尘少。制块规的材料是52100轴承钢（美国标准），因为这种钢耐磨、变形小。块规的热处理是在韩云岑离厂以后做的。

制块规时并不引人注意，制成后人们才知道，还得了点奖金。得奖人员有贝季瑶、赵佩之和我。实际上，贝季瑶、赵佩之并没参加试制工作，但贝季瑶当时是分厂长（负责联系检验），赵佩之负责分厂的技术工作，朱广颐负责设计。

关于柴油机油泵，有一段历史。我建议赵佩之制造油泵，他支持我试制五套油泵，最后成功了。莫磬一把我们制造的油泵带到工程学会的贵阳会议上，介绍并证明它们可用于汽车发动机。后来柴油油泵成了厂里的一种产品。制油泵时，我们先是多次铰，然后是热处理、研磨。热处理时的变形不好控制。

中央机器厂的设备数量不大，但精密度高。为了保证产品质量，工厂设一个精密检验室，归样板工具组管。

中央机器厂分工很细，一个人一个产品，压力很大。技术人员并不过剩。工人来自上海、香港等地，技术较好。有一个特点，就是老人少，年轻人多。

王守竞经常到车间去。他有个指导思想：中央机器厂以训练人才为主，不是单纯搞生产。他支持技术人员搞试制、钻研技术，以便抗战胜利后发挥更大的作用。他与我们谈过这种想法。我的感觉是，只要下工夫，在技术上是会有收获的。

大学生在学校里只是掌握了书本上的一般课程，没学到生产方面的知识。他们进厂后基本上是从头学起，很快就到实际生产中去，要自己动手。厂里钻研技术的风气很好。晚上许多人都读书，很少有玩儿的。晚上下班后，厂里还举办一些技术讲座，像吴学蔺就讲铸件和热处理，讲得很好。

技术资料很重要。厂里的图书馆有很多旧杂志、资料。那些资料介绍了国际上制造机器的概况，如工艺、设计方法、标准、规范等，对我们搞产品帮助很大。

王守竞当经理时，中央机器厂的经济效益并不好。例如，施伯安主持的二分厂制造锅炉速度慢，年纪大的人思想保守，书本知识多，实际经验并不太多。

抗战胜利后，有不少员工离开中央机器厂。1945 年我进入了资委会上海自行车厂。这个厂原来是日本人办的，好像只有几百人。接收时，自行车是定型产品，但产品质量不太好。接收后，技术和产量没有提高，员工混日子。中央机器厂管理很紧，上班准时，工作紧张。上海自行车厂则是松松垮垮。真正负责上海自行车厂的人姓张，他自己还经营一个工厂。后来的负责人是瞿士辉。张、瞿都是挂名。实际负责的是沈国璋。

1948 年 3 月，我离开上海自行车厂，自费去美国密苏里工矿学院留学，学机械。1949 年底获得硕士学位。我觉得，在学校不如在工厂收获大和有兴趣。

我 1949 年底或 1950 年初回到国内，到北洋大学工作，一直到 1986 年底退休。

李天基
1990.7.25

从勉先生谈制造柴油机

从勉，曾任中央机器厂工程师、上海汽轮机厂高级工程师等职。

这次访谈是1990年6月1日通过电话进行的。打电话的地点是同济大学留学生招待所。

我在昆明中央机器厂的一分厂专搞铸钢和铸铁。胡国栋在中央机器厂搞的是VD25（6250）柴油机，300马力。铸件都是我们一分厂做的。它的机身是整体的（即气缸与底座连在一起），铸造比较麻烦，加工时却方便。机身材料是孕育铸铁的。缸衬、缸头、活塞是镍铬合金铸铁的。这是我亲自做的。曲轴是进口的。中央机器厂只制造了几台VD25柴油机。中央机器厂还制造了小型水轮机。

上海通用机器公司造过VD25柴油机，图纸是从昆明中央机器厂得到的。1950年造曲轴，先搞锻钢的，后搞增长铸铁的。1953年搞球铁曲轴，成功了。

陶亨咸先生谈内燃机等产品

陶亨咸（1914—2003），天津人，曾任中央机器厂工程师、机械工业部技术委员会主任等职，中国科学院院士。

这个谈话摘自1989年昆明机床厂厂志编辑部所编的《昆明机床厂志》

（内部发行）的《万里寻踪访老人，对灯拊掌话当年》。陶亨咸先生在1949年任昆明机器厂副厂长，后来任一机部总工程师。

解放前，中机厂有很多个全国第一：

1. 全国最大的电马达（400匹马力）；

2. 2 000千瓦的汽轮机、发电机；

3. 全国第一个大锅炉，有35~40吨，配在2 000千瓦的汽轮机上；

4. 块规达到瑞士的约翰逊块规的水平。

当时王守竞还搞了一个很大很好的图书馆，有很多很好的技术书籍。我有很多不懂的东西都是从那里的书中找到的，我在那个图书馆学到了很多东西。比如当时做煤气机，怎样才好用，我不懂，就去图书馆查资料。资料上说，二氧化碳含量达到12%准好用，我们就照这样做了，果然很好用。现在生产煤气机也还是照这个比例做的。

柴油机不是引进瑞士B. B. C. 的，而是瑞士S. L. M. 的。我们生产的柴油机不仅在当时，即使在现在，技术也是比较领先的。别的柴油机很不好修理，拆装曲轴比较麻烦。而这种柴油机可以从侧面拆装，很方便。

还有一件事，孙越崎是最后一任资源委员会主任，对中机厂比较关心，解放前夕还对陈湖等人说过：大局已定，国民党大概是没有希望了。你们要看清形势，把厂子坚持下去。我尽可能给你们拨点津贴维持下去。昆明厂最后阶段领到一点金条就是这么来的。他说的这番话对陈湖等人影响很大。

解放后机床厂有几件事是很出风头的。送往莱比锡展览的中国第一台T68镗床就是昆明机床厂生产的，这是很不简单的。当时从苏联拿来两份图，一份给了×××厂，由苏联专家指导试制，一份给了昆明机床厂。结果，×××厂造出来的机床在试车时闷车了，失败了；昆明机床厂没有什么专家指导，全靠自己的力量造成功了。当时机床送到北京让专家鉴定，我也去看了，专家们都比较满意，尤其是夸那机床的油漆真是漂亮。当时苏联专家就说过：中国的机床厂我看只有两个行，一个上海机床厂，一个昆明机床厂。昆明机床厂是有一些好传统的，可千万不能丢掉。上海厂和昆明厂几十年来一直没有垮，不管在什么条件下，这就是老传统的作用。

王明贞女士谈王守竞

王明贞（1906—），江苏吴县人，清华大学物理系教授。

访谈时间：1990 年 7 月 3 日；访谈地点：清华大学 17 公寓。

我哥哥王守竞曾对我说过，他回到国内的大学工作，觉得没几个像样的学生，只有一个学生值得培养，图书资料也少，教书对国家没多大作用。

俞大维留学德国，很聪明，在德国得了弹道、音乐两个博士学位。我哥哥曾对我讲过俞大维劝他参加资委会的事儿。我猜想，是俞大维推荐我哥哥筹备建机器厂。我哥哥想为国家做些事儿。

抗战时，资源委员会要往美国派留学生，需要一个人督学。他们选中了我哥哥。在督学期间，我哥哥是住在地下室，这样省钱。这一批去美国学习的人有江厚渊、王守融等。后来，国民党在美国办物资供应处。那时我已经得了博士学位，在美国工作。我哥哥打电话告诉我，他接了物资供应处，需要一个人管家。由于我嫂子还在国内，要我帮他管家。我帮他管了半年家。后来我嫂子去了美国，我就不管了。在我管家时，他对我说：好多人都想当物资供应处主任，包括宋子文的秘书、驻美大使，因为这件事可以个人得到钱。他对我说，他不想干这件事儿。由于他对美国熟，业务合适。我猜是俞大维推荐我哥哥做这事儿。宋子文原来与我哥哥不熟。我哥哥不答应，但宋子文一口咬定让他做主任。若不做，宋子文就说他不爱国。他没办法，就答应了，在 1945 年夏天当物资供应处主任。宋子文下台后，我哥哥在 1947 年春不当物资供应处主任了。

离开物资供应处，我哥哥在驻美大使馆当技术顾问，实际上这是个虚名。这时，他的好朋友 Rabbi（诺贝尔奖获得者）等劝我哥哥回到物理学界，不然可惜了。我哥哥说他已离开物理学界近 20 年了。Rabbi 等人说，他们可以帮助我哥哥补物理。我哥哥想用三年的时间掌握物理学的新发展。大概在 1951 年或 1952 年回到物理学界，在麻省理工学院做研究工作。他在实验室搞理论研究，一直到退休。1984 年病故。

我哥哥曾在王安公司工作过，可能是在麻省理工学院退休后。在王安公司时，他在驻欧洲办事处工作两年。

解放后，大陆想让我哥哥回来，他也想回来。他可能了解美国的国防科学方面的情况，因此在中美建交之前不能回来，否则对不起 Rabbi。Rabbi 曾是美国总统科学顾问。中美建交后，我嫂子不想回大陆，我哥哥因此没能回国。国民党也曾想请他去台湾，他没答应。我哥哥心情不好。如果他回来，他会很愉快地工作。

我哥哥属龙，小名叫龙。Rabbi 知道他的小名。我在麻省理工学院工作时（1944 年），Rabbi 曾对我说：你哥哥去德国参观时，德国人以为他是个小孩（20 出头），工厂保密的地方也让他看。其实他头脑里有很多东西。

我哥哥的一个儿子现在美国一家国际纸张公司当副总经理，另一个儿子在麻省理工学院当终身教授，一个女儿没工作。

王明贞 90年7月3日
清华大学十七公寓

王守璨女士谈王季同及其子女

王守璨，江苏吴县人。

访谈时间：1990 年 7 月 17 日；访谈地点：北京中关村 808 楼。

我们祖籍是苏州。我祖父在北京做官，祖父母都住在北京。我父亲王季同是个封建传统的叛逆，进了同文馆。我大伯（王守泰生父）考了举人、进士，成了伪满洲国的人，当过汉奸，是昆曲专家。

我祖父、祖母比较开明。我祖父是军机处的官。他 41 岁时要到外地当道台，准备离京时病故。当时，我大伯父、我父亲留京，其他所有的人跟我祖母回苏州了。我祖母谢长达有文化，组织能力很强，在苏州办振华女校，成立了公益团（是有点文化的妇女组织），还成立了放足会等。她在当地很有名，说一不二，很公正，威信很高。她在当地做了很多公益事情，她还帮助穷民。她与家里的保姆、丫环相处甚好。我从几岁起就帮她写信。

我祖母支持子女留学。我二姑姑一直在美国。

我父亲是自学出来的。他从我祖父的书架上发现了一部《九章算术》。

从此看《九章算术》，读到十四五岁（虚岁）。我祖父的一位姓席的同乡（应是席淦）在同文馆教数学。有一天，他来找我祖父。我祖父向席老师介绍了我父亲。席老师当场出了一道题考我父亲。我父亲做完题，席老师认为很好。过一段时间，席老师推荐我父亲进同文馆。我祖父很开通，同意我父亲进同文馆。

在同文馆，我父亲王季同（当时叫王季锴）喜欢读数学。席老师要退休时，介绍我父亲当数学教习，工资是每月 42 两银子。当教习时，我父亲已结婚。庚子之乱时，我父亲从北京回到苏州老家。

大概是在 1908 年，我父亲作为留学生监督蒯礼卿的随从到了英国。他帮助蒯先生搞文书。后来我父亲自己写了两篇数学论文。在英国教育大臣访问蒯先生时，蒯先生将这两篇文章介绍给了这位大臣。教育大臣把这两篇文章介绍给了《皇家学会会刊》①，在该刊上发表了。教育大臣建议我父亲不要再做文书，想让他做点什么。于是，蒯礼卿让我父亲去谢菲尔德的工厂半工半读。我父亲进厂后，蒯先生故去了。一年后，我父亲离开了工厂。

我父亲是 1911 年回国的，我是 1913 年出生。我父亲回国后在广方言馆搞翻译工作。大概在 1919 年（我虚岁 7 岁时），我父亲在上海创办大效机器厂。他人太好了，对员工管理不严，从来没有罚过谁。员工有困难他就帮忙。谁借钱他都给，人家也不还。

大效厂制造机器。1924 年（我虚岁 12 岁），大效厂倒闭，我父亲被关进牢房。他的两个朋友帮他渡过了难关。我当时帮我父亲收拾工厂的残局，处理了工厂收尾工作。当时我的大哥大姐都在国外，二姐（王明贞）不管事儿。我父亲过了两周的牢房生活，就被救出来了。我父亲出牢后，

① 实际上是《爱尔兰皇家学会会刊》。

就去红湾模范工厂当工程师，后来又到吴淞铁工厂当工程师。

我虚岁 16 岁时，蔡元培让我父亲筹备中央研究院工程研究所，此后我父亲在这个所当研究员，直到 60 岁退休（大概是 1931 年或 1932 年）。他发表了很多文章。

我们兄弟姐妹一共 12 个，10 岁以内死的有 3 个，还有一个是 21 岁时死的。我们兄弟姐妹考试成绩很好，考试得第一名不算什么。我大哥王守竞从苏州工业学校毕业时虚岁 15 岁，想考清华学校。他向我母亲要了两元钱，考取了这所学校。实际上，我父亲并不想让我大哥考学，而愿意让他进工厂。我母亲支持我们读书。我二姐（王明贞）从振华女校高小毕业后，我父亲就不让她再上学了。我母亲也不敢让她上学。三年后，我二姐才在上海考上中学。

我们兄弟姐妹非常团结，上大学是相互帮助的，大的帮小的。我大姐 19 岁考公费，去美国留学，28 岁回国。二姐高中毕业后，大姐从美国来信，鼓励二姐上学，并说为她承担一切费用。二姐从燕京大学毕业，先在金陵女子大学教物理，后来靠奖学金出国留学，在密歇根大学得到物理学博士学位。她曾是美国原子弹实验室的研究人员。

我上大学是我大哥支持的。1931 年暑假，我在上海光华大学上学。半年后，上海“一·二八”抗战那年冬或第二年春，我参加考试，借读进入清华大学。在光华大学时，我学化学，在清华时读文学。1935 年初我离开清华大学，去了英国。到英国后，我与陆学善结婚，到《曼彻斯特导报》社当助理编辑，把中文文章译成英文，解决了家里的经济困难。我的记忆力很好，记东西很容易。

我在 1937 年 7 月 7 日以前，回国到上海，在高中教书。后来我在家做翻译工作。

1942 年以后，日本人进了租界。我们夫妇到了苏州，在老家种了三年地，并使用科学方法（种地）。后来，我在苏州振华女学帮我姑姑做复校、办学工作，做实际的组织工作，还教英文。我姑姑要求配备教员，但教员不能是当过汉奸的。当时工资很低，但教员们热情还是很高。

王守璨
1990年7月17日
在中关村808

曹立瀛先生谈资源委员会的工业计划

曹立瀛（1905—），上海财经大学教授，民革上海市委顾问。

访谈时间：1991 年 6 月 19 日；访谈地点：上海市祥德路 274 弄 8 号。

资源委员会既管行政，又管企业，相当于现在的十几个以上的部委。资源委员会派人到各地作调查，写了许多调查报告。我在重庆时看到这些调查报告，有五大木箱。

资源委员会《重工业建设计划》（1936 年）是极端保密的，针对的对象是日本。其中，沿海的项目很少，主要是华中和西北的项目，重心是华中。这个计划经过了充分的论证和行政院极端机密的审查。行政院召集的人中有财政、兵工等方面的专家，还有很少的民营事业专家。

1938 年或 1939 年，孙拯在重庆担任资委会经济研究室主任。我是做研究工作出身的，1939 年参加资源委员会，担任经济研究室副主任（在昆明）。这个研究室实际上是计划处，研究工作为制订计划服务，主要任务是制订计划、考核计划的执行。资委会有两种计划，一是各厂矿计划，二是年度计划。年度计划有完整的计划和报表。我还是中央设计局的委员。中央设计局本身是个综合机构，并不做具体计划。

资委会的第二个系统的计划是《后方工矿建设计划》。我一到后方，就在重庆参加这个计划的制订和审定。后方所有的建设都是以该计划为基础的。例如，昆明马街子工业区就是按这个计划建的。除了中央机器厂和几个矿以外，资源委员会的工业都在马街子。这个计划并不周密，后来又做了增删。

资委会的第三个系统的计划是 1943 年制订的《战后工业计划》。在制订计划前，征求了好多美国专家的意见。有的专家是美国派来的，有的是资委会请来的，有的是战时生产局请来的。战时生产局是中美技术经济合作的桥梁，由翁文灏兼管。制订计划的人是各厂矿的专家。资委会组织了仔细的论证。为了搞计划，当时召集了很多人在重庆开会，正的召集人是翁文灏，副的召集人是陈立夫，我是办事的秘书长。在这套计划中，主要有两件事。一是第一期经济建设原则，二是计划本身，分为电力、钢铁、非铁金属、燃料、机械、电工、化工、技工训练等八个方面。除继续发展后方工矿业之外，重点发展沿海、东北、台湾的工矿电。这是国民政府制定的规模最大、最完整的计划，准备战争结束后执行。实施 1943 年的计划，主要是靠自己筹集资金，部分靠美国援助。

蒋介石的《中国之命运》中有关工矿电的资料都是资委会提供的，是我经手的。除资委会外，其他部门在 1936 年以后没搞过重工业计划。原来的实业部改成经济部，下设工业司、矿业司等，但没有搞计划，最多在报告中补充了一些私营工矿业的资料。

日本投降后，苏军拆走大批机器设备，在大连拆得最多，哈尔滨次之。在接收之前，苏军从沈阳运走了一部分。后来，沈阳的工人卧轨，成功阻止了苏军的继续拆运。苏军拆运机器厂设备时，不让中国官方人员接近，我曾化装成商人去大连看了看苏军控制的工厂。

1946—1948年，我在沈阳，担任东北行辕工矿处长，兼资委会东北办事处长，负责接收东北的工矿业。资委会在东北管理了23个工矿电企业，并使之复工。沈阳机器厂（在铁西）集中了伪满的机器厂的精华，厂长孙文藻，副厂长姓魏，下设七八个分厂，生产机床等产品。皇姑屯机厂被资委会接收后改为沈阳机车车辆公司，总经理是刘史瓒，副总经理姓曹。我们留用了27个日本技术顾问，其中一人是伪满搞机械的专家。我去东北时，还带了一本1943年定的计划。

资委会有两个长处，一个是经济上干净，一个是网罗人才。知道谁是人才，就想法网罗来。对国民党人有顾忌，尽量网罗国民党之外的人。抗战前，资委会罗致了工程技术人员中的大约60%～70%，很多与资委会无关的人也被请去了。

曹立瀛 1991.6.19
上海财经大学
住址：上海祥德路274弄8号 200081

恽震先生谈制造电机

恽震（1901—1994），江苏常州人，曾任中央电工器材厂总经理、第一机械工业部一级工程师等职。

访谈时间：1990年6月2日；访谈地点：上海市武宁路200弄27号。

恽震像

1919 年下半年，孙中山先生到交大演讲，支持五四运动。孙中山讲到要制造铁路上用的东西，要懂得制造和分配机器。顾毓琇的回忆是可靠的①。中山先生讲话时，我是做记录的，因为我是学生会会长。

我在 1927 年回国，1928 年参加建设委员会。在建委会，我参加创立全国无线电管理处。我的同班同学王崇植是处长，我是副处长。我们搞成功了，业务很好，通讯变得很快。一年多以后，这项工作归了交通部。

建设委员会在 1932 年组建了全国电气事业指导委员会。这个指导委员会所搞的工作主要是指导管理，搞电力标准，管理规章、统计工作。当时要开发电力，规划江南电气网，但没资金。

资源委员会的目的，一方面是调查研究，一方面搞工矿电。抗战开始后，建设委员会取消了，工作划归了资委会。资委会分工业处、电业处、矿业处。工业处处长是沈怡，后来是杜殿英。矿业处处长杨公兆，是很好的学者，是杨度的儿子。我是电业处处长，后来兼管中央电工器材厂。1941 年我辞掉电业处处长，由我的副手陈中熙接替。杜殿英是同济毕业的，任资委会工业处处长时间很长，但没什么大作为。资委会叫他来，是想让他办钨铁厂。由于机器没买来，厂子没办成。

1944 年我去美国，争取政府贷款和民间投资，与 Westinghouse Co. 商讨技术合作。与 Westinghouse 合作花了 300 多万美元，取得了一些图纸和

① 见本书上篇第 4 章第 107 页“顾毓琇先生谈试验所的建立与研发模式”。

工艺规程，培养了一批人才。这些人绝大多数都留在了大陆，这与钱昌照、孙越崎、我、杨公兆等人很有关系。解放后，这些人员都受到了重视。

建设委员会无线电管理处下设一个无线电制造厂（1929 年设）。无线电通信事业转给交通部后，这个厂易名建设委员会电机制造厂，厂址在上海高昌庙，厂长是许应期，主要产品是电机，还有电池等。

在上海高昌庙时，电机厂可以设计制造 100 千瓦以内的低压（220 伏、380 伏）电机，还搞变压器、少量的开关。搞电机的技术负责人是褚应璜，是主任工程师，不到 30 岁。搞电机的还有汤明奇、林津。他们三个人是主要的人物，解放后成了一机部的重要电工专家。严济慈、吴有训要求我做学部委员，我推荐了褚应璜、汤明奇、林津。他们成了学部委员，现在都不在了。林津死于“文革”。

褚应璜是交大钟兆琳教授的学生。1936 年褚应璜在华成厂制造了几十马力的内部短路式三相交流电动机，质量达到了国外的水平。何其义在纺纱厂当工程师，把纱厂最常用的外国电机及相类似的电机都给了褚应璜，供褚参考。据此，褚应璜仿制成功了电动机。

抗战爆发之后，建设委员会电机制造厂迁到宜都。1938 年夏电机厂归并到湘潭，成为中央电工器材厂的第四厂，厂长仍是许应期。他曾在中央大学任教。因此，电机厂吸收了许多中央大学的人才。

中央电工器材厂第四厂在湘潭没开工，直接把设备运往西南。许应期和我商量将第四厂按四六比例分成两个部分。昆明厂占六成，专门制造电机。桂林厂占四成，制造电机和电池。昆明厂有三四十位比较优秀的技术人员，他们可以独当一面。其他厂就没有这么多人才。比较而言，中央机器厂第四厂的设备比中央电工器材厂第四厂的好。中央机器厂的工具钻床很出色，工具机方面水平是最高的。

昆明厂和桂林厂最初都由许应期负责。后来昆明厂由第一厂的厂长张承祜兼管，负责电机制造的是褚应璜（最重要）、汤明奇、林津；桂林厂由王宗素代理厂长。许应期先在昆明，后到桂林厂，又出国帮助我联系技术合作，然后回到交大教书。他与褚应璜有矛盾。

第四厂在电工器材方面是最重要的厂，人才最多，产品供不应求。该厂能设计制造 6 900 伏、容量是 200~300 千伏安的变压器和 200 千瓦以内的 380 千伏安的电动机，不能造高压电机，可以修理大电机。造电机所用的轴承、硅钢片是从上海的外商那里买来的。要搞成硅钢片需要好的设备，需要长时间的研究。

1943 年或 1944 年，第四厂与长寿的水电工程处合作，成功改造出 2 000千瓦水力发电机。呈玉章的儿子呈震寰是留法的，是水电工程处的工程师，对水轮机很有研究。呈震寰设计的 2 000 千瓦水轮机是在民生机器厂制造的，只搞了一台。我们的第四厂把现成的变流机（由 50 周变到 60 周）改造成 2 000 千瓦发电机，与水轮机配套。

电工器材厂第四厂的俞炳元搞水轮机组（hydraulic turbine）最有成就。吴天霖主要搞电机，解放前他是学习，而不是制造。解放前有成就的是王守泰、颜耀秋，当时搞的不超过一两百千瓦。俞炳元是在解放后最有成就的，主持搞成许多大水轮机（几万千瓦）。

黄辉毕业于交大，又去美国康奈尔大学留学，后来又到德国学习。他本来是学电机专业的，后来又学习了土木水工、机械两个专业。他先在电气指导委员会搞调查，后到湘潭电厂当厂长，再后搞勘探。他去了美国，又到台湾搞水电、火电、核电，很有成就。美国专家帮了他的忙。

抗战胜利后，国外留学的人回来了，市场大了。中央电工器材厂第四厂的一部分搬到了湘潭。电工器材厂的上海制造厂下设电机部分、电线电缆部分。电机部分原是日本人的小电机厂，从昆明运来了一些重要的机器设备。当时电机制造技术有提高，产品没有多大突破。

资委会在上海军工路接管了一个日本人的工厂。在这个厂，利用从美国得到的租借法案的设备，建成了一个工厂（现上海机床厂），制造各种工具、车床等，当时雷天觉、杨锦山在这个厂工作。

资源委员会与美国华昌贸易公司（在美国）有往来关系。华昌公司的创办人是美籍华人李国钦（K. C. Li）。他原籍湖南，是个工程师、矿冶学家，也是个实业家，在美国很有名。抗战前，他做钨矿生意，把中国的钨矿卖给美国。抗战前，美国没帮助中国，反而卖给日本废钢。李国钦写信给罗斯福总统，反对美国卖给日本钢材。资委会控制了钨锑矿，占了李国钦的生意。

王守竞同丁文江很要好。丁文江把王守竞介绍给翁文灏、钱昌照。王守竞与钱昌照很要好。当时钱昌照实际负责国防设计委员会（资源委员会的前身）。国防设计委员会主要是调查地下资源和人才。

王守竞参与过向德国借款，作为技术参谋和顾问一起去德国。这是抗战前的事。从德国借到的钱主要用于买军火，顺便买机器。所买的机器用于建机器厂。1937年王守竞就到美国买了机器。张乔啬是王守竞的代表，可以说是副手。

我曾同王守竞合作在湘潭建厂。他与我有些不同，我们没有深交。他很有雄心壮志。我问过他：到资源委员会来干什么？他说要搞飞机发动机。宋美龄不主张造发动机，而想买发动机。

施伯安很有才气，创办了新通贸易公司，专搞发电设备，与瑞士B. B. C. 公司订合同，包揽了B. B. C. 公司在华的业务。钱昌照很重视施伯安总经理，因为新通公司在国外已经有广泛的贸易关系。新通的金融后台是浙江兴业银行，其总经理徐新天是资委会的委员。

当时世界上有两个代表不同种类锅炉的厂家，一家是 Babcock & Wilcox Co.（简称 B. & W.），一家是德国的 Sulzer。它们代表世界上的两派。B. & W. 是横管式的，Sulzer 和 Combustion Engineering Co. Inc. 都是直管式的。锅炉的具体构造取决于焊接的种类。施伯安认为，应当采用直管式的，因此，他根据直管原理，在中央机器厂设计了 2 000 千瓦发电机组的配套锅炉。施伯安的设计是很成功的。制锅炉的管子是进口的。我认为，中央机器厂的首功是施伯安，其次是王守泰。发电机的定子是王守泰搞的。

抗战胜利后，中国从日本得到了一两千吨赔偿机器，分几批运到中国。由于美军不让拆运日本复兴所需要的机器，中国所得到的机器都是日本认为不重要的。

解放以前，完全自己设计、制造的交流发电机、交流电动机的功率不超过 300 千瓦，直流的发电机、电动机大概不超过 100 千瓦。制造厂家有华成、华生、益中、中央电工器材厂，还有几家小厂，地点都在上海。

恽震
1990.6.2 上海
武宁路200弄27号

第2章 中国汽车制造公司

1936年实业部、全国经济委员会等部门商定，由中国农民银行投资，建立中国汽车制造公司，引进德国Benz公司的技术，5年内由组装过渡到制造柴油发动机和整部载货汽车。1937年，在湖南株洲筹建总厂的同时，在上海开始组装载货汽车。抗战爆发后，被迫放弃在株洲建厂的计划，退求在香港、桂林良丰、重庆建小规模分厂。由于战乱等因素的影响，到40年代末中国汽车制造公司仍未实现其建厂目标。

孙家谦先生谈装配汽车与制造发动机

孙家谦（1908—1993），曾在中国汽车制造公司、中国农业机械公司做技术工作、上海市公共交通公司做技术管理工作，高级工程师。

访谈时间：1990年5月30日；访谈地点：上海市新乐路100弄。

我从上海交大机械系毕业。1931年我获美国普度大学机械工程硕士，专业是汽车工程。1936 年 7 月我参加中国汽车制造公司，此前在浙江省公路局汽车修理厂当工程师及厂长。

1936 年初确实成立了中国汽车制造公司，董事长兼总经理是曾养甫，副总经理陈筜霖，总部在上海博物院路 34 号。该公司是中国农民银行投资，外汇是中国银行提供的。中汽公司经营方面的后台老板是宋子文。陈筜霖是曾养甫的棉县同乡、代理人，经常与宋子文打交道。他也是铁道部购料委员会驻沪办事处主任。

抗战前，中汽公司与德国 Benz 公司签订合同，准备从装配发展到自制。首先进口 2 000 辆 2. 5 吨卡车的零部件，在国内组装。每部车 300 英镑，零部件加起来的价格与整车一样。Benz 公司提供全套生产图纸，出售制造 2. 5 吨车的机器设备，派到中国五六个人（工程师和技工）指导装配生产。中汽公司也派了几个人到 Benz 公司实习、考察。这是 1936 年春到 1937 年 7 月的事儿。

中汽公司在上海南市半淞园路设厂装配汽车（不生产任何零件），厂主任是厂务处长吴新炳兼任，我是厂副主任。同时在湖南株洲建设总厂，准备装备大批进口的机器设备，厂长由吴新炳兼，副厂长是张德庆（交大毕业的）。张德庆在上海时，与我面对面办公，他的任务是设计总厂。他在 1937 年秋到 Benz 公司去考察，熟悉生产。

刚入中汽公司时，我在公司厂务处工作。当时公司人员不到 50 名。1937 年初，上海分厂的装配间、车库、材料间、办公楼已经建成，装备了国产机器。从 1937 年第一季度到 8 月，根据 Benz 公司提供的 2. 5 吨卡车的零部件生产图和装配图，我在上海分厂主持装配完 100 辆四缸 2. 5 吨柴油卡车。所有零部件、总成都是通过德国 Benz 公司的代表 Otto Wolf，由德国装箱运到上海。装配好的 100 辆汽车交给了军政部交通司。代表交通司接收汽车的是中汽公司的总工程师张世纲，他并不参加具体的技术工作。

1937 年 8 月上海分厂停产，原有的国产机器搬到桂林良丰的分厂，制造活塞、活塞环、活塞销、蓄电池片。交大毕业的吴曾植担任厂主任。

1937 年第四季度，总公司由上海搬到香港。在搬出上海前，总公司办事处曾从博物院路 34 号搬到了八十几号。到香港后，公司分成两个单位，一个叫华运行，另一个叫南华铁工厂。华运行在尖沙咀皇后行永安大楼。南华铁工厂接收了从德国买来的机加工、铸、锻等基本成套的机器设备，在香港土瓜湾设立了一个装配厂和一个仓库，进口的 1 800 多辆车的总成、零部件都在那儿。南华铁工厂厂长吴新炳，装配厂及仓库负责人是我。我把上海搞装配的员工调到了香港的装配厂，德国的工程师和技工也在这儿。1941 年底香港沦陷以前，装配厂前后组装了近 2 000 辆车，几乎全部卖给了军政部交通司。1940—1941 年，吴新炳在南华铁工厂主持制成了 Benz 四缸柴油汽车发动机（大概是 90 马力），缸体、曲轴等为自制，油泵、油嘴、发动机、发电机是进口的。太平洋战争之后，南华铁工厂没再制造发动机，机器设备被日本人拆运到日本。日本投降后，南华铁工厂第二任厂长、主任工程师郑粟云去日本要回了部分机器，继续生产四缸 Benz 柴油汽车发动机，作为船用发动机卖掉。

1937 年底，株洲总厂已建了一个电厂，装有两套1 000千瓦的发电机组，我记得是捷克 Skoda 产品。株洲总厂还建起了几个厂房，但还没有设备。长沙大火之前，株洲总厂的两台发电机组搬到重庆土弯装机发电，成立了重庆分厂，我的同班同学朱清淮担任重庆分厂的主任。本来要安装在株洲的进口机器大部分留在了香港的南华铁工厂，少部分搬到重庆。抗战时，重庆分厂和桂林分厂没制造或组装过汽车发动机，只能制造零件。张世纲在内地试验桐油汽车，而且在销售方面起了很大的作用。

1942 年我曾在南华铁工厂任工务处长。日本人要求我当厂长，我没干。郑粟云当了厂长以后，我在 1942 年 12 月到桂林，1943 年底到重庆，1945 年初经昆明、印度到美国。同行的有吴新炳。我们俩是交通部的考察员。

1946 年冬，吴新炳和朱清淮从美国回到香港，继续管理南华铁工厂的生产。解放后，南华铁工厂被卖掉了。我在 1946 年 2 月离开美国，3 月到上海，7 月离开中汽公司到中国农业机械公司，一直到解放。

中国农业机械公司在上海有两个厂。一个是总厂，又叫虬江厂，以 500 亩农田为厂址，是上海机床厂的前身。另一个叫吴淞分厂，以 200 亩填土为厂址，是现在的上海柴油机厂。总厂厂长是我，分厂厂长是支秉渊。美国人限制中国的自制生产。解放前，总厂生产了农具、道钉，分厂生产了 5 马力汽油发动机。中国农业机械公司的南京分厂（现南京机床厂）、柳州分厂、广州分厂在解放前都没有生产产品。中国农业机械公司主要是培养了很多人，一汽的总工艺师、二汽的支德瑜等都曾是这个公司的。李宜章是留美学农机的，曾为上海分厂设计 5 马力汽油发动机，解放后担任过乌拉尔机器厂的总工程师，死于“文革”。

孙家谦
1990.5.30.
上海市[illegible]100[illegible]

朱清淮先生谈制造汽车发动机

朱清淮，曾任中国汽车制造公司厂主任，天津拖拉机厂高级工程师、厂长、总工程师等职。

访谈时间：1990 年 8 月 10 日；访谈地点：北京市翠微路 2 号院 5 号楼。

1930 年，我从交大毕业，考试合格后进入戚墅堰电厂。1937 年的第一天我被中国汽车制造公司（总经理是陈筚霖）借到株洲，参加筹建株洲总厂。大概在 1937 年或 1938 年，我已脱离戚墅堰电厂，去了设在香港的南华铁工厂，参加了南华铁工厂的筹备。从德国进口的机器无法运进内地，只得留在香港。株洲总厂只得到部分机器，最后没建起来。当时担心香港的英国人扣下从德国进口的机器，因为第二次世界大战已经爆发。南华铁工厂制造过 45 马力 Benz 四缸柴油汽车发动机。

日军威胁广西时，桂林分厂的一部分迁到重庆，成立了华西分厂。日本人占了香港后，南华铁工厂的设备被日本人运到日本，人员转移到华西分厂，华西厂实际上成了总厂。1940 年我到了华西分厂，担任厂主任，工作到 1946 年。

华西分厂人员最多时，大约有七八百人，百余部机器设备。该厂在抗战时因为没有活儿，于是制造过精密车床、工具磨床，但产量不多。工具磨床是小型的，只能用于磨削工具。后来，厂里制造了纺织机械。大概在 1944 年或 1945 年（抗战胜利前），华西分厂按照德国 Benz 厂提供的图纸和制造工艺，生产过少量 45 马力四缸柴油汽车发动机（缸径是 100 mm）。发动机的缸体、油泵、活塞、轴承等是自己制造的，曲轴、变速箱、底盘、车厢都是从美国买来的。我们有个小车间，专门制造油泵、油嘴。曲轴买来时已完全加工好了。还制造过汽车发动机启动马达的几台样品。这种发动机既用在汽车上，又用于发电，效果不错。戴成钰负责装配和试车。张世纲是中国汽车制造公司的总工程师，但不管厂里的具体工作。他在华西分厂试验用桐油做 Benz 柴油发动机的燃料。

1946 年秋我到美国，为筹建中国汽车制造公司而买机器、搞设计。1950 年才离开美国到香港，1952 年 11 月通过汽车局的陆孝宽回到大陆，到了天津汽车制配厂（即后来的天津拖拉机厂）。陆孝宽是我在美国认识的。

华西分厂是现在的重庆机床厂的前身。我保存的部分资料在 1985 年被重庆机床厂借走了。建议再找重庆机床厂朱清润、第二汽车制造厂某分厂副厂长黄祥旦。他们曾在华西分厂工作过。

梁相济先生谈桐油汽车

梁相济，曾任中国汽车制造公司工程师、江苏省农业机械研究所高级工程师等职。

访谈时间：1990 年 5 月 23 日；访谈地点：南京市上海路 4 号。

我于 1941 年从广西大学机械系毕业。广西大学的老师把我介绍给他的同学张世纲。张世纲是留德的四川人，当时是中国汽车制造公司的副总工程师。在他的帮助下，我在 8 月进入中国汽车制造公司，那时总公司在重庆市。

1941 年我刚到中国汽车制造公司时先到广西桂林良丰的华南分厂。这个分厂有四五百人，技术人员不到 100 人，机床设备大概有几十部，没搞过发动机，能制造汽车活塞等零件。搞过木炭车试验，但不成功。

后来，我去了华西分厂。该厂设在重庆的鱼洞溪（现在是一个机床厂）。分厂厂长朱清淮是搞技术的，副厂长姓郑。厂里有五六百人，技术人员约有 100 多，车床、磨床等机床设备有 100 多台，其中有国外产的工具磨床、外圆磨床、内圆磨床、平面磨床，但试验设备少。该厂没造过发动机，连汽缸头都制造不了，但可以制造活塞、活塞环、连杆、轴瓦、气门、气门导管、气门弹簧。那时技术差，做出的缸体漏水。也锻制过汽车曲轴，曲轴坏了以后就烧焊，然后再磨。这个厂承接外边委托的加工业务，只造零件，没造过机床等整机。

我在华西分厂的汽车修理组，搞汽车修理、桐油汽车、试车。我试车跑到贵阳、广西的金城江。张世纲决定让华西分厂厂长用当地产的桐油试做汽车的燃料。1942 年开始搞桐油汽车的有戴成钰组长和我。戴成钰负责全面，我搞试验。我们没改过零件，只是重新调节柴油发动机的喷油器，以提高压力。先用仪器测试好，调好喷油器的螺母，然后装到车上。我们是在 1943 年搞成的。汽油机不能烧桐油。

桐油汽车发动时用柴油，运转 10 分钟左右后，靠一个阀转用桐油运行。在竞赛时，我们胜利了。桐油汽车爬坡不停，不熄火，而煤气汽车爬坡时熄火。汽车熄火前，再烧五六分钟柴油，将桐油烧净，再用时就容易发动了。重庆《新华日报》报道了桐油汽车试验成功。1945 年以后有柴油了，就不搞桐油车了。

抗战胜利后，中国汽车制造公司解体了。1945 年 10 月，我离开华西分厂，由张世纲介绍到广州国民党后勤部的汽车修理厂工作。1947 年 5 月我离开广州，到资源委员会材料供应事务所（所长是蒋易均）。我们将美援的坏旧吊车、汽车、拖拉机等剩余物资送到交通部真茹交通修理厂修理，然后，再调拨出去。解放后，我在华东工业部工作。1954 年 10 月我到北京机械部报到，然后去大连机车车辆厂设计科。1958 年我调到无锡动力机厂，1962 年和张世纲一起搞 195 柴油机。1964 年搞成了立式 195 风冷柴油机，调到江苏省农机研究所。

梁桐济 1990年5月25日
南京市上海路4号

戴成钰先生谈汽车发动机与试用桐油

戴成钰，曾任中国汽车制造公司工程师、上海市公共汽车交通公司高级工程师等职。

访谈时间：1990 年 5 月 28 日；访谈地点：上海市远光新村 63 弄。

我于 1939 年从浙江大学机械系毕业，到中国汽车制造公司的桂林服务站工作，维修运输队的汽车。总公司设在香港九龙，叫中国汽车制造公司总厂，也叫华南厂①。我没去过香港，不知道它们的具体情况。朱清淮去过香港的总厂，刚解放时还与香港的厂有联系。找到朱清淮，就可以了解到中汽公司的 90%的情况。

中国汽车制造公司的老板在香港。他可能是叫陈筚霖，是个华侨。国

① “华南厂”应该是南华铁工厂。

内是曾养甫挂个董事长的名儿，实际上是那个华侨在主持工作。老板宗旨是搞汽车。他找了 Benz 厂进行技术合作，利用 Benz 厂的技术资料。公司下边有几个分厂。广西桂林分厂的厂址在良丰镇，我在那儿工作过。华西分厂设在重庆郊区海棠溪，我在那个厂也工作过。有好多德国专家到香港总厂和国内两个分厂协助搞汽车制造。我见过在分厂的专家。

德国的两吨半汽车上装有 55 马力的四缸四冲程柴油发动机。我到桂林时，已经有了组装好的汽车，成立了运输队。这些汽车是在香港和国内的分厂装的，零件基本上都是德国的。我去时，总厂、两个分厂都在仿造汽车。公司确实制造过汽车发动机，而且成功了，时间是在 1943 年左右。所仿造的就是 M. A. N. 发动机。Benz 是厂名，M. A. N. 是发动机牌号。公司有好几个总工程师，主持制造发动机的不是张世纲。据我所知，国内分厂仿造的都是发动机。

我是太平洋战争后（1942 年初）到华西分厂的。华西分厂装备有国产机床，制造了缸体、曲轴、连杆、喷油系统、油泵等。发动机缸体是按德国的资料，用普通铸铁搞的。我是搞装配的，亲手装配过不少发动机。1943 年前后华西分厂制成了整台的 55 马力 Benz 柴油汽车发动机。我不能肯定百分之百是华西分厂自己制造的，不过绝大多数是自己搞的。这种发动机大约制造了几百台，装在汽车上，也用于发电。总厂和桂林分厂也搞成过汽车发动机。太平洋战争后，桂林分厂的设备合并到了华西分厂。朱清淮是华西分厂的厂长，后来曾在天津拖拉机厂任厂长、总工程师。康升龙是华西分厂负责发动机生产的，曾在长春第一汽车制造厂生产调度室主持工作。现在他还在长春。

当时后方的桐油多。张世纲胆子大，提出试用桐油做汽车燃料。这样，在他的领导下，我们就着手试验用桐油做汽车燃料，做具体工作的是我、梁相济、王孙焕（现在福建省拖拉机厂）、蒋仕刚（现在是南昌市铁路局工务段八级工），还有几个工人。我们先是用菜油，发生了问题，把活塞环咬死了，时间一久发动机就坏了，但马力与柴油的差不多。后来，就提高喷油压力，可能是把 85 公斤压力提高到 100 多公斤。梁相济只搞试用桐油做汽车燃料，对发动机制造了解得没我多。

桐油的情况像梁相济介绍的那样。我在南京粗略地看过他的文章稿[①]。开始时，也用桐油启动发动机，但效果不好，对发动机寿命也不利。后来就用柴油启动，停车前也先烧几分钟柴油，这就可以延长发动机的寿命。经使用，用桐油时发动机性能不比用柴油差，功率甚至比柴油和植物油还好。我们没有测试手段，就将发动机装在车上，凭经验感觉来判断效果。国内没有其他单位效法我们。

我是 1946 年 8 月离开华西分厂的，那时还在搞发动机。后来形势乱了，就停下来了。1947 年 2 月，我到上海市公共汽车交通公司工作。

[illegible] 1990年5月28日
上海市运光新村63弄7号

① 指的是梁相济在《内燃机》杂志 1989 年第 6 期发表的《研制桐油汽车的经验总结》。

第3章 上海新中工程公司

1925年，美商慎昌洋行工程师支秉渊联络同学和校友，集资创办新中工程公司。1926年春，新中创办起机器厂，生产离心抽水机并试制小型柴油机。二三十年代，新中在内燃机等机械的制造、铁路桥梁建造方面业绩显著。抗战爆发后，新中先后迁往武昌、湖南祁阳，在内燃机制造等方面仍有突出表现。1944年因日寇进攻湘桂，新中被迫先后迁往贵阳、重庆。抗战胜利后，新中公司返沪复厂，却因时局动荡和经济萧条而难有作为。新中是民国时期民营机器制造业及其技术水平的一个代表。

陆景云先生谈支秉渊、制造内燃机与发动机

陆景云（1910—），曾在新中工程公司、大定飞机发动机厂、哈尔滨工业大学、上海机械学院等单位任工程师或教授等职。

1990—1991 年，张柏春与陆景云先生做了五次访谈，具体时间和地点是：1990 年 3 月 18 日，北京京丰宾馆（全国政协会议代表驻地）；1990 年 3 月 23 日，京丰宾馆；1990 年 3 月 25 日，京丰宾馆；1990 年 5 月 28 日，上海市铜仁路 278 号（陆先生寓所）；1991 年 4 月 3 日，友谊宾馆（全国政协会议代表驻地）。现将这五次访谈的记录整理成如下文稿。

上海交通大学的本科教材是外文的，风气是找原版教科书看，考试答卷都用英文。机械系分专业，有铁道门和工业门，与现在比则分得很粗。我当时读工业门，内燃机教学内容分量不重。在热力机课中有内燃机、蒸汽机、锅炉。铁道门侧重于锅炉和蒸汽机。工业门以内燃机为主。年轻时的理想是，认为动力机是机器中的龙头，比其他机器重要，认为锅炉将被淘汰。于是学习内燃机更专心。读书时，我到新中工程公司（Sin Chong Engineering Co.）参观过，看到了新中产的柴油机，符合自己的志向。

我钦佩新中发起人创建新中公司的志向、目标。他们又是交大校友，更感到亲切。毕业前半年，我给新中公司写英文信，自荐。这时正值“一·二八”中日作战之后。新中回信说，新中原在闸北的厂被毁坏，新厂在临时租的房子里恢复生产，没能力接受我，但没有拒绝，并说待闸北厂恢复之后再考虑。于是，等到 1932 年 7 月毕业时，我又去新中问能否工作。新中对我印象不错，说虽然困难，但愿意接受。我估计，支秉渊在我自荐之后去交大了解过我的情况。后来回忆，我上学时，一次教授上课迟到，解释原因时说因见了新中的支秉渊，说“这个人（指支秉渊）将来对你们（指学生）是很有关系的”。大概是谈了我的事儿，当时我并没意识到。1980 年以后，见到陈孟凯（当时是新中的办事处会计），他说，支秉渊看了你（陆景云）的信，对魏如说这个人的英文不错。

初到新中时，新中还在租界（现在的常德路）。我在设计室（画图间）里画图，设计室负责人是陈世仁。开始时我整理农用水泵图。三个月后，厂子搬回闸北。又三个月后，我被调到加工车间，车间里有机床设备五六十台，有一台进口的小工具磨床（当万能磨床用）。我负责水泵的零件加工、装配、试车。试车很简单，用马达驱动，看泵出水猛不猛（以满管为好）。我认为这种方法不够好，1933年搞起了一个循环试验方法，用压力表试水压（水头），加装了流量计（venturi meter），及泵的转速表、电流电压表。以后水泵试验都用这些设备，建立起试验记录制度，试验科学化了。流量计是仿制交大试验用的流量计。

支秉渊是交大电机系毕业的，毕业后到慎昌洋行当销售工程师。该行卖电机、水泵、压气机、内燃机。支秉渊管所有这些产品，从而熟悉了机械的性能及安装使用方法。鉴于当时的市场情况，他把注意力转移到机械方面，在洋行时认识了一个工人吴梅生。吴在机械加工、装配、使用方面很有经验，支秉渊与他联合起来，有条件办工厂，于是筹办新中公司。吴梅生找了一些有经验、有能力的工人。

支秉渊像

支秉渊转到机械上来了，先制水泵、压气机，以后才想搞内燃机。开始做内燃机时几个人都是电机工程师，设计的内燃机制造后不运转。然后听吴梅生的话，搞仿制，从烧球式半柴油机开始，时间大概是1926年或1927年。我去之前，新中制造德式Diesel柴油机，每缸10马力，有单缸、双缸两种，为立式，二冲程，设计图上未标公差。

国内热衷于制造柴油机，因为柴油价格低。实际上，造汽油机容易，因为压力低，零件少。上海搞内燃机的还有中华铁工厂、大隆机器厂、上海机器厂等几家，它们起步与新中差不多。在“一·二八”事变和“八一三”事变之间，无锡也有一些制造内燃机的小厂，制造煤油机等。其中一个叫合众机器厂，所造的25马力卧式柴油机在无锡一带比较有成绩，主要在农村销售。我与厂主谈家骏很熟。谈家骏及其弟谈家骧不是大学毕业，但懂技术，在无锡技术界是有名的。

1932年我去新中时，陈世仁（毕业于同济大学机械系）在设计每缸25马力，三缸共75马力的四冲程柴油机，其蓝本是英国National牌。外形与内部结构与蓝本大致相同，但不是抄，有改动。1933年制成约五六台。1934年开始生产陈世仁设计的同一型号的100马力四缸柴油机，共造出两三台，用于电厂发电，与华生电机厂的发电机相配。当时华生厂的电机最好，华生75千瓦发电机配100马力柴油机。有一台柴油机装在华生办的南翔电厂。当时新中的柴油机功率最大，但不能说完全过关了，常有毛病。比如，75马力和100马力柴油机的曲轴易断，毛病是：直径设计得不够大，所用锻打的普通低碳钢的强度不够，加工时仅有精车加人工研磨，未经过热处理和磨削。后来，加大了曲轴直径，克服了故障。其他厂的加工工艺、精度还不及新中。

抗战前，新中的机械厂加办事处共约有200人（在上海），造桥人数不计。厂里有进口的镗床。新中所制100马力柴油机是中速的，500转/分，缸内压力为50个大气压。它的高压油泵、喷油嘴是德国货（当时世界上主要柴油机都用德国货）。缸体自铸，材料是灰口铸铁。活塞为铸铁的。连杆、曲轴是于义昌锻造厂制造的，这是上海最好的锻造厂。气门弹簧为自制（钢丝是买来的）。上海当时的工厂已初步分工，有些专业厂，如锻压厂、铸造厂。

支秉渊对制造汽车发动机感兴趣。他提出并决定仿制英国 Perkins 汽车发动机，购买 Perkins 产的 Diesel 高速柴油发动机及其整车作为样机。这种发动机小而轻（四缸，35 马力）。我提具体的仿制计划，征得厂长魏如的同意。支秉渊虽然没做具体技术工作，但对我的工作到处开绿灯，从安排技术人员和工人、准备材料、采购配件，都全力支持。

1935 年仿制发动机时，我们只有汽车的操作说明书，里面有少数外形照片，无图纸和结构尺寸。车子开到厂子后，我们就拆、测绘 Perkins 发动机。测绘之后，又把原来的发动机装起来了。新中还有测量汽缸内压力、功率的工具，交通大学也有这方面的工具。我们曾在交大测试过 Perkins 发动机样机。由于条件所限，我们没有化验发动机缸体、缸盖等的材料种类，也没重新计算发动机的动力。因此，我们对这种发动机了解不够。搞完 Perkins 发动机的图纸后，支秉渊未授意搞汽车其他部件的设计，我们没考虑造整车。

仿制发动机时，新中开始标配合公差，但未标形位公差。我们是按美国的《机械手册》（*Machinery's Handbook*）的公差标准搞的。不过，当时是否能做到就没把握了，因为新中有内外千分尺（精度为 1/1 000 吋①，有这种尺的工厂不多），没有标准量块等。新中从建厂开始就倾向于用公制，因为同济毕业的陈世仁熟悉公制。Perkins 是英国货，它用的是英制尺寸和公差。美国《机械手册》是英制的。在新中标公差之前，我估计兵工厂用公差，因为兵工厂有不少德国工程师。

搞发动机，结构图纸可以测绘，但材料方面自己要重新设计，以确定种类、加工工艺等。

---

① 吋，英寸，1 英寸等于 1 英尺的 1/12。

为解决发动机材料问题，我向中央研究院及书本求教。先找中央研究院钢铁研究所（所长周仁）的马光辰（现在昆明）研究员。马光辰告诉我，往铸铁水中加镍铁合金，容易促进珠光体的形成，改善铸铁的显微结构与性能。根据这一线索，我又查阅金属材料的英文书籍，我得到了更详细的知识，也证实马光辰讲的对。根据书本知识，确定了往铸铁里加多少镍。这样，缸体、缸盖的材料就确定下来了。我们想尽办法达到当时上海条件下所能达到的最好结果。我们把自己铸出的加镍铸铁拿到中央研究院，通过马光辰进行了金相分析、拍照，最后认为合格。将金相照片等检验结果与技术书籍对照后，我们就能知道铸铁的性能参数，相信我们的加镍铸铁达到了当时造汽车发动机的要求，但不知道我们的铸铁是否与 Perkins 发动机原来的参数一样。

陆景云谈话记录

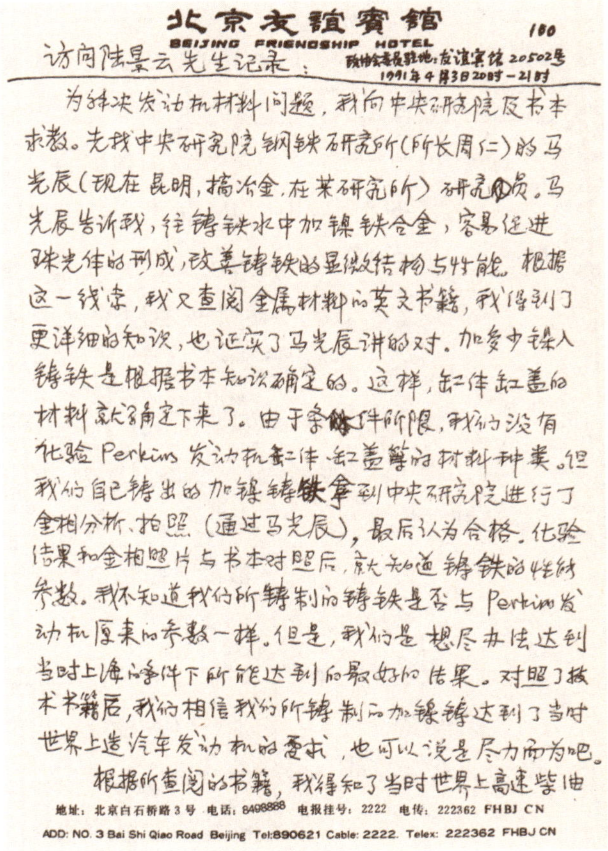
北京友誼賓館　180
BEIJING FRIENDSHIP HOTEL
访问陆景云先生记录：　政协会委员驻地：友谊宾馆 20502号　1991年4月3日20时－21时

为解决发动机材料问题，我向中央研院及书本求教。先找中央研究院钢铁研究所（所长周仁）的马光辰（现在昆明，搞冶金，在某研究所）研究员。马光辰告诉我，往铸铁水中加镍铁合金，容易促进珠光体的形成，改善铸铁的显微结构与性能。根据这一线索，我又查阅金属材料的英文书籍，我得到了更详细的知识，也证实了马光辰讲的对。加多少镍入铸铁是根据书本知识确定的。这样，缸体缸盖的材料就确定下来了。由于条件所限，我们没有化验 Perkins 发动机缸体、缸盖等的材料种类。但我们自己铸出的加镍铸铁拿到中央研究院进行了金相分析、拍照（通过马光辰），最后认为合格。化验结果和金相照片与书本对照后，就知道铸铁的性能参数。我不知道我们所铸制的铸铁是否与 Perkins 发动机原来的参数一样。但是，我们是想尽办法达到当时上海的条件下所能达到的最好的结果。对照了技术书籍后，我们相信我们所铸制的加镍铸达到了当时世界上造汽车发动机的要求，也可以说是尽力而为吧。

根据所查阅的书籍，我得知了当时世界上高速柴油

地址：北京白石桥路 3 号　电话：8498888　电报挂号：2222　电传：222362 FHBJ CN
ADD: NO. 3 Bai Shi Qiao Road Beijing Tel:890621 Cable: 2222. Telex: 222362 FHBJ CN

根据所查阅的书籍，我得知了当时世界上高速柴油汽车发动机曲轴、连杆、活塞等零件的材料种类。这些

材料在上海都能从洋行里买到。所有零件加工的工艺也是从书本上得来的。当时交通大学图书馆的柴油汽车发动机的书已经较陈旧，都是旧版。找到可用的书的书店是外国人开的，叫伊文斯图书公司（Evans Book Co.）。这家公司主要经营人文方面的书籍，在它的楼上卖一小部分科技书，我在那里找到了参考书。

我们没有锻造能力，就用冷加工的办法制造曲轴。从洋行买来尺寸大的低镍合金钢，把方钢锯成曲轴的形状，再上机床加工。制成后，放在支架上做静平衡检验。因无设备而未做动平衡检验。

我们用铣床加工出连杆的形状，控制了它的大头和小头的重量，但未做热处理。铝合金活塞是用废的飞机零件做的，外模是个比较简单的圆钢筒，内型是泥芯。活塞销是高碳钢的，经热处理后，再用磨床磨削。齿轮材料是普通中碳钢，用万能铣床铣出来后，也未经热处理。

买零件比自己造便宜得多。油泵、油嘴是买德国的。还买了活塞环、风扇皮带、带动发动机凸轴用的无声传动链（英国的）及其张紧装置（英国的）。水箱是原来的。

仿造的 Perkins 发动机装在了原来的车上。我们测得这台发动机的转速达到了 2 200 转/分。它的温度高达七八十摄氏度（不知道原来英制发动机的温度是多少）。我们对此感到担心，但后来也就习惯了。

这台发动机出了故障，总是烧固定的一个轴瓦，即第三个缸的曲轴拐瓦。这个故障走短途时不出，走长途时就出。一直没找出原因。“文革”时，我被关起来了，回忆以前的技术问题，想起这个事故的原因是：润滑系统中的滤油器与出油管（往轴瓦上出油的）原来是并联的，一个不出油另一个仍会出油，当时我自作聪明，把它改成串联，这样，有一个不通就不能供油。原来英制的滤油器里的毡片的滤过性好（易通油），当时国内

新中仿造的汽车发动机

买不到这种毡子，于是我找了一种不易过油的土毡。两个因素导致了轴瓦供油中断，每次装轴瓦时要洗一洗毡子，所以新装时不出事，短途时油管里有点油，可起润滑作用，还不至于烧轴瓦；长途时就彻底断了润滑油，被烧的那个轴瓦离进油处最远，最易出问题。这个问题我想了几十年。

上海抗战的第二天，我向支秉渊请长假，离开新中。我离开后，新中就用这辆装着仿造的 Perkins 发动机的汽车在上海搬家时立了功，得到经济部的赏识。后来，经过支秉渊的努力，经济部支持新中到内地建厂，寻找比较大型的发动机作仿制的对象。经济部给了新中研制汽车发动机的钱。

我有自己拍摄的仿造的 Perkins 发动机的照片，能反映它的结构。

仿制 M. A. N. 发动机时[①]，没任何文字材料，连操作说明书也没有。

① 抗战爆发后，新中工程公司内迁到了湖南祁阳，支秉渊再次筹划制造汽车发动机。由于经济部出面，杜聿明的二〇〇师向新中赠送了一辆不能运行的德国 M. A. N. 牌载货汽车。1938 年陆景云从二〇〇师回到新中，主持仿制德国汽车的 65 马力的 M. A. N. 迪塞尔四冲程柴油发动机。

这种发动机采用公制，我们也用德国公制公差标准。

制造铸件时比较顺利。造缸体时，我们往铸铁水里加镍币，其结果如何无法精确测定，只能凭肉眼观察铸件样棒的断面情况，判断满意就可以了。

造曲轴时，先用空气锤锻打铁路机车的驱动轴（估计是合金钢），再用精车加研磨的办法制出曲轴形状。因没有磨床，而没有搞热处理。当时的热处理是用水或油，很少用其他工艺。连杆是模锻出来的，材料为火车头的钢轮箍，锻成之后也未做热处理。制铝合金活塞时，内外模全部是金属的。我的印象是，当时低中速柴油机的活塞都是灰铸铁的。

油泵、油嘴等外购件由支秉渊亲自去香港采购，长途运到湖南。飞轮是支秉渊买来的锻坯，经车削而成。这些外购件仅够装配一台发动机，新中也只（在1939年6月）仿造成一台M. A. N. 发动机。仿造的发动机被放在固定架子上，拖动一台小发电机（不过20千瓦）。发动机试运转正常，无明显的漏油、异常的噪声等。未试到满负荷。然后，把它装在原来的破旧汽车上，曾用于运货。由于没有柴油，它没派上多大用处。当时，新中没有造车架、轮胎、底盘、传动齿轮箱的条件。

至1940年，新中的人数和设备水平与抗战前差不多，搞机械的技术人员有20来人，有100多台皮带式机床（用电机带动天轴）。小磨床、刀具、测试工具是从上海带到湖南的，内地也可买到进口的刀具。车床等少数机床为自制。当时，资源委员会在祁阳办了个发电厂（在新中旁边）。这个电厂用的是周恒顺机器厂造的90马力三缸立式煤气机，转速大约有500转/分。

抗战后方没有柴油，柴油机没法用。转制煤气机是大家的共识，也得到支秉渊的支持。在M. A. N. 柴油发动机基础上改设计，制成煤气机。所改部件有汽缸盖、活塞、缸径、缸套、点火系统（由压燃改成外点火）、进气系统（包括煤气控制阀）。比如，活塞改成与汽缸一样的低镍合金铸铁，活塞销经过了渗碳表面硬化（用牛骨和木炭来处理），飞轮是用灰铸铁铸成的。火花塞是进口的。立式煤气发生炉是专门配制的。其他零件与 M. A. N. 相同，以便于日后造柴油机。由于煤气机受力比柴油机小，两者相同的零部件中，有的尺寸相同而材料不同，以应付抗战时内地资源的贫乏。

M. A. N. 柴油发动机改成煤气机后，功率为 45 马力，转速 1 500 转/分。降低转速是为了连接 1 500 转/分的发电机。若把煤气机装到汽车上，可改到 1 800 转/分。我在新中时试制出一台煤气机，然后就走了。

原计划以月产 30 台固定式的煤气机为目标，实际上通常月产 3 台，1944 年日本打到湖南时生产中断。

由于支秉渊组织并参加了第一台高速柴油机（Perkins 汽车发动机）的仿制及以后搞成 M. A. N. 发动机，他于 1943 年获得中国工程师学会的金质奖章。

没有支秉渊，新中很可能就不造汽车发动机。没有我，支秉渊可以找其他人造汽车发动机，新中不见得造不成发动机。

由于认为航空发动机是当时内燃机的最高形式，我在 1940 年底向新中提出辞呈，获准后经过同学介绍去联系航空委员会的飞机发动机厂。1941 年 2 月加入飞机发动机厂，当时设备未到，厂办事处设在昆明，在贵州大定选定厂址。1941 年 3 月我去大定。设备在 1941 年从仰光陆续运到国内，1942 年开始运到大定。

厂址在离大定 15 公里的羊肠坝的乌鸦洞，环境很差。1941 年开始建临时仓库，在洞里盖两层的厂房。洞内潮湿，对设备有不良影响。整修航委会仓库内的旧发电机，自己发电。1942 年底厂房建成，开始装设备。

技术人员中一部分搞设计、工艺，搞图纸；另一部分由我带着搞安装，这部分人主要是工人。厂内在安装、调试方面有实际经验的技术人员很少。1942 年夏去了一批西南联大毕业生，当时在国外的人还没回国。1943 年机器陆续开动起来，开始做试生产工作，1943 年底进入试制，1944 年陆续制造零件，下半年完成试生产。制航空发动机，批量少了就做不好，大定厂与国外厂相比是小厂。

航空委员会买下了美国 Wright 航空发动机厂的发动机制造权，图纸是美国的。这种发动机可装多种机型，转速有1 800转/分，不是美方最好的。制造权卖给中国后，美方就不造了。我估计这种发动机是 30 年代的产品。

李柏龄找了一些在美国的中国学飞机方面的十几个人或 20 来人，设计这个工厂（不知道设计时是否有美国人）。买什么机床、工具、设备、发动机零件、毛坯，是由卖制造权的厂家提供意见，设计者按此意见办。比较难加工的零件大约占三分之二，是从美国进口的。大定厂加工三分之一的零件，然后进行总装。在大定厂，我看到了美国进口的零件和毛坯，准备装配的有 10 来台。1944 年底制成了发动机。

在大定厂，小的理化试验室能试验零件的物理性能，设计室消化和复制买来的图纸，工艺课搞美国进口的工装并把工装安在机床上。在滇缅公路被封之前，进口的 300 多台先进机床设备大部分都运到了大定。其中有一些国内少见的美国名牌机床，有的机床上用了液压机构。由于没有合适的锻压设备，须进口锻件，自己搞的锻件是土的。铸件搞了点，所用设备、工具、金属模、关键部位的砂子都是从美国进口的。因为锻压设备很大且重，抗战时期没有条件运到内地且不能装起来，没法用，所以没买。产品检验的专门设备工具齐全。

大定飞机发动机厂在抗战时约有500人，技术人员有七八十人，其中有留学的，有国内大学毕业的，也有中专毕业的，但没有外国技术人员。大定厂当时主要的技术人员有李耀滋、钱学榘、程嘉垕、曹友诚、张汝梅、黄颂屏、汪福清、陆景云、葛孚枢、曲长陆、曲延寿、周善钦、王昆山、苏用中、顾慈祥、梁守槃、马明德、吴大观、董寿莘、戴安国（戴季陶之子）等。李柏龄担任厂长，李耀滋是主持技术工作的总工程师（1944年离厂，现在美国）。

1944年6月我离开大定，当时发动机尚未搞成。在重庆等地花了半年时间办手续，1944年12月中旬被航空委员会派到美国。我到美国后一直在莱可敏（Lycoming）航空发动机厂。25名中国人员在这个厂。派出的目的是，按照建大定厂的办法（先买制造权、实习、在国外设计、配备机器工具），预备回国后再建一个新厂。其他几批人数少，无筹建新厂的任务，到了别的工厂。在莱可敏的25人都在车间工作，按零件、工艺分工，学习实际生产技术。按合同实习了一年之后，大部分人员先回国（抗战胜利了），其中少数人留在航委会并去了台湾。我继续留在原来的美国工厂，按新合同筹建新厂。工作搞到四分之三时，国民党垮台了。美方停止给实习费用，建新厂计划被放弃。

我在1948年5月回到上海，脱离了航委会。然后，找了些临时工作人员，在上海搞设计事务所，为别的厂家设计工艺装备，直到解放。

李升伯拟在杭州办纺织机械制造厂，设备从美国进口，也有部分是日本赔偿的。1950年设备到华后，被中央转移到山西建厂，我随厂从上海搬到山西，做总工程师。1954年经纬纺织机械厂建成，我主动离开该厂，请求调回航空部门。1955年调到二机部四局（航空工业局）。1955年9月被派到西安113厂当总工程师，参加了从建厂到产品试制完成的工作。

1959 年离开西安之前，有人给我档案里放了黑材料，说领导派我去香港与资本家李升伯联系把机器运到上海，回来时介绍了一位在香港认识的人，帮他联系回国工作。我把这个特务带进来了（这个人的父亲是汪伪政府的教育部部长，他本人在“文革”后当了劳动模范）。因此，我成了一位不被信任的、控制使用的人。从此，我没干具体事儿。奇怪的是生活、政治待遇未变，就是经常换地方。“文革”时我才知道这事儿，最后在 1980 年彻底平反。

1959 年我被调到哈尔滨工业大学当教务长。两年后，即 1961 年调到黑龙江省农业机械厅所属的黑龙江农机学院，当副院长。1964 年调回黑龙江农机厅当总工程师，1966 年调到农机部的内燃机拖拉机公司东北分公司（沈阳）当总工程师，1968 年 9 月因这个公司撤销而回到黑龙江省农机厅，不工作了。1978 年任黑龙江农机厅农机研究所总工程师，1979 年自己请求调到了上海机械学院，先在动力系，后在机械系当顾问。

支秉渊的侄子支少炎在 1940 年底回到新中，直到解放后才调离新中，从上海第二设计院退休。支秉渊的儿子支德瑜是十堰二汽的副总工程师，可能退休了。汪福清比较了解大定飞机发动机厂，他现在贵州。《航空工业史料》第 8 册有文章介绍大定厂。

陆景云 91年4月3日 于友谊宾馆2号楼50?号

支少炎先生谈煤气机与煤气汽车

支少炎（1911—2006），浙江嵊县人，曾任新中工程公司工程师、第一机械工业部第二设计院工程师、上海市机电设计研究院副总工程师。

访谈时间：1990 年 5 月 29 日；访谈地点：上海市康平路 172 弄。

我是 1933 年从交通大学机械系毕业的。1935 年夏到新中工程公司工作。1937 年 7 月到资源委员会，受派遣去英国电缆厂，一个任务是联系技术协作，另一个任务是学习电缆生产工艺。1939 年初回到昆明，到中央电工器材厂一厂（电缆厂），担任铜线组组长和工程师，配合美国人，负责生产电线。1940 年秋，电缆生产出来了，但材料接不上，因此我又回到湖南祁阳的新中工程公司，任设计室主任。我到新中时，陆景云刚离开新中不久。这时日本人来轰炸，宿舍被烧掉了，工厂分散成三个。一厂是老厂；二厂搞铸造、锻件，加工大件；三厂分出去制煤气机，我暂时当分厂主任。我在三厂工作了大概一两年，后来回到设计室搞煤气机生产线、炼钢炼铁设备。设计室有十几个人，多数是工程师，由我负责，具体设计工作是支少眉组织的。支少眉一天到晚在设计室。他在解放后去了第一汽车制造厂，任机电分厂副厂长兼副总工程师。建第二汽车制造厂时，他是设备筹建处的负责人，“文革”时去世。

据我所知，抗战以前，新中公司所造柴油机的最大马力有 120 匹。陆景云搞的 65 马力柴油发动机装到汽车上，经过几次改进就成功了。

大概在 1940 年设计室搞成了煤气机，我是后参加的。煤气机是由 65 马力 M. A. N. 柴油机发展来的，煤气机有 45 马力。从柴油机改成煤气机要更改设计，但更改不是很大。缸径稍变大，主要是改变压缩比，把油泵系统变成煤气供气系统。煤气供气系统是社会上都有的。煤气机的大件由老厂和二厂制造。

1941 年或 1942 年，厂里商量过一次，讨论如何扩大生产，批量生产煤气机，打算每天生产一台。方案是搞煤气机的技术人员提出来的。经过支秉渊、魏如、我、俞炳昌等五六个人的讨论，厂里决定建立缸体生产线。搞了两年，简陋的厂房建起来了，一部分生产线也布置起来了。我记得已经制造好了四杆镗床（加工汽缸）、单杆镗床（在老镗床上加了夹具而成）、刨床（在原有刨床上加夹具），已设计多头钻床、深孔钻床（没制成），开始使用汽缸水压试验设备，少部分生产线已经投产。我在时，新中肯定没制造过汽车底盘、变速箱、车身、车轮。

45 马力煤气机有两个用途。固定式的用于发电、拖水泵，还有一个用途是装在汽车上。决定往汽车上装 45 马力煤气机的是支秉渊，由设计室技术人员和一些老工人做具体工作。搞煤气机的工人都很有经验，后来大多成长为内燃机方面的骨干人员。大概在 1940—1941 年煤气机装在旧汽车的底盘上，在祁阳火车站和厂子之间搞运输。大概在 1941—1942 年，支秉渊搞长途汽车试验，因出故障而失败了。我记得好像是发动机也出了故障。因此，支秉渊没赶上参加一次会议。大概在 1942—1943 年，支秉渊从祁阳开煤气汽车到了重庆，成功进行了煤气汽车的长途试验，参加了展览。他请翁文灏等人参观。这种煤气汽车有两三吨的载重量，爬大坡时与汽油车改装的差不多，也要垫木头。1944 年新中从祁阳撤退时就是用了两辆这种汽车。

支秉渊对汽车比较感兴趣，对农业机械也有兴趣。祁阳附近是农村，搞拖拉机可能有用。在 1942—1943 年前后，新中自己设计制造过一台工业用拖拉机，车上有方向盘，发动机还是自己造的 45 马力煤气机，少数零部件是外购的。这台拖拉机不是太成功，很重，载重量大，速度很慢。短程的无载荷试车是成功，长途试车没搞。这辆车的设计者是设计室工程师陈望隆。解放后，他是上海汽车发动机厂的总工程师。

新中公司设计室累积了一些资料，参考美国的手册标准，在祁阳时搞了一本《新中标准》，其中有标准尺寸、螺纹、公差、主要的元件标准等。设计室用了几年之后，支秉渊把它带到中国工程师学会的桂林会议上，与会者对此谈论较多。后来，经济部主管司长认为标准应由国家搞，于是，大家也就不多谈了。后来，新中也没继续制订。

1941—1944 年比较稳定，日本飞机不常来祁阳大规模轰炸。由于日本军队进攻湘桂线，新中于 1944 年端午节开始撤退。新中从祁阳搬到重庆以后，主要制造迫击炮弹的引信（有五六十万），也制造少量的 45 马力煤气机。为了制造引信，自己搞起了设备。比如，参考第 21 兵工厂的设备，制成简单小型的自动车床。

抗战胜利后，新中回到上海，主要生产水泵，也制造油用、化工用、矿用等离心泵，基本上满足了社会上的需要。所造的大型轴流式污水泵为国内最大，有几十英寸。还制造过小型柴油机，并准备制造大型柴油机。因外国汽车发动机进入中国市场，搞汽车发动机没有销路。1949 年后，制成量块，供新中生产自用。钱曾兴搞了这项工作。他在解放后是哈尔滨量具刃具厂的总工程师。

解放以后，我们接受的第一个任务是生产飞机场用的油泵和煤矿用的多级水泵。1953 年我才离开新中，后来在一机部第二设计院工作。

支少炎 1990年5月29日
于上海市康平路172弄

附 1990 年 6 月 19 日支少炎致张柏春函

柏春同志：

你好！来信收悉，查阅了新中《厂史》第 30～31 页间的汽车照片，我看确是我上次提及的拖拉机，四个轮子的是它的牵引车，后面还放着一个拖车，只有两只轮子（其中一只轮子照片上只能见到一小部分），因拍照地位较远，这拖车显得比较低小了。

这个车子当时厂里叫牵引车（即拖拉机），是参考国外样本和缺乏经验的条件下自行设计的，内地没有合适的汽车钢材和生产设备，故只能尽可能利用一般型钢、钣材、铁路车轴、钢轨及铸钢，或土法加工，大材小用，或用小料拼焊而成。新中有钣金工焊接能力。二厂有一定的锻造力量，那辆车的底盘是自做的，虽多代用普通钢材，轮子不是用木制，设计只能略偏于保守。零部件都比较重大，厂里一般人多叫它为“铁牛车”。在短程试车至黎家坪火车站后，没有再进行多大的改进工作，湘桂战事撤退也就发生了。

我前次所述新中没有制造过汽车底盘、变速箱、车身、车轮等，是仅指普通汽车而言，并不包括拖拉机（即牵引车、拖车）。惟这与《厂史》照片及 33 页中说明“汽车”试制，仍有文字上的矛盾，请注意把名词分别清楚，并加以说明，就可以了。

此函副件同时寄新中刘浩林同志阅，当否请酌定。

顺致

敬礼

支少炎 90年6月19日

喇华琨先生谈制造煤气机

喇华琨，曾任新中工程公司工程师、上海汽轮机厂高级工程师等职。
访谈时间：1990 年 5 月 30 日；访谈地点：上海市巨鹿路 852 弄。

江厚渊、周肇基、卜昂华是我在浙江大学机械系的同班同学，是班里成绩最好的几个，被资源委员会中央机器厂挑去了。1937 年毕业后，我到了新中工程公司，主管水泵设计制造。陆景云领导我、李培金（我的同学）、诸英鋆三个工程师制造柴油汽车发动机。绘图室主任支少炎正在搞水泵，没参加仿制柴油机。

抗战开始后，新中先迁到武昌，又到长沙，最后到祁阳。在祁阳，65 马力柴油发动机改为 45 马力煤气机，主要是改了缸盖、气门，加了火花塞，改了压缩比，仿制了煤气发生器。缸径、行程、曲轴都没变。

我在祁阳参加了煤气机（柴油发动机）的制造工作，特别是锻坯和热处理。我设计了土制气锤，用它把火车轴打扁，再挖成曲轴。气锤压力大概是 2 吨，它的架子用钢板焊成，汽缸是铸造的。连杆、排气阀门是模锻的。锻模是陆景云设计的，我负责加工的。

新中造过几十台 45 马力煤气发动机，但不能造车架。45 马力煤气发动机曾装在 Perkins 汽车底盘上，发动机与车身相配很勉强。这部 Perkins 车是抗战前买的新车，在祁阳拆下原有的发动机，装了煤气发动机和煤气发生器。Perkins 卡车是跑城里用的。汽车运行时，通过控制阀门，发动机可用煤气，也可以用汽油。煤气跟不上就用汽油了。我记得新中只装了一辆煤气汽车。这辆车从祁阳开出，经桂林、贵阳，到重庆。汽车开到重庆时，陆景云已经不在新中了。

发动机是在祁阳的一厂试制的。后来新中扩大了，成立了二、三厂。一厂搞高炉炼铁，二厂搞热加工（翻砂、打铁、热处理），三厂主要搞机械加工。分厂以后，我去了二厂，后来到了设计室。我们有一台美式滚齿机，带着机头，但缺传动部分、刀架及附属设备。支秉渊让我恢复它。我搞了个技术方案，使它恢复成可用的滚齿机。这是1942年或1943年的事儿。同时，我还仿造了一种空气锤（不到一吨）。桂林好多厂都买我们的空气锤。滚齿机在三厂里一直用着，提高了齿轮加工质量。

我在新中工作了7年，1944年7月离开。在离开新中之前，我负责测绘仿制了240马力煤气机，6个缸，缸径500 mm。这是根据我们的条件，测绘Deutz柴油机，制成图纸。它的曲轴是套装的。当造了一大半的时候，就打湘桂战了，祁阳吃紧。新中迁到了重庆，我没去重庆的厂，缪良在重庆参加了新中。

1944年9月，我参加了中央机器厂，在第七分厂任设计组代理组长，七分厂的厂长为王守融。我去时，七分厂主要造拉丝机。王守融曾想利用报废的飞机零件制造自己用的镗床。我去时厂里已经开始搞了，但我看他们搞得不像样子。王守融让我做这方面的设计工作，我想从头搞，和设计组的技术人员一起商量搞设计，但没搞成。当时这个设计组只有7个大学毕业的。1945年初，费福寿让我参加接待战时生产局派来的一个美国人，考虑把民用厂改造成军火厂。

我在1945年4月参加了教育部的出国留学考试，通过考试后，于6月离开中央机器厂，9月到英国学汽轮机制造。在离开中国之前，我以研究生的名义在中央大学机械系听课。我1948年2月回国，3月进杨树浦发电厂。解放后，我到上海电管局基建处，搞修复汽轮机的工作。

[illegible]华琨
一九九〇年五月卅日
上海市巨鹿路 852 弄

缪良先生谈制造内燃机

缪良（1919—），支秉渊的女婿，曾任新中工程公司工程师、中国铸造协会副会长与秘书长等职。

访谈时间：1990 年 4 月 8 日；访谈地点：机械部汽车局院内 23 栋宿舍楼。

1944 年春夏至 1950 年，我在新中工程公司工作（重庆）。新中在重庆的李家坨、黑石子两处设厂，设备基本上是原来黑石子那家纺织机械厂的，包括铣床和小型工具磨床。这些设备不能用于制造发动机，因此，新中在重庆没造过柴油机。翁文灏器重新中，支持新中重新生产。新中设计制造了自动车床，专门用于制造迫击炮弹的引信。1944—1945 年，新中制造了一台卧式镗床，镗杆大概只有φ100 mm左右。此后，新中再没有制造过机床。

1946 年新中迁回上海，开始制造单缸卧式柴油机、多级高压水泵，预备制造大马力柴油机和 60 马力的船用煤气机。

1947 年或 1948 年，支秉渊从美国买回大约 20 部机床，包括铣床、六角车床、坐标镗床、外圆磨床、内圆磨床、无心磨床、平面磨床、工具磨床，没有锻压设备。后来又买了热处理用的盐浴炉、马弗炉，以及金相显微镜、硬度机、型砂试验仪、万能拉力试验机（几十吨）。自己造了老式烧煤的渗碳炉。

我是搞铸造毛坯的。支秉渊在美国时，与美国Meehanite Metal Co. 订了合同，准备购买他们的铸造专利。美方总裁出于对支先生在中国艰苦奋斗精神的钦佩，在未付钱的情况下，先给支先生寄来了一些铸造方面的技术资料，其中包括专利的主要内容。解放以后，新中利用这些资料，搞出高级孕育铸铁（meehanite metal），这在 40 年代是比较新的。解放前，依中国铸造技术水平，要制造汽油发动机的缸体和缸盖是难以做到的，因为铸造毛坯结构比较复杂，要求壁薄。

1949 年解放时，新中有员工 200 多。解放后，新中又着手制造柴油机。1956 年公私合营以后，新中开始制造船用柴油机。新中培养出了不少技术人员和技术工人。

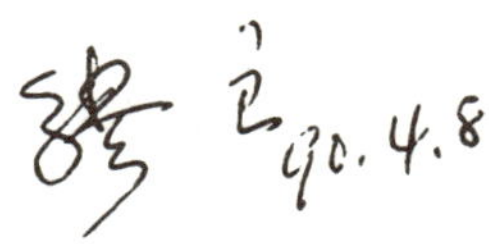

支德瑜先生谈支秉渊

支德瑜（1923—），支秉渊之子，曾任第一汽车制造厂总冶金师、第二汽车制造厂副总工程师。

访谈时间：1990 年 4 月 25 日；访谈地点：机械部汽车局院内 23 栋宿舍楼。

1941 年我在贵州遵义的浙江大学学习机械工程，1945 年毕业。浙江大学机械系分成动力组、航空组等几个组，各组第四年选修课不同。这个系没有招过研究生。我们读书时用的是桐油灯。

抗战时，后方有很多改装的木炭汽车和酒精汽车。滇缅公路打通后，有了一部分进口的柴油和汽油。乘木炭汽车从贵阳到遵义，需要两三天，每日走几十公里或百公里。

1941 年 10 月左右，在贵阳召开中国工程师学会年会，我父亲支秉渊先生开一辆用新中造的煤气机做发动机的汽车，沿湘桂路去贵阳。从祁阳到桂林用火车运输，到桂林后准备开车去贵阳，但由于离合器出了问题，没开成。这时，我去贵阳参加中国工程师学会的年会。我父亲没去成贵阳，把车运回祁阳。后来，他又把这辆车从祁阳或从桂林开到重庆，沿途山高坡陡，很难走。到重庆后，这辆车被经济部看中。

《大公报》曾写过支秉渊的专访文章。《人民日报》一个叫林铁的老记者说，文章是《大公报》有名的记者徐盈写的。新中《厂史》第 31 页上的汽车照片不是我父亲开到重庆的那辆车。照片的底片是从我父亲的遗物中找到的。据新中考证，这辆车是新中试制的汽车，轮子是木头的。

抗战时，新中的目标仍是搞发动机。当时材料紧张，钢材主要是拆下的器材。螺栓是由废钢轨截成的。灰铁很有限。土铁是白口铁，不能进行机械加工。加硅铁后能使土铁变成灰铁。我父亲试制硅铁，用电炉炼成硅铁后，搞成灰铁。后来，又在祁阳用石头做外壳，制成土高炉，解决了灰铁问题。再后来又试验电炉炼钢。这些工作是为了制内燃机。所产煤气机用做电场、工厂、船的动力。以上情况是我暑假回家时看到的。几次回家都到工厂里去看，还曾在工厂里用大约一个月时间学习使用车床。

我父亲没有从祖父那里得到遗产。我上大学是考的公费，因为功课好。功课不好的是靠贷款。我去英国留学是考的庚款，我父亲只给了我几十美金的零用钱。

我是1950年回国的。同年12月到北京中央高等教育部留学生处报到，自己要求去东北工作。我被孟少农要到汽车工业筹备组，到该组汽车实验室工作。1953年又到长春去建一汽，曾任一汽冶金处副处长、总冶金师。1965年参加建二汽，曾任二汽总冶金师、副总工程师，直到1989年离休。

1969年在饶斌领导下动工建二汽。产品设计的行政负责人是张庆梓，汽车产品设计主要负责人是王汝湜。我负责汽车材料的选用、开发，开辟货源。开始时为军用两吨越野车，后来的民用车是三吨半，这是第一代。建厂时改为2.5吨越野车和5吨民用车。1965年开始在南京搞设计，大概在1968年到一汽搞设计。1975年2.5吨越野车投产，1978年民用车投产。

二汽是自力更生的产物，技术水平比一汽高，以台数论，二汽的设备98%以上的是国产的，引进的占百分之一点几（有100余台）。以价值论，进口设备占建厂投资的百分之十。开始时没数控机床。

支德瑜
96.4.28 北京

第4章 中央工业试验所

1930 年 7 月实业部在南京建中央工业试验所，初设化学组和机械组，以后逐步增设材料、机械、动力、化学分析等试验室和机械实验工厂。抗战爆发后，中央工业试验所迁到重庆，先后建立起 17 个试验室、11 个实验工厂和西北分所，成为后方规模最大的机械和轻化工试验研究机构。1946 年中央工业试验所迁到南京和上海。这个所的工作在某种程度上反映着中国机械和轻化工研究的水平。

顾毓瑔先生谈试验所的建立与研发模式

顾毓瑔（1905—1998），江苏无锡人，上海市机械工程学会荣誉理事长，民革中央监察委员会副主席。1949 年前，曾任中央工业试验所所长、中央大学教授、中国工程师学会总干事、河北平津敌伪产业处理局副局长、中国纺织机械制造公司总经理等职。

1989—1991 年，张柏春与顾毓琇先生做了五次访谈，具体时间和地点是：1989 年 9 月 5 日，上海市乌鲁木齐南路的顾先生寓所；1990 年 3 月 18 日，北京京丰宾馆（全国政协会议代表驻所）；1990 年 3 月 23 日，京丰宾馆；1990 年 3 月 25 日，京丰宾馆；1991 年 3 月 29 日，北京香山饭店（全国政协会议代表驻所）。现将五次访谈的记录整理成如下文字。

1840 年后，中国与世界都在发展，但中国与国外在机械方面的差距越来越大。估计 1949 年中国机械工程比国外至少落后 50 年。

1920 年前后，孙中山先生在上海工业专门学校（1921 年改称交通大学）演讲，讲《十万英里的铁路》。他说“铁路等于人的血液”，又讲：“我们不但是利用外国的技术建设我们的铁路，我们还要懂得制造铁路上用的东西。现在是一个机器世界，要懂得造机器，同时要懂得分配机器生产出来的产品……”当时是恽震记录孙先生的演讲。他的演讲对交大设机械系起了直接的作用。1922 年交大开第一班机械系。

1931 年我在美国康奈尔大学得到机械工程博士学位，同一年回国，到中央大学机械系做教授，兼任实业部技正和科长。当时，技正相当于高级工程师，技监相当于总工程师，技士是工程师，技佐是技术员。

中国办国营企业，受了苏联影响。1931 年实业部拟《五年计划》，在真如办“中央机器厂”，打算生产无缝钢管、马铁铸件、机床等。想与美国合造汽车，没有结果。实业部与外国人谈建化肥厂的事，也没谈成。1932 年永利化学公司在南京东边的浦江建成了中国第一个化肥厂。

1928 年，徐善祥在实业部当技监。他提出，工业原材料应经过试验，成品应经过鉴定，要效仿其他国家成立试验所。这个建议被孔祥熙部长批准了，于是 1930 年在南京成立了实业部中央工业试验所（National Bureau of Industrial Research，China），徐善祥兼任所长。在他之后，先后由吴承洛、欧阳仑、我和顾毓珍继任所长。

中央工业试验所建在造币厂的旧址。原来剩下的只有空厂房和几台不能用的设备。1934 年我到中央工业试验所当所长，当时的机械组人数很少，曾自己设计发动机和试制三轮汽车。我主张办两个工厂，中工所由衙门式转为面向工厂。机械组有了发展，分为材料试验室、动力试验室和一个实验工厂等。

1934 年蒋介石组织“贤人政府”，翁文灏、丁文江等做了官员。我和岑德彰、任国常等都当了行政院的参事。1935 年行政院秘书长翁文灏找我，说岑德彰在行政院问：“万一我们要搬到内地，你们要看一看哪些工厂可以搬走?”翁文灏没直接提日本入侵，而是说官话：“现在形势无法预测，我们也不能不做些准备，要调查我们的实力。”

先是调查长江流域的工业，特别是南京至上海一线。调查了半年，所走城市有南京、镇江、常州、无锡、苏州、上海、宁波、杭州、芜湖、武汉、长沙。1936 年上半年完成一厚本报告（由我起草），报告中有机械厂、纺织厂、化工厂、面粉厂。把报告交给了翁文灏。抗战开始后，林继庸提出搬厂，这与我们先交的报告有关，是根据报告安排迁厂。开始迁厂时，我去了无锡，说服无锡的一个机械厂（负责人是陈子宽）搬到重庆。

1937 年中央工业试验所迁往重庆，在那里从一张白纸上搞起，规模逐步扩大。中工所帮助外界改进技术，收钱非常少。每个试验室带一个实验工厂，试验室搞研究，实验工厂搞开发。我们工作的泥土气很重，是从当地找问题，利用当地的资源和材料搞技术。国民政府向中工所的投资很少，主要是给行政开支和工资，我们的经费主要靠实验工厂的利润。

中央工业试验所与民办工厂联系密切。抗战初期，中工所为民生实业公司制造了一套机器，大约有车床、钻床、刨床、铣床等三四十台，装备了该公司的重庆民生机器厂。中工所制造过 Southland 牌的大小车床，小的用于加工钟表零件，大的有 6 呎、8 呎两种。还造过六角车床、1 500 公斤蒸汽锤、Gosh 式纺纱机（以水力为动力）。设计了 25 吨材料试验机，但没钱就做不成。设计室主任高绪侃曾在 1940 年或 1941 年发明了一种“铲齿机”，作为车床的附件，目的是扩展车床的功能。

中工所提供技术和设备，帮助后方建制糖、陶瓷、皮革、纺织、电器、酒精等方面的工厂。至少五六个大酒精厂是中工所搞的。生产了制糖手摇离心机，提高了生产能力。帮助青海办了 8 个轻工厂，生产羊毛、火柴、玻璃、皮革等。有时，靠杂志上的图片等资料设计机器。制革鞣料的二效式真空蒸发器就是根据照片设计成的，这在化工上不简单。搞这些技术，技术人员的知识背景起了很大作用。比如，搞皮革的杜春晏（彭德怀的连襟）、搞造纸的张永惠、搞窑业的郑仁都是在德国取得了博士学位，然后回国的。

很自豪的一件事儿是，帮助四川自流井提高盐产量。抗战时，后方人口增加 400 万，每人每年大约吃盐 10 斤，吃盐就成了问题。自流井深 3 000尺①，原来是用牛做动力，通过铁筒把盐水提到地面，效率低。中工所为盐井造了锅炉，使生产效率提高了十几倍到二十倍，为把年产量从 360 万担增加到 760 万担出了大力。所造锅炉长 20 余尺，直径 7 ~ 8 尺。造锅炉一般要用弯板机。我们没有这种机器，就用传统的工艺，以小工具制大设备。山西来的工人用手工弯钢板，做成锅炉，这很不容易。关于造锅炉的文章发表在我们办的《工业中心》杂志上。

抗战期间，中工所印了许多关于如何建轻工业工厂的专门小册子，以

① 长度单位，10 寸等于 1 尺，10 尺等于 1 丈。1 市尺等于 1/3 米。

便推广技术；少量发行了翻译 Schlesinger 的《工具机检验手册》；还搞过《中国机械工程手册》，分类编写。

前几年，我写了一篇文章，讲到了中央工业试验所的经验①：

我在旧社会担任过中央工业试验所所长十五年，特别是抗战期间在四川的八年，该所对兴建四川后方的轻工业起了一定的作用。四川物产丰富，都是原始的初级原料。中央工业试验所在四川建设十五个试验室和十个实验工厂。原料先在试验室进行分析，然后研究采用哪一种制造工艺制成产品，在实验工厂中进行中间性或称之为工厂式的工业试验。得到结果后，再请有关民营工厂来观摩、交流、采用，进一步变成商品，试验室指导实验工厂，实验工厂反过来向试验室提供试验所需要的资金。我们还把许多民营工厂中有技术合作关系的工厂作为特约实验工厂，它们利用试验室的研究成果，支付一点试验补助费，这样，试验工作基本上就可以自给了。英国著名科学家李约瑟博士于 1942 年率领英国科学代表团来华，在参观中央工业试验所以后写了《战时中国的科学》一书，书中介绍了中央工业试验所的各试验室和实验工厂的活动，并给予很高的评价，这里可以举几个例子。中工所研究成功用青松树丸子提出鞣料，使四川负有盛名的山羊皮变成革制品；中工所的陶瓷试验室和实验工厂，研制成科学配方陶瓷原料，供四川土法陶瓷作坊用传统工艺制成高级陶瓷制品；中工所在土法木炭窑上加一个回收废液的装置，收回了大量的醋酸，化废为宝，为后方提供大量醋酸，保证纺织印染工业可以顺利生产；后方汽油紧张，中工所首先在内江稗木镇利用制糖滓为原料制成酒精，后来在重庆附近帮助民

① 从 1985 年第 2 期《工程师论坛》上查得顾毓瑔先生的文章《把科技成果加速转化为生产力》。在此我们只摘录了部分内容。

营建设酒精厂，解决了液体燃料的供应问题；又因一般酒精浓度为97%，有3%的水分，汽车容易生锈，中工所又研究提高酒精浓度到99%，获得专利。

中央工业试验所曾和资源委员会合作，用一辆汽油发动机带动的汽车，试验用天然气做汽车燃料，中工所制作了气包。这辆卡车从重庆开到广元，试验成功了。

抗战期间，中央工业试验所派了一些人去美国深造，1943年去了10名，1945年去了30名。陈文禧在抗战胜利后从美国回国，在南京主持中工所的设计室和机械试验室。李汉超曾任中工所的机械实验工厂总工程师和厂长，1943年去美国，后来在美办机械厂。高绪侃在抗战胜利前夕被派到美国，现在是美国纽约一所大学的计算机教授。

教育部大约在1938年建立“教育与工业合作委员会”（到1945年解散），加强大学与工业界的联合，使得大学与工厂有较多的合作，很有成效。

抗战时，中国工程师学会每年举行一次年会，每次年会都有一次专题讲座。年会先后在成都、昆明、桂林、贵阳等八个地方召开，这样可以看到地方上的实际问题，也让地方上提出需要解决的困难，应该研究什么。然后，学会再向政府提建议。政府重视学会的建议。1949年后，中国人在美国搞中国工程师学会。这个学会在美国找有能力解决问题的工程师，帮助台湾方面解决具体问题。

国民政府重视工程，尊重工程师，让工程师做事。中国工程师学会组织了“国父实业计划研究会”，1940年开始为每一门工业写一个计划，大约在1943年写完，其中写了“机械工业计划”。以此为基础，陶希圣按照蒋介石的授意，写成《中国之命运》，以蒋介石名义发表了。中央设计局单独制定了“复员计划”，可能参考了《中国之命运》。

在中国工程师学会的建议下，1945 年或 1946 年成立了中央标准局①，领导标准化工作。经济部有个专利审查委员会，由工业司司长刘荫跋负责，机械方面的委员就我一个。我将专利申请带到中工所研究审查。当时中国批准的专利在国内还算创造，但在国外算是很平常的。

抗战胜利后，我去做河北平津敌伪产业处理局副局长，纠正接收中的错误，收集、整理了许多日伪的资料（包括矿产方面的资料），其中很多资料是有价值的。在接收的敌伪工厂中，机器厂不多，天津有一个较好的厂。苏联军队进东北后，抢走大量机器设备。几乎所有工厂的马达、大轧钢机之类的机器都被抢走了。据当时美国方面的调查，这些机器设备价值九亿美元。

1946 年春夏之间，中央工业试验所靠一艘大木船从重庆迁到南京、上海，许多设备留在了重庆，在重庆成立了一个分所。中工所在南京接收两个敌伪的机器厂（改为实验厂）、一个酒精厂。接收的机器厂有五六十台质量好的设备。中工所在上海也接收了日本人的工厂，办了益民皮革厂。各厂主要做修修补补的工作，搞了捆草机、剪毛机、汽水装瓶机等。中工所没得到过日本赔偿的机器。

1948 年 12 月起，原北平工业试验所所长顾毓珍接任中央工业试验所所长。当时，台湾、北平、西北、重庆都有中工所的分所。1949 年中工所被人民政府轻工业部接收，顾毓珍到同济大学当教授。不久，中工所就被拆散了。

1952 年我到中国纺织机械制造公司当总经理。这个公司原来是日本丰田制汽车的厂，设备是日本丰田公司赔偿的。后来搞政治运动，我坐了

① 有的文献说是 1947 年成立中央标准局。

九年的牢。

顾毓琇的诗

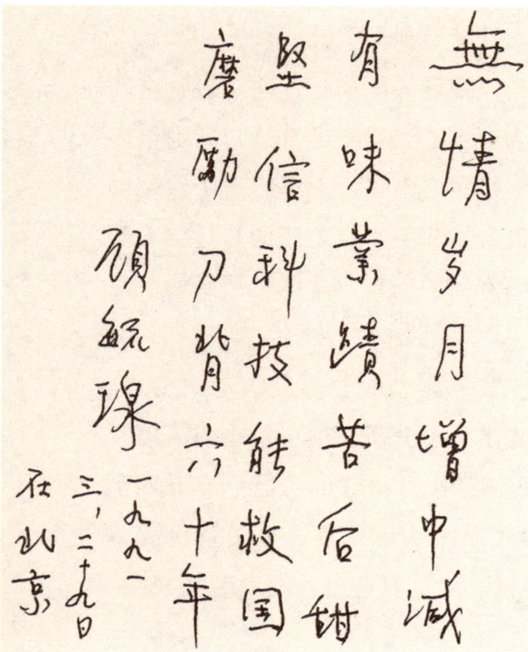

张柏春附记：1990 年 3 月 25 日，谈到历史真实性，顾先生说："萧伯纳说：历史的名字是真的，事情是假的；小说的名字是假的，事情是真的。"这表明了他对歪曲历史的感慨。1991 年 3 月 29 日，再次拜访顾毓琇先生，随他同来北京开政协会议的朱时雨先生也在场。顾先生说：今年是我回国工作 60 周年。我要写回忆录，书名取为《磨励刀背六十年》。张柏春请顾先生将自己写的诗抄写在采访记录本上。

范从振先生谈顾毓琇与制造锅炉

范从振（1911—1998），曾任中央工业试验所试验室主任、中央大学机械系教授、东南大学机械系教授，中国民盟会员。

访谈时间：1990 年 5 月 22 日；访谈地点：东南大学鸡鸣寺兰园 28 号 10 栋。

在清华大学读书时，它的机械系有航空组和动力组，教汽车的老师是史久荣。1936 年我在清华大学机械系毕业，然后马上去英国 Babcock & Wilcox，学制造锅炉。

我在 1939 年下半年去中央工业试验所。刚去时，机械方面没有什么人，我担任动力试验室主任，试验室没什么设备。过了一两个月，成立了机械设计室，找来了陈学俊、高绪侃等几个中央大学的毕业生，还有吴有荣（非学生）、李汉超。李是一个有经验的华侨，比我去中工所早。当时设计室没做什么事儿，主要是筹备机械实验工厂，找地方盖房子。经济部拨了部分钱，美国人也给了一部分机床设备，有车床、铣床、刨床、钻床等六七部机床，没有磨床。好像没有从南京搬去的设备。筹备机械实验工厂是整个所的基础，因为其他试验室需要添设备。这是顾毓瑔的想法。

顾毓瑔很有想法，很有活动能力，推动了机械、化工等各方面的工作。当时后方缺钱，缺人，缺技术。顾毓瑔能把试验所搞起来是很不容易的。翁文灏和陈立夫给他做后台，支持他的工作。

顾毓瑔有一个很大的长处，就是对各方面的专家都很尊重，还用了一些中央大学的毕业生。李汉超最初管材料试验室，又是机械实验工厂的厂长，在筹建机械厂方面花了不少力气。他在国外的时间多，写中文不行。我担任副厂长，主要当工程师，负责锅炉制造。李汉超和我们合作得很好，并且能谈得来。吴有荣和我分别担任设计室的主任和副主任。高绪侃做具体的设计和试验工作。他很踏实，很认真，有耐心，讲话不多，搞成了铲齿机。陈学俊很活跃，各方面接触得多，笔头好、快。顾毓瑔所用的人，后来证明都是不错的。

中央工业试验所主要是研究机构，也是实验工厂。依我看，它是官办与民办之间的组织，至少它把两者联系起来了。各个试验室的工作是基础，但要造出东西来，还要有工厂。中工所自己搞的工厂不多，其中最好的是机械厂，其次是耐火材料厂，再次是造纸、制革厂，都很成功。这些工厂是示范性的或者说是推广性的，同时也要盈利。小的造纸厂找中工所咨询技术的比较多。

顾毓瑔找来了为四川自流井制造锅炉的任务。他很注意我的锅炉技术。1939 年底我主持制造锅炉，帮助我做这些工作的主要有陈学俊、李毅（当时叫李春和，现在是劳动部锅炉处的高工）、郑世泽三位技术员。锅炉是我设计的，陈学俊和郑世泽也参加了设计，李毅搞安装。当年就制成了锅炉，交给了用户。中工所的戈福祥（后来又有一组人）住在自流井，与盐务局合作，帮助搞分析、化验、技术咨询。

锅炉设计选型受到材料限制。后方有战前存的钢板，却没有钢管。我们所造的锅炉为低压的兰加邑（Lancashie）式，构造简单，所用钢板是顾毓瑔从民生公司搞来的造船用的板材（我们与民生公司关系密切）。山西籍工人主要靠手工制造，材料、手工工艺、铆接（没有焊机）都可能出问题，密闭性也令人担心，因此冒了很大的风险。内锤子（couching）使接缝生锈，以至于最后不漏水了。我记得当时制造了 6 台，每台的蒸发量是每小时 2 吨，供四川自流井产盐使用。我离开中工所时，还到四川自流井看了看锅炉，没出问题。

我在机械实验工厂时，造锅炉的大概有 50 多人，造其他机械的也有 50 多人。我们设计了制革、造纸、耐火材料、大鑫钢厂的设备等。好像搞过《机械工程手册》，但不突出。顾毓瑔对搞煤气发生炉很感兴趣。李汉超主持制成了煤气发生炉，装在汽车上用过，但不多。中工所还参加了用天然气做汽车燃料的试验，用橡皮袋装天然气。

1940 年初我就在重庆的中央大学机械系兼课。1941 年下半年我离开中工所，到了中央大学机械系，同时还在重庆大学机械系兼课。1942 年下半年在中央工业职业学校（相当于中专）兼机械课。我记得，抗战胜利后，中央大学机械系招过少数硕士研究生，其中有曹祖庆，他的导师是胡乾善。研究生上课少，主要靠自己学习。

实际上我是搞动力机械的。1950 年，我和钱钟韩共同开过动力工程设计课，有 4 位学生听，他们大部分到上海汽轮机厂工作了。

1951 年我试制成汽轮机叶片，培养了一大批工人。制造锅炉和叶片，是我做的最艰苦的工作。

陈学俊先生谈制造机器与热工试验

陈学俊（1919—），安徽滁县人，曾任中央工业试验所工程师、上海交通大学教授、西安交通大学教授等职，中国科学院院士，九三学社副主席。

访谈时间：1990 年 3 月 22 日；访谈地点：北京国谊宾馆南楼。

1939 年我从中央大学毕业，去了中央工业试验所机械实验厂。试验所的总办事处设在重庆市。它的机械设计室曾在小龙坎借了几间房子，不久就搬到新建的机械实验厂。稍迟于机械实验厂，在磐溪成立了热工试验室。电机试验室与机械设计室差不多同时成立，主任是施汝砺。材料试验室搞材料、热处理试验，抗战胜利后迁到上海。

我刚去时当助理工程师，两年后成为副工程师，1940年在工务科（负责生产）当规划组长，1942年任机工场主任（当时李汉超兼工务课长），1944年任工务课课长。

机械实验工厂的厂长是顾毓瑔，范从振和李汉超是副厂长。李汉超能干，动手能力强。厂子不大，有机床大概三四十台，业务好，制造了不少东西，能赚钱。主要产品是机床、锅炉、制酒精设备、试验仪器、材料试验机（两吨、五吨）、造纸厂的蒸球、纺织机零件，所用钢材主要是西南产的。机床产品包括6呎车床、小型台式铣床、小刨床、台钻，可能还有六角车床。部分机床用于扩充本厂。还为民生公司造过一批机床。我们所造最大锅炉的蒸发量是每小时4吨。

机械设计室有二三十人，加上机械实验工厂的人，大约一共有200人。设计室与机械实验工厂在一起，技术人员有交叉任职，实验工厂技术人员有一二十人。设计室曾由吴有荣筹备，但时间很短。设计室搞过《工具机检验手册》（作者是Schlesinger）的翻译，我离开试验所时已经印过。

高绪侃把他的铲齿机设计写成论文发表，铲齿机可能被推销过。我把锅炉制造写成了一篇论文，1941年在贵阳中国工程师学会年会上宣读过。机械工程学会也有活动。我协助顾毓瑔写过《煤气发生器与煤气车》，这个书出版了。经济部关于内燃机、煤气车方面的专利由中工所审查，主持人是顾毓瑔。

中央大学在1939年开始招机械硕士研究生。我的同班同学杨立洲当年考取了研究生，毕业后曾去英国留学，回国后到上海锅炉厂工作。

我在1944年8月去美国实习考察，共去了12人，机械方面3个，高绪侃、李汉超未归国。我在美国第一年在工厂，后来到普度大学研究生院读书，1946年获得机械工程硕士学位。

1947年4月回国，在上海担任中央工业试验所热工试验室主任，同时兼任交通大学教授。试验所的设备是从重庆搬来的，人员有十几个，其中我和另外两个工程师是留美的。我们搞汽油机、柴油机试验，调查上海各电厂的锅炉，研究无烟炉灶、煤和柴油的燃烧等。1947年我们还办了中国最早的热能工程专刊《热工专刊》。1948年，我做了“经济无烟炉灶的试验研究”，并写成关于节能的论文，还申请了专利。

1950年我离开中央工业试验所，先去上海的华东纺织管理局，不久去交通大学做教授。1956年我开始带研究生。1980年做学部委员。

机电部上海热工仪表研究所有些人是中央工业试验所热工试验室的。

3.22/90

施景山先生谈电气试验与电工仪表修造

施景山，曾任中央工业试验所试验室主任、华东电力设计院高级工程师等职。

访谈时间：1990年6月1日；访谈地点：上海市陕西南路39弄。

我的名字是施汝砺，号景山。1933年，我从交通大学电力工程专业毕业后，考入建设委员会电气试验室。到抗战爆发后，建委会派我去美国国立标准局，做实习研究。1938年建委会与实业部合并，成立经济部，建委会电气试验室并入中央工业试验所，以前中工所没有电气试验室。我在1939年春回国，到了重庆中央工业试验所电气试验室，当了电气试验室技正兼试验室主任。大概在1941年，成立了电工仪表修造实验工厂，我兼任厂长。我到1945年底，一直负责这两个部门。1945年以后，我脱离了中工所，到了军管的上海电力公司，一直到解放。解放后，到了华东电力设计院，最后从华东电力设计院退休。

建委会负责南京和戚墅堰两个电厂。在南京的电气试验室制定国家的电气标准，还搞电机、灯泡等试验，为此派我到美国国立标准局。

我去中工所时，试验设备已从南京搬到重庆了。电气试验室的工作，主要是继续建立电气标准，其次是受经济部委托，试验内地产的灯泡、电池，修理试验一批电度表。一直没有做过电机方面的工作，在重庆没有可能购置到这方面的试验设备。原来在建委会时有试验设备，试验过电动机和戚墅堰电厂的整套国外进口的发电机组。试验设备比较大，没有运到重庆。

中工所电气仪表实验工厂成立后，在厂里制造过电压表、电流表等仪表，没造过电机。实验工厂的总工程师方声恒（后去台湾）帮我搞这个工厂。工厂人数不到100。我们这个厂设在磐溪，那里还有机械工厂、皮革厂、造纸厂、窑业厂、纺织厂。

施景山
90.6.1.

上海陕西南路39弄

陈文禧先生谈顾毓瑔与制造机器

陈文禧（1916—1993），曾任中央工业试验所工程师、上海市纺织科学研究院高级工程师等职。

访谈时间：1990年6月3日；访谈地点：上海市澳门路660弄。

我是1942年进中央工业试验所机械实验工厂的。机械实验工厂与设计室是在一个厂房里，地点在重庆沙坪坝磐溪。抗战时期，中工所事业兴旺，各试验室与若干种实验工厂都建立起来了，开发了产品，培养了技术人才，在繁荣后方经济、提倡技术方面起了积极作用。

顾毓瑔比较有理想，在经济部下面找出来一条发展工厂的路。他利用政治力量及部分金融界的力量，为发展中工所做了大量的工作。中工所的组织和发展都靠他一个人。他对技术人员非常重视，尊敬中年的，也接触青年的。他对新鲜事物有敏锐感。他想要搞一个试验室或实验工厂，就找人组织筹备，因此他搞了不少试验室和实验工厂。

1942年我进中工所时，机械实验工厂只有两个车间，一个是金工车间，一个是锅炉制造车间，每个车间有几十个人。锅炉车间用手工操作制造锅炉。金工车间搞的东西比较多，主要搞试验仪器，还制造一些齿轮转动的车床。试验仪中有小的手摇材料试验机，马达是设计出来了，但没制造。制造过化学方面用的试剂和仪器，如流量表、蒸煮器、高压锅。我经手制造的是压力表，自己做过计算，为此我还写了一篇论文《压力表的制造》，在1943年中国工程师学会年会上发表了。

机械实验工厂只是根据用户需要，按照机械设计室的图纸，制造产品，不做什么试验。这个厂帮助过其他实验工厂，但没有成套制造机械设备的能力。厂工务课管生产技术，首任课长是范从振，后来是陈学俊，再后来是我。我主要是解决实际问题。我亲手从成都华西大学那里测绘了Gosh式小型梳棉机，搞出一套设计，打算从梳棉机开始，制造整套纺织机。但是我们并没有制造过，这是肯定的。我在的时候，机械实验工厂大概还造过牛头刨床，没造蒸汽机、柴油机、镗床、磨床和陶瓷、酒精、造纸等方面的设备。厂里没有热处理试验设备，不能搞热处理试验。

机械设计室有二三十人，那些人我都认识。机械实验工厂所用的图纸都是机械设计室提供的。机械设计的主要依据是美国的手册（Kent手册、《机械手册》）。设计室的高绪侃、张铁生翻译了施莱金格的《工具机检验手册》。我没听说过设计室搞出《机械工程手册》。事实上，当时中国不可能搞得出《机械工程手册》。

高绪侃是我的同学，脑子灵，喜欢钻研，读美国技术杂志比较多，技术上向广的方面发展。机械界的一些人知道高绪侃设计铲齿机这件事儿，认为它的技术水平比较高。国外也没有这样加工齿轮铣刀的车床附加装置。高绪侃没去申请专利。铲齿机造出来了，但卖得不多，因为制造铣刀的工厂很少。

抗战时，材料试验室有一台从南京搬到重庆的材料试验机，做过竹子应用试验，供建筑工程参考。这是很有意义的。张有生负责的一个试验室做过木炭汽车试验。动力试验室基本没做过试验。1944年房子造好了，却没有设备。

杨立洲是我的同学，1939年开始在中央大学机械系读研究生，导师是中央大学的。抗战时中央大学机械系没有什么设备，也不做什么试验。

1945 年，经济部派我出国。1947 年 9 月回国，12 月到南京中工所机械实验工厂，地点在南京新街口汉中路 11 号。设计室与实验工厂在一个厂房里，挂两块牌子。厂里有十来部破破烂烂的钻床和牛头刨床等机床，技术人员有七八个，工人有四五个，厂长是顾毓瑔（后来是我），副厂长是我和钟兴锐。当时，这一班人接受国民党工程署的订货（用钢板造堡垒），再招工承包。我在时没有制造过什么机械。

南京的机械设计室基本上还是从重庆迁回的人员，大约有二三十人，主任是张铁生。我和张铁生、黄树型、刁绍纯等人商量如何振兴工厂，企图设计制造空气压缩机、压力机。1948 年底，这些设计还没搞完，设计室和机械实验工厂的技术人员大多数都散了。中工所在上海的各试验室基本上都挤在提篮桥、惠民路附近，材料试验室也在那里挂了个名。

顾毓瑔当了全国经济委员会的副秘书长，顾不上管中工所。他只想维持南京这班人员的生活。中工所只开过一次全所的业务会，会上没讨论技术工作。1948 年上半年，我们曾经向美国人提出机械试验研究计划，请救援助。美方没有拒绝，也没有落实。

1948 年 12 月我离开了中工所，后来到上海的第二纺织机械厂（造纺织机配件）。这个厂归中国纺织机械制造公司管，顾毓瑔是公司的总经理。当时，中纺公司想制造整台的机器，但没有成功。我最后是在上海纺织机械研究所工作，现在退休了。

陈文铨 一九九〇，六，三日
上海澳门路660弄

萧家捷先生谈化工、食品与纺织等技术试验

萧家捷（1914—2005），曾任中央工业试验所工程师、中国食品发酵工业研究院总工程师等职。

访谈时间：1991 年 3 月 31 日；访谈地点：香山饭店。

1937 年夏我从金陵大学化学系毕业，到中央工业试验所（南京）参加酿造训练班，学了两三个月，后来去了重庆。顾毓珍是中工所的技正，在金陵大学兼课。通过他的介绍，我在 1938 年 5 月进入中央工业试验所（重庆）。

抗战前，中工所所长是，技正有李尔康、顾毓珍（油脂）、张永惠（造纸）、杜春晏（皮革）等。金培松是酿造试验室主任，主办了酿造训练班，学习内容主要有酱油、酒精、醋等方面的技术。这个训练班每年暑假办一次，全国各地都有人去学，把技术介绍到社会。试验室下面有小工场，可以进行实际操作，效果挺好。日本人学了中国制酱油法，但有了改进，形成了新方法。当时中国用自然发酵法，日本人用菌种发酵。金培松毕业于日本早稻田大学，掌握了日本的制酱油法，在训练班上传授了新法。

在重庆时，酿造试验室由金培松负责。吴蕴初、薛明剑、郑翔德等办了“同心酿造厂”，厂址在北碚，营业所在重庆。集资是由顾毓瑔先生办，技术指导者是金培松。同心酿造厂的经理是薛明剑，营业主任是郑翔德。我是厂务主任，负责技术。原来四川制酱油是用土法。办厂的目的是把新技术介绍到四川去。同心酿造厂有二十几个人，主要凭手工，产品质量很

好。我们当时的一等品同80年代的“生抽王”相当。该厂每日大概可产半吨至一吨酱油，用船把产品运到市区销售。

1940年底我离开中工所，去我的同学办的酒精厂。到1943年7月，厂子办成了。这个厂是生产车用酒精的。

中工所在重庆北碚的试验室都设在中央研究院的西部科学院的楼内，大概有100多人。1942年的某一天，我去北碚的中工所，当时人数超过100名。那天新建的大楼被日本飞机炸毁了。沈治平也看见了。

戈福祥是我原在金陵大学的老师，是中央工业试验所西北工作站（兰州）的负责人。1943年7月戈福祥把我要到兰州的中工所西北工作站。1944年初这个工作站改称西北分所。全所总共有员工大约50名，包括制碱专家卞松年、电化学专家羡书锦、造纸专家梁勉。分所刚成立时，连工资都发不出，10月份才发1月的工资。

西北分所下设技术组（组长张兆麟）、行政组（组长欧阳杞）。技术组下设分析室（主任是李士春）、农产品加工试验室（主任是我）。试验室搞分析、试验研究，单独的专家们搞咨询。西北分所在石嘴山设立了宁夏工作站，搞制碱，可能有自己的小制碱厂。石嘴山天然碱很纯，稍经加工即可。西北分所还有西宁工作站，该站办有硫酸厂和玻璃厂。1944年以前西宁工作站曾首次在青海制成玻璃。西宁站搞成了硫酸，我估计是戈福祥搞成的，因为他是教我们工业化学的。

西北瓜果多，牛奶多，奶油尤其多。当地用土法制奶油，叫酥油。我们在西北分所研制乳制品，加工果汁、葡萄汁。我们组有三四个人，有个小加工厂。我们把土法奶油改造成精制奶油（相当于现在的奶油），解决了奶油的涂抹性，同时保证了香味，颇受人们的欢迎。有人从西北分所往重庆带奶油。

西北分所与地方上有合作。例如，一位传教士制糖不成，曾向我们请教。兰州的水利林牧公司（官办的）与我们有工作联系。

1944年秋，中国化学学会在兰州举行年会，由中工所西北分所筹办，会议主席是张兆麟，我是记录员。与会者约有100人，其中有国内著名化学家曾昭抡、石油专家戴济等。顾毓瑔从重庆专门赶到兰州，他在会上的讲话好像发表在《大公报》上，其主要精神是“要迎头赶上”。散会时，我们用自己制造的葡萄汁招待与会者。

1945年3月我参加了F. E. A. 租借法案考试（专为出国而设的全国通考，考好多门），考中了。全所参加考试的还有吴景徽、张西林、张保全、顾希生、顾允中、王善初、颜鸣皋。我在1945年5月从重庆出发，在印度等船，7月到美国东部，最后到华盛顿。美国农业部共有四个研究所，我是到其中的两个所学习。理论方面向研究所学，生产技术及设备要到工厂去看。先到东部研究所，学乳粉、奶油、干酪、冰激凌的加工，同时期也到明尼苏达州、威斯康星州的好多工厂去看。美国工厂认为中国没有乳品工厂，不怕竞争，所以对中国人不保密。我去过的乳品厂有Kilu，Golden Gate，Bordon等。

我去美国时，顾毓瑔所长让我学脱水技术。参观乳品厂之后，我去南部得克萨斯州，经过Louis（曾在金陵大学任教）介绍，看蛋粉厂（Wilson Co.），学鸡蛋脱水。后来到西部研究所（在加州，靠近旧金山），学蔬菜脱水。我学的是马铃薯脱水，到各种大大小小的厂去看。其中Simplot Co. 最大（现在还在），每天要把600吨土豆制成土豆丁、土豆粉，供军用。此外，在研究所导师的建议下，我又学蔬菜（青豌豆、架豆）的速冻。美国的速冻是当时最发达的。我还学习了罐头制造。在工厂，我主要是看设备的设计和管理。

我在1946年7月底离开美国，20天后回到上海，再到南京报到。经顾毓瑔同意，1947年初我到上海办事处（四川北路1300多号）。我在上海找房子，筹备化学试验室，接收了长宁路232号（新星制药厂）和江苏路壬午271号，前一处叫一馆，后一处叫二馆。陈学俊在提篮桥区惠民路273号的三馆。筹备期间，我是一、二馆的总干事，吴景徽是一馆干事，刘敬琨是二馆的干事。一馆包括酿造试验室（主任是金培松）、综合化学室（主任是胡安身）、陶工玻璃室（主任是赖其芳）、食品室（先是顾毓瑔叫我当主任，后来李钟英接任，我当酱油厂厂长）、化学分析室（主任是吴守忠）。二馆包括塑料室（主任是刘敬琨）、纺织染室（主任是方柏容）、油脂室（主任是顾毓珍）、皮革室（主任是王毓琦）、造纸室。吴景徽搞化学合成，张西林搞皮革，顾希生搞纺织，顾允中搞机械。上海有中工所的酿造实验示范工厂、皮革实验示范工厂、油漆实验示范工厂、电工示范工厂。皮革厂在平凉路2535号，规模很大，厂长马仕芳。油漆厂在欧阳路545号，厂长赵耀中。酿造厂原来是日本人办的，规模较大，职员有15人，工人约50人，前任厂长是童永庆，我接童永庆的职位（直到解放）。电工厂在三馆内，厂长归绍升。三馆原来有个仪表室（负责人是王良楣），曾与我们在一起。

顾毓瑔在抗战胜利后搞中工所，模仿了美国农业部的做法，搞了几个分所。北平分所所长是顾毓珍，台湾分所所长是陈华周，重庆分所所长是×××、上海办事处主任戴维清、副主任张西林，上海的图书馆负责人是顾毓瑔的表弟薛葆宁（搞了许多书），具体管书的是刘和端女士。我没看见过这个图书馆。我估计中工所的职员约有200~300人，工人至少有200人。

顾毓瑔离开中工所时，顾毓珍接任所长，1949年初沈增祚任副所长。

上海解放后，沈增祚随军南下。

解放后，我安排酿造厂复工。5 个月后，该厂业务兴旺起来了，我又回到了食品试验室。这时李钟英从国外回来，当了试验室主任。中工所的食品试验室是顾毓瑔第一个提出建立的，是 1947 年上半年办起来的。

1950 年 5 月，一馆、二馆搬到北京西路 1320 号雷士德大楼，来了一个叫陈善晃的所长。他原来在中工所酿造厂（上海）当工程师，刚解放时到金陵大学任教。雷士德大楼成了正规的实验大楼，我们开始工作。不久，抗美援朝开始，需要军粮，于是，我开始研究中国菠菜、油菜等蔬菜的脱水，从小试验到中间试验，都搞成了。1953 年《解放日报》在头版作了报道，还拍了科教片。上海蔬菜公司陈科长对此很感兴趣，见报道后来找我们。该公司在江桥办了个脱水蔬菜厂，技术负责人是黄少来。黄少来和另外一个女的到我们试验室学习，我们派宋瑜到工厂帮助他们。这种转让和服务是无报酬的。这个厂现改为速冻蔬菜厂。抗美援朝时，我们将中间试验情况写成了书，日本人买了书。我们向总后勤部介绍了蔬菜脱水、压缩干粮等技术，总后办厂生产。

我们 50 年代搬到雷士德大楼后，中工所改称轻工业部上海工业试验所，发展得很快。哪个室发展得快，哪个室就可能搬出去，脱离试验所。例如，王良楣的试验室搬出去后，成了一机部的自动化所，有 1 500 余人。

我们在抗美援朝时就搞罐头，搞抽样。战后搞出口，先是给苏联和东欧，后来转向西方，要求越来越高。搞完脱水，我们把工作重心转向提高罐头的质量，研究许多理论性较强的问题、包装内壁涂料等问题。我常常是提出题目，当第一任课题组长，然后多数是转给其他人搞。从 1954 年到 1965 年，常常是解决具体问题。

1955 年食品室搬出试验所，改称国家轻工业部上海食品工业研究室，地点在益民食品厂一厂内。当时研究室有 16 个研究人员，益民一厂的副厂长尹宗伦当室主任。1956 年底我们人数逐渐增加，搬到宝庆路 22 号，改为轻工业部上海食品工业研究所。同时，上海工业试验所的酿造室改为发酵室，并入食品工业研究所。食品工业研究所还有分析室、食品室、香料室、机械设备室、油脂室，所长沈济川，全所约有 400 人。后来，研究室又发展为研究所。食品室包括粮谷、果蔬、乳蛋、水产、包装、设备等几个组。我先后在果蔬组、乳蛋组工作。在乳蛋组时，我参加了轻工部工作组，到甘肃、青海、四川、河北等地调查乳粉发展情况。我们所首先将纯乳酸菌介绍到上海乳品二厂，搞酸奶。1958 年我们又把这种乳酸菌介绍给北京前门奶站。不过。上海、北京的厂家不太愿意用。他们怕麻烦，宁可用自然发酵法。大概在 1958 年，我写了《乳粉制造》，这是国内第一本关于乳粉制造的书（1947 年国内出了一本《乳品学》）。1958 年底，我们准备推广牛奶土法喷雾。

1958 年 10 月，食品研究所分成几个所，其中香料所留在上海，其他所搬到北京，机械研究所分出去了。轻工部机械研究所后来又分成几个所，其中两个在杭州。

我在 1958 年以后搞水果、蔬菜，1961—1963 年给北京科委搞蔬菜脱水厂（叶菜、根菜两条机械化生产线）。1965 年我开始搞食品升华脱水，即在结冰状态下脱水。

“文革”期间到江西，下放到“五七干校”，我又成了养猪专家、种菜专家。80 年代后，我任轻工业部食品发酵工业科学研究所总工程师。

萧家捷 1991.3.31 于北京香山饭店

高良润先生谈机械设计与实验

高良润（1918—），曾任中央工业试验所工程师、江苏工学院院长等职，中国民盟会员。

访谈时间：1990年3月18日；访谈地点：京丰宾馆。

我是中央大学机械系1939届毕业生，1942—1944年在中央工业试验所工作。当时全所大概有200人，年轻人多，三十几岁算年纪大的了。机械设计室大约有30人。17个试验室各有特色，研究课题都是针对后方需求的，基本上是自力更生。

三四十年代中国的大学机械系以教学为主，科研工作很少。抗战期间开始培养机械专业研究生，中央大学在1939年招收了研究生杨立洲。

抗战胜利后，机械设计室和机械实验工厂在南京新街口。设计室人不多，主任是张铁生。机械厂厂长由顾毓瑔兼任，陈文禧任副厂长。1948年我回国，到中央大学机械系任教。我从江苏工学院院长的岗位上退休。

高良润 1990,3,18

第5章 机械工程教育

1949年以前，北洋大学、交通大学、清华大学、中央大学等十几所大学设有机械工程系或机械专业。其中，清华大学与中央大学机械工程系的发展状况基本上反映了国内机械学科的教学与研究水平。

董树屏先生谈清华大学机械系与西南联大机械系

董树屏（1909—2000），曾任清华大学机械系实验室主任、清华大学热能系教授等职。

访谈时间：1990年5月5日及5月11日；访谈地点：清华大学16公寓。

我在东北大学附中学习之后，1929年进入东北大学机械系（第四届），名义上的系主任是刘仙洲。“九一八”事变后，我离开东北，到天津北洋大学工学院机械系二年级借读。北洋大学工学院院长是王季绪。在北洋大学借读的两个多月里，我们搞救亡，检查日货，参加第一次卧轨，后来到南方请愿。1932 年在北平大学工学院读书，同时当东北学生军。1932 年六七月份去南京中央大学机械系借读。同年 8 月参加了转学考试，被录取，成为中央大学的正式学生。1934 年在中央大学机械系毕业，获得学士学位。同年到清华大学机械系当助教，后来担任热工实验室主任。

清华大学机械系分为制造组和动力组，动力组搞汽车、机车、飞机，由庄前鼎主持，我是他最得力的助教，许多事都经历过。动力组试验设备很全，在国内大学是一流的，有蒸汽机、汽油机、柴油机、煤气机、煤气炉、机车、汽车、电厂。机车是德国的窄轨车。

清华大学机械系在抗战前大约有 20~30 名学生。理论力学、材料力学、机械原理、制图、内燃机、热力学、水力学、工厂实习等为机械系基础课。三年级下学期和四年级所开课程有机械制造工艺、焊接工艺、金相热处理、汽车工程、航空工程、动力工程、工厂管理。请美国加州大学冯·卡门的学生任航空组教师。实验和实习都有单独的课程与教材，这比东北大学强。此外，学生还要到外边的工厂见习，参观工厂（抗战时曾去中央机器厂参观一天）。1936—1937 年，清华大学机械系选招两三名毕业生，作为进修生留校，做教学与研究工作。他们要做论文，相当于研究生，但没授学位。清华重视基础，注意结合实际。因此，清华学生理论基础比较好，有一定实验训练，解决实际问题的能力强。

刘仙洲提出“工读协作制”，这对北洋大学、东北大学、清华大学机械系的课程设置等都有某些影响，或者说，他这个建议在教学中起了一些作用。他自己更是身体力行，在教学中贯彻这种思想，让学生观摩、拆装、测绘、改进所学的机械，了解它们的原理、结构、特性。当然，不是说其他教师没有这种想法。刘先生重视理论也重视实际。我受到了刘先生的影响。

清华大学在动力方面与国外大学的理论水平有一些差距。国外的长处在于人多，经费多，物质条件好，工业基础强，在理论上的发明创造多。与国外大学相比，清华大学在实用技术方面也存在明显的差距。不过，国内的发展速度比较快。清华在航空教育和研究方面起步比较早。

清华机械系教师设计试制过三轮车、滑翔机，研究过防毒面具。大概是在1935—1936年，清华装配过两辆汽车，一辆是轿车，一辆是卡车。小轿车虽然是整车（可能是法国产的），但来清华时不能走，因为零部件不全。卡车可能是Dodge牌，原来有底盘、发动机、驾驶室，但已破破烂烂了。参加装配汽车的有教师、工人师傅、学徒，可能还有校外汽车修理工。清华工学院院长顾毓琇，系主任庄前鼎、刘仙洲决定支持检查汽车装配工作。装配汽车的教师有我和毛韶青。我测绘零件图，与师傅一起装配汽车。毛韶青曾留学法国，是实习工厂的厂长、兼任机械系金工实习教师，负责制造配件。实习工厂制造或修配了少部分缺少的零件，所修配的零件有点火电路系统、化油器、传动齿轮。水箱风扇叶子不全，也做了配制。有的零件是从旧货摊上买的，再加以改造。为了买零件，我们去过天津、上海。卡车装配出来之后，涂成深绿色。这辆车用于校内运输，有时出故障，不耐久。我开过这辆车，是教学生开车。学生实习开车不过一小时，因为汽油太贵。

抗战爆发之前，清华提前作了南迁的准备。先把车床、刨床、铣床、钳工工具、量具、部分较轻便的内燃机、试验设备、汽车模型等运往武汉，而学校先迁往长沙。汽车、机车等留在北平。1937年下半年，清华分几路向昆明转移。我负责运工学院的设备，从武汉运到重庆，再用汽车将图书、机器运往昆明。1938 年 10 月设备、图书运到昆明，归西南联大。

西南联大机械系就是清华机械系，系主任是李辑祥。航空系主任是王德荣，航空研究所所长是庄前鼎。庄前鼎等人在南昌建造的风洞没有搬走。美籍教师回国了，张捷迁也去了美国。

1938—1946 年联大机械系共有四个班（四届），每班（每届）招 30~40 名学生，没招研究生。机械制造方面的新课较多。动力课程的教学内容充实了，有汽轮机（列在电厂和工程热力学中）、内燃机，新课程有制冷工程。刘仙洲主要教机械原理，还教高等机构学、农业机械等选修课。殷祖澜和我教制冷。我还讲机械制图、热力工程、动力厂、制冷工程。周惠久在航空研究所搞金属材料，兼机械系金属材料课。航空系的殷文友讲授飞机工程。机械系参与了酒精汽车、木炭汽车的改进，燃料燃烧的研究等。这些工作都是临时性的，不是有计划有系统的。

不过，联大经费困难，实验设备和其他条件都差，图书资料很少，国外杂志断绝了。学生画图是在破庙里进行，学生主要是看老师做实验。

西南联大机械系与资源委员会有合作，按资委会要求研究理论、工艺、发展动态等，有的成果被资委会采用了。1944 年左右，系主任李辑祥及其他主要教授、金工厂厂长和我，带两届机械系学生去中央机器厂参观，当时中央机器厂出电机、机床、焊接设备、小型内燃机、金相热处理零件等。中央机器厂的贝季瑶在联大机械系兼课，在制造组教授冷加工方法。

抗战后期，昆明生活费用很高，教师生活困难，工资的四分之三没什么着落。于是，他们就当家庭教师、中学教师、顾问工程师等，以补充经济收入。大学校务委员会有计划地成立了“清华服务社”，帮助社会解决疑难问题，收点服务费。机械系有“清华服务社机械工程部”，服务内容有：①机械加工，化铝锭，制氢气（为援华抗日美军服务）。②制冰，我负责，兼造冰厂厂长，拼凑起热工试验设备，每日出冰一吨半，提供给援华抗日美军的医院。③制自来水管配件，如弯头、节门，提供给美军空军后勤部门。这些都是按合同收取服务费，补贴教育经费和教师生活。文理学院教师刻图章，卖旧货和字画。甚至教授和校长的夫人制售点心。这种工作也锻炼了学生。“文革”时，这些活动都成了教师们搞资本主义的“罪状”。

1946 年刘仙洲去美国，主要考察农业机械。国民政府按刘仙洲先生的建议，在 1946 年左右派陶鼎来、张德骏等七八名学机械的人去美国专学农业机械[①]。

1947—1948 年我在美国。美国的大学搞通才教育，理论搞得多，专业接触得很少，实际工作能力在就业中培养。专门研究单位大都附设在制造厂里。独立于工厂的研究部门不多，即使有也与工厂合作，不然没法生存。工厂肯在研究设计方面下本钱。设计研究部是工厂的技术核心，有齐备的实验设备，有针对性地集中攻某些技术，搞出了许多专利。工厂有自己的专长，同时采用外厂的成熟成果，厂内外的技术配套起来。单独的研究机构与尖端技术有关，与国防有关，由国家来支持。国家提出任务，研究机构按合同来做。大学科研的经济支持来自国家或工厂的合同。

1946 年西南联大机械系从昆明迁回北平，恢复清华机械系。1946—1949 年间，清华机械系设有机械制造组、动力组、汽车组，学生人数多了。孟庆基（后称孟少农）在 1940 年利用清华庚款留美，1946 年回国后到清华机械系任教，成立汽车工程组，开了更多汽车方面的课程，有发动

① 郑林庆教授说：林森奖学金专门支持赴美国学习农业和农业机械。

机、车身、汽车试验等。刘仙洲在 1947 年回国，想成立农机专业。大约在 1950 年后清华开办农业机械专修班，后来成立了农机系。根据刘仙洲的建议，1952 年前后华北农业机械厂也办了农业机械专修班。

1952 年院系调整时，教学体制学苏联，由英美制（通才教育）变成苏联制（专业设置很细），变化很大。清华机械系分成动力机械系、精密仪器系、机械系、冶金系。动力机械系主任是庄前鼎，我担任系副主任并兼热能教研组主任。由于院系调整，清华改革体制，提高教学质量，充实设备。研究工作也学苏联，偏重于理论。

解放前，大学的研究水平与以后不可比，受条件限制，研究的范围、深度不够，仅做一些小的改进。

董树屏
1990.5.11.

程光蕴先生谈中央大学机械系与农业机械系

程光蕴，东南大学机械系教授。

访谈时间：1991 年 6 月 16 日和 17 日；访谈地点：东南大学宿舍太北 122-12。

我于 1948 年进中央大学农学院农业工程系读书。我考试时（9 月），农学院的农学系下面有农业机械组。1948 年 10 月，农业机械组改称农业工程系。我 1950 年读三年级时参加抗美援朝，1955 年回国后进南京工学院机械系，从二年级读起，1957 年毕业后留校。

郭宏绪 1941 年在中央大学毕业，直接读机械系研究生，1943 年获硕士学位。大概在解放初，他去美国。郭宏绪的同班同学黄锡凯毕业后，去中央工业试验所工作一年，1942 年考取中央大学机械系研究生，导师是陈大燮。

1944 年，国民党要派一部分人去美国读农业机械研究生，公开招考了 10 名（或 20 名）本科毕业生，机械系毕业生和农学系毕业生各半。中央大学机械系有 5 人考取，其中有 1939 年的毕业生高良润。他们在美国获得硕士学位后，大部分去万国农机公司实习一年，1948 年回国。

1947 年美国万国农机公司送给中央大学、金陵大学农学院各一套该公司产的农业机械，每套大约有几十具。利用这些农机，中央大学开始筹建农业工程系，首任系主任是美国人史通（Stone）。他是万国农机公司的专家（工程师），负责到中国推广农机。1948 年 12 月底史通回国，主要原因是内战形势的变化（淮海战役）。同一时期，金陵大学也成立了农业工程系。

我进农业工程系时，已经有四年级学生，他们是由农业机械组过来的。1949 年，中央大学农学院有农业机械系毕业生，而金陵大学尚无农业机械系毕业生。沈克润是中央大学农业机械系第一届毕业生。他现在在北京农业机械科学研究院，可能了解金陵大学的情况。1955 年南京工学院和长春汽车拖拉机学院（后来的吉林工大）同时设农业机械专业，苏联专家到了南京工学院。1956 年，南京工学院开始招农业机械研究生，由苏联专家指导。

[illegible] 1991-6-18
东南大学宿舍

杨立洲先生谈中央大学机械系研究生教育

杨立洲（1915—），曾任浦江机器厂总工程师、上海锅炉厂高级工程师。

访谈时间：1990 年 6 月 3 日，1991 年 6 月 22 日；访谈地点：上海市宜山路田林十村 32 号。

我于 1939 年 7 月在重庆中央大学机械系毕业。只有我一个人愿意做研究生。航空系有一个浙江大学考来的研究生。中央大学工学院仅有我们两个研究生。抗战时条件很差，没有设备。我是本校毕业的，没有考试，导师主要是系主任张可治教授。1939 年 9 月开始在系里读学分，然后到兵工厂做实习研究。

我读研究生第一年是和理学院的本科生一起上高等数学和近代物理，这两门课比工学院的深。在工学院，陆志鸿教授指导我一个人学习钢铁冶炼课程。他给我指定了几本有关冶炼的英文书，要我研读。他要求我写一篇文章，探讨铸铁件去硫的方法（四川铁矿含硫量高，铸铁质量差），以此作为课程考核。我探讨了整个冶炼过程中的去硫方法，写成文章，算是合格了。在读本科时，我学过基础德语、科技德语，算是学了第二外语。张可治教授要求我读同济大学用的德文书（*Die Werkzeugmachinen*）。这本书很好，与我的学位论文有关。第二年的第一学期，我去重庆第 10、21、50 兵工厂，看工厂的生产，研究怎样才能找到加工枪炮的更快、更经济的切削方法，请工人师傅配合做试验，将书本的理论和实践结合起来。第二学期开始用英文写学位论文，最后写成了《高效利用金属切削工具机的理论和实践》。毕业答辩时，答辩委员会主任是张可治，委员有杨家瑜（工学院院长）、陈大燮、曹继贤几位教授。1941 年 7 月论文通过以后，我获得了硕士学位（有证书）。此后，留在机械系做了一年助教和三年讲师，教机械设计、机构学。抗战期间，中央大学工学院没再招机械专业研究生。航空系则招了第二届研究生。

1945 年（抗战胜利前）我同时考取了英国和美国的实习性质的留学。我选择了英国，先在英国的工厂里实习，1947 年夏季进入伯明翰大学。出于爱国和工业救国的志向，我选择了工业冶金作为硕士学位研究方向，以求在工业冶金、重型机械方面有作为。1949 年获硕士学位，然后在英国一个工厂实验室工作了一年。

1950 年 12 月回到上海，先是到华东工业部，后被派去筹备改造慎昌洋行。慎昌洋行当时叫军管慎昌工厂，后来更名叫浦江机器厂。我在浦江机器厂担任了两年技术科长，后来任总工程师。大概在 1951 年，我们冒了很大的风险，终于在工厂研制成球墨铸铁，这种铸铁在当时起了很大作用。我参考了英国的资料，自己炼镁合金，作为球化剂。上海材料试验室试验了我们搞出的球墨铸铁，证明我们成功了。当时大鑫机器厂也搞成了球墨铸铁。

1952—1953 年，在浦江机器厂搞成了 100 吨起重行车。三年后，太原重型机器厂才利用苏联的技术，生产 30 吨、100 吨行车。为制造 100 吨行车，我们搞了特殊设计，成功地用钢板拼铆成了吊钩。大概是 1953 年，浦江机器厂改为上海锅炉厂。

杨立洲、1991.6.22.于上海宜山路田林十村32号

下篇

电工技术[①]

① 如果要了解恽震先生对20世纪下半叶的回忆，请见《电力电工专家恽震自述》，连载于《中国科技史料》第21卷（2000年）第三期与第四期、第22卷（2001年）第二期。

1990年5月28日，恽震先生（1901—1994）在上海寓所接受张柏春的访问，向他提供了晚年为中国科协编写《中国科技专家传略》而撰写的《恽震自传》。《传略》仅写了个简短的恽震传，未吸收《恽震自传》中的很多史料价值大的内容。在此，我们节选了民国时期部分，并删节了少部分与本书主题关系较远的内容。章节的标题是访谈者加的。

恽震，字荫棠，别号秋星，老年自号松翁，江苏常州人，幼住常州城内青果巷老家，前后共住了十一年。他生于1901年10月14日，即清光绪27年，"辛丑条约"签订就在这一年。父毓华及母庄氏均在他出生一年内逝世。孤儿三人，一姊一兄和他，都由祖父恽祖祁（心耘）先生抚养成年，姊兄比他大11岁和9岁。他在常州家塾读了四书、诗经、左传及资治通鉴的一部分，书法学柳公权和灵飞经。辛亥革命前，他弟兄二人跟祖父到上海，租屋住在虹口。十一岁，即民国元年，公元1912年，他进了虹口昆山路中西书院的中学预科，开始学习英语和算术，中文则排入中学，并从教务长孙闻远教师学习生理学。長姊慧贞嫁吴兴沈道士，生一子勐甫，姊早去世。兄恽治（梦樵）已婚，在沪入徐家汇复旦公学。恽震的幼年是在书香门第中長大的，很识礼貌；到上海后，剪辫读报，注意到袁世凯就职大总统时的誓词；哥哥恽治问他，"你看什么这样认真？"他回答说："我要看他将来是否真的能忠于誓言！"他是从小就有爱国之心的。

1913年春季，哥哥带他进复旦公学，入一年级的下学期，校址在李鸿章祠内，花木池甚美。同年级者有华侨生何葆仁（A班班长）、朱承洵（B班班长）、吴竞清、陈念伦、蔡文治、汤武杰、刘慎德（芦隐）、戚悲甫（闻一）等人。孙越崎、俞士瑜高他一级，俞大维高他二级，沈元鼎、恽治高他三级，张志让高他四级。他家先住闸北蓬路，祖父延江阴宿儒张尔常先生为嫡堂弟妹塾师，他每一暑假必在张师处读晚书，学习古文及诗词，因此每次秋初入校，国文作业必显出进步，这样共经有三年。校中名师有林天木、王宗惠，国文教师有薛桂轮、邵力子诸先生。他爱听邵老师的讲课，又爱读梁启超和章行严的文章，注意《庸言》《甲寅》等杂志。1916年夏，他中学毕业，获第二名；接着在复旦的大学预科读半年，上了王宠惠《逻辑学》的课程。1917年春，改入大学院，[illegible]，顾琳成教授物理，吴在渊教授高等代数，均有得益。他在复旦演话剧，又在新江秋报发表过[illegible]。

1917年夏，恽震考取南洋公学（交通部上海工业专门学校，英文名G.I.T.）电机系一年级，同被录取的还有王崇植（受培）、吴保丰、周维干、诸水本，从中学升上来的老学生有[illegible]

第1章 抗战前的电工技术

恽震，字荫棠，别号秋星，老年自号松岩，江苏常州人，幼住常州城内青果巷老家，前后只住了11年。他生于1901年10月14日，即《辛丑条约》签订那一年。父毓华及母庄氏均在他出生一年内逝世。孤儿三人，一姐一兄和他，都由祖父恽祖祁（心耘）先生抚养成年，姐兄比他大11岁和9岁。他在常州家塾读了《四书》、《诗经》、《左传》及《资治通鉴》的一部分，书法学柳公权和《灵飞经》。辛亥革命前，他弟兄跟祖父到上海，租屋住在虹口。11岁，即公历1912年，他进了虹口昆山路中西书院的中学预科，开始学习英语和算术，中文则排入中学，并从教务长孙闻远牧师学习生理学。长姐慧曾嫁吴兴沈迈士，生一子，姐早去世。兄恽济（梦楫）已婚，在沪入徐家汇复旦公学。恽震的幼年是在书香门第中长大的，很识礼貌；到上海后，剪辫读报，注意到袁世凯就职大总统时的誓词；哥哥恽济问他，“你为什么要这样认真?”他回答说：“我要看他将来是否真的能忠于誓言！”他从小就有爱国之心。

1913年春季，哥哥带他进复旦公学，入一年级的下学期，校址在李鸿章祠内，花木亭池甚美。同年级者有华侨生何葆仁（A班班长）、朱承洵（B 班班长）、吴竞清、陈登恪、龚文俊、汤武杰、刘慎德（芦隐）、戚恭甫（闻人）等人。孙越崎、俞大纶高他一级，俞大维高他二级，沈元鼎、恽济高他三级，张志让高他四级。他家先在闸北蓬路，祖父延江阴宿儒张尔常先生为嫡堂弟侄塾师，他每一暑假必在张师处读晚书，学秦汉古文及清诗。因此每次秋初入校，国文作业必显出进步。这样共积有 3 年。校中名师有林天木、王宠惠，国文教师有蒋梅笙、邵力子诸先生。他爱听力子师的讲课，又爱好梁启超和章行严的文章，注意《庸言》、《甲寅》等杂志。1916 年夏，他中学毕业，获第二名；接着在复旦的大学预科读了半年，上了王宠惠《逻辑学》的课。1917 年春，改入大同学院，听胡敦复授莎士比亚，顾珊成授物理，吴在渊授高等代数，均有得益。他在复旦演话剧，又在郑正秋指导下演过一次。

1917 年夏，恽震考取南洋公学（交通部上海工业专门学校，英文名 G. I. T.）电机系一年级。同被录取的还有王崇植（受培）、吴保丰、周维干、诸水本，从中学升上来的老学生有彭昕（精一）、邹恩润（韬奋）、陈章、张宝桐、任国常、许应期等。恩润在下一年考入圣约翰大学三年级。1919 年的五四运动，是在恽二年级下学期的时候，事前他与同学已受到《新青年》的引导，他和彭昕、赵祖康等参加上海学生联合会的建立，与何葆仁等各校代表在复旦决议罢课，直到“六三”运动的全市罢工罢市，反对北洋军阀政府。孙中山先生到南洋讲话，恽司笔记。他也任过本校学生会的会长，并与赵祖康、侯绍裘共同办理徐家汇工人夜校。交通大学分三校，上海、唐山、北平，以叶恭绰为校长，张铸为沪校主任。此事在民国十年宣布，正是该级（辛酉级，或 1921 级）毕业之一年，唐文治已退休回无锡矣。该校美籍教授有好几位，汤姆生（Gordon Thompson）教授建议他到威斯康星大学（Wisconsin University）继续深造。交大之电机系，兼顾电力与电讯，恽侧重电力，有意于做一个电力顾问工程师。

1921 年夏，恽在交通大学电机系毕业，得学士学位，并与其从小订婚而极相爱的翁之敏结婚。他祖父已去世，伯父资助他赴美，并与少年中国学会的会友、在金陵大学哲学系毕业的方东美君相约，同到美国中部曼迪申（Madison）城的威斯康星大学会齐，同租一室。少年中国学会是五四运动的产物，由北大教授李大钊及学生王光祈、陈仲瑜、黄日葵、苏甲荣、杨钟健等发起，南方各校应之者有南京黄仲苏、左舜生、方东美等，上海杨贤江、沈怡、宗白华、魏嗣銮（时珍）、周太玄等，在日本有田汉（寿昌）。恽震、王崇植、吴保丰三人之加入，系由宗白华、沈怡所介绍。这些人之加“少中”为会员，皆以砥砺品行，努力进修，谋求结合同志，改革社会，致身救国为宗旨。但在 1921—1924 年期间，几次在南京开会讨论方针，就发现思想上分成左中右三派。左派以武昌文华大学毕业的恽代英为首，右派以在中华书局的左舜生为代表，学自然科学的多半是中派。恽、方二人同室一年，都是中派，各搞自己的学问。恽在电机系做研究生，导师是主任教授班纳（Edward Bennett），指导他作“电的瞬变”研究，并且选读几门本科的功课。曼迪申城是大学城，非常安静，有两座湖，校园就在湖边。这一年读书的印象是难忘的。

由于不要再依赖、拖累他伯父的资助，恽按照导师班纳的指点，自己写信给威斯丁好士电气制造公司（Westinghouse Electric Corporation，简称西屋公司）自荐，愿意做电机试验员，得到公司同意，于 1922 年 7 月就束装到匹兹堡（Pittsburgh）去报到。关于硕士论文，班纳师说，随时可以回来做，或者做好了寄来亦可。他在匹兹堡与东匹兹堡西屋总厂之间租到一间住室，每天凌晨乘车到公司总厂去工作。先在普通电动机车间 3 个月，次在大型变压器负荷测验车间 3 个月，又在电气机车电动机和发电机试验车间各 3 个月，工作完全是同一般工人一样，比实习生多负些责任，他不厌其繁琐重复，极感兴趣。班纳师介绍他同比他早一级的研究生 W. A. Kater 相识为友，W. A. Kater 也在西屋公司，参加赖美（Lamme）总工程师领导的设计班，那时他已经正式做设计工作。这一历程似乎比恽参加试验员来得更有出息，可以早做工程师，但恽认为也不一定。

1923 年夏，因为他妻子在上海学校已读书二年，恽深感新婚久别不好，就辞职回国。他向前辈同学周琦请求在益中电器公司找工作，但这没有成功。幸而得到李熙谋先生的介绍，恽到杭州接受浙江公立工业专门学校的聘约，任电机系的课程，因此他认识了许多好学生，如蔡昌年、王国松、王鄂韩、楼钦忠等，成为终身好友。他与田汉本来是文字之交，后来又同属“少中”，田汉、易漱瑜夫妇曾同到杭州他家中作客，恽告知田汉他已改变主意，不会做戏剧家了。他在那时积极赞助中国工程师学会的组织。邹韬奋介绍他与纺织企业家毕云程相识，毕坚邀他到河南郑州豫丰纱厂去协助他，担任纱厂自设电力厂的总工程师。恽认为这是练习电厂管理的好机会，就向学校（后来改名为浙江大学）辞职而北上。这个发电厂有美国 G. E. 公司制的汽轮发电机组二套，共 3 500 千瓦，日夜供电给纱布厂，锅炉是 B. & W. 公司制造的链条炉。在那里工作了一年，由于中原战祸不断，他向毕云程荐举交大先后同学的鲍国宝来接替他的工作。恽又介绍唐山同学蒋以铎来做土木建筑科科长。恽与鲍、蒋二人友谊甚笃，有默契，将来三人可能组成一个电力安装咨询公司，一机一电一土木，正好是一个三人合伙的工程企业。

1925 年夏，恽回到常州过夏，还保持着同“少中”友人恽代英通信。代英比他大五六岁，论辈分是他的族叔，但友好如兄弟。他不知道代英已经加入了中国共产党，只知道他在上海大学教书，主编《向导》杂志。代英写信给他，把准备调往广州工作的打算告诉他，并劝他也跟代英同去教书，因为广州是孙中山革命的根据地。他拿这封信给哥哥恽济看，他哥哥怕他走向革命，反对他去广州。恰好那时另一“少中”好友黄仲苏由南京来信，介绍他给东南大学物理系主任查谦，查谦欢迎他去讲两门课——普通物理学（一年级）和瞬变电路（四年级）。他接受了这个邀聘。

他夫妇在南京住了近一年，从 1925 年秋季到 1926 年暑假。这时孙中山先生已于 1925 年 3 月 12 日在北京病逝，南京的军阀由齐燮元换为孙传芳，奉军张宗昌退济南，北方直奉两系还在备战。他在南京遭遇兵乱，领略了金陵湖山的六朝风光，忽然感到在美国上次匆匆而回，还想再去学习观光。那时孙传芳得到直系首领吴佩孚的支持，势力达到五省一市，又聘地质学者丁文江为上海商埠总办。1926 年 3 月 18 日，北京学生发动一次反对皖系段祺瑞所执政的北洋军阀政府的学生运动。这一年是上海交通大学创立 30 周年，毕业生有余昌菊、黄辉、徐均立、朱瑞节、陆定一、徐一贯、费福焘等人，以后除陆定一外都与恽震成为同事好友。

1926 年为美国建立联邦政府宣告独立之 150 周年，在费城举行国际博览会，邀请各国参加产品展览。北京无以应，孙传芳因有以上海为首的大区，募集展品，在总商会审查鉴定。恽由实业厅指令为鉴定专家之一，以科长邹驾白为赛品委员会主任，恽震、鲍植为委员，潘小萼为办事员，8 月乘轮船出发，恽妻随行。邹、恽因商务印书馆热心提供出色的赛品，在中国馆中遂以文化印刷展品为主，再辅以各种工艺美术品，中国的瓷器、茶叶、漆品亦表现突出，使参观者得到华夏的正确印象。恽首次被邀在费城作文化演讲，又参加了多次的国际宴会。博览会年底结束，邹、鲍先回，恽作《始末纪事》寄商务印书馆，该馆印成小册子分送各方。

1927 年初，恽震向纽约著名的鲁滨孙工程公司（Dwight P. Robinson

Engineering Co. Inc. 以设计包工电力厂及其他工厂而著称，后被其他公司兼并）申请自荐为设计助理员，即蒙采用接纳，乃移家纽约 Sickle Street，得一两室套间，租费约为月薪之 1/3。妻翁之敏在费城工作已练习口语甚顺利，亦从报上广告觅得一儿童衣着用品制作所的工作，一同早出晚归。恽从所事的设计绘图工作，逐步熟悉建立一个工厂的各种程序。第一是弄清企业的目标和规模，分几步走，为雇主制订预算，选购厂址，大小恰如其分；然后设计房屋，协助选购设备，布置生产的流程。该公司拥有相当经验，表现为已证明可获成功的大量布置的图纸，只供参考，而又必须逐次按时代工业进步而改进其设计，因此技术发展的信息必须迅速及时。他在工作中极想到工地参观，多看几个正在建设的电厂，并参加安装，取得内外相结合的经验。但是这一愿望必须经历好几年方能实现。他想不到国内的政治变化使他难以如愿。

他在国外从报刊上得知国内风云变化，但不知其详。1928 年 5 月，忽接学友王崇植由南京打来电报，约他回国担任“交通技术学校”的教务部主任。他不知这是什么性质的学校，但因信任老友，就放弃两人每月两百美元的收入，束装乘船回上海。王崇植对他说，蒋军到上海控制局势后，交通大学就由总司令部交通处长李范一君来管理，王在交大任教已两年，李、王二人很讲得来，李托他在校内办一个短波无线电机工厂，兼招训电台机、报两务的学员。1928 年蒋介石要李范一办理一个军事交通技术学校，地点在南京花牌楼马标，分两个专业，一是汽车修理和管理，二是无线电报的机务和报务，相当于中等专科的程度。王代李聘到教员茅以新、柴志明、陈章、倪尚达等人。王在上海甚忙，不能兼管沪宁两地之事，所以要恽回来做他南京的工作。他这时才晓得这个学校是军事性质的，心里很不愿意。他到南京与李范一校长相见，了解李也到过美国，是湖北应城人，气质性格，十分豪爽诚恳。李比恽大七八岁，曾参加过辛亥革命，董必武与他相熟，从美国回来就在广州任职，与陈果夫、陈立夫相熟。陈立夫在美国匹兹堡大学读矿冶，与曾养甫同学，又在留美学生会中认识了吴保丰、徐恩曾。他们这批人都在广州同过事。蒋介石是陈其美的旧部，所以信任陈家兄弟。到了南京，吴保丰任中央党部的普通组织科科长，其实他不是这个材料，所以后来此职就归了徐恩曾。王崇植也与陈立夫相熟。恽又见到了学校的教育长（相当于副校长）朱世明，他和李范一都是少将，恽是上校衔，其余重要教职员是中校衔。徐恩曾是该校事务长，郑家觉（王在麻省理工学院的同学）暂任会计，李廉菱是秘书。学生一般是高中程度，约有 400 人；其中有一个王诤，后来在江西为红军所俘，是红军第一个无线电台台长，开辟出红军的通讯制造工业。这时候，蒋介石正在联合阎锡山、冯玉祥、李宗仁与奉军作战。黄郛是外交部长，他介绍内亲钱昌照为蒋介石的侍从秘书。而钱又与王崇植是同乡，同在浦东中学读书，此时知道恽震，要与恽见面，他从军事前线因事回南京，特地来学校看望恽，以后也就经常会晤。3 个月后，这个学校奉令并入中央军官学校，所有教师可以随往上课，或者可辞职他就。真如昙花一现，李范一也失业了。李、王二人就通过陈立夫去找直属国民政府的建设委员会委员长张人杰（静江），另创一个通讯事业。

张静江是孙中山一辈的人，捐输军费甚多，是国民党的元老，与吴稚晖、李石曾交好，空头的建设委员会是为他而设立的，主管的是电力、水利、煤矿以及其他可归国营的事业。那时南京的首都电厂和太湖一带的灌溉是归它管辖的。王崇植出主意请李范一去说服张静江和秘书长陈立夫（张有残疾，不能坐办公厅，由陈立夫代拆代行），建议设立一个无线电管理处，理由是交通部的有线电报不通畅，传递缓慢，应用无线电来补充。

恽随李、王二人参加建设委员会，他草拟无线电管理条例，由建委呈国府交立法院审议通过，国府公布。张静江委派李范一为全国无线电管理处处长，由王崇植代理，恽震为副处长。王崇植之所以代理处长，是因为李范一被安徽省政府主席李品仙（桂系）邀去任建设厅厅长，他不能再兼顾无线电事业了。

王崇植呈明张静江，把无线电管理处机关设在上海，因为上海是海内外交通中心，机关选设在法租界，与南市的连接处在人民路上。王崇植延请交通大学教授杜光祖为管理科科长，徐恩曾为营业科科长，李某为监理科长，王某为会计科长，俞汝鑫为制造厂厂长，张玉麟副之，尹国墉（仲容）为文书股长（秘书），工程师有张承祜、卢宗澄、宗之发、潘世宜等。汉口地处桂系军事中心，由郑家觉前往任营业所长兼台长。蒋管区凡是工商重点，都派有干员配好一套机务报务人员连同配件，前往设站营业。上海站设在南京路沙逊大厦北楼，以李桐为台长，这一规模在电信大厦未成以前，一直是电讯收发的中心。与香港订立协议，转报海外。广州陈济棠不受蒋介石指挥，恽震持张静江亲笔信去面洽，即予同意，邹思豫台长在长堤设台营业。全国新型企业的效率与服务水平，皆非旧式电报局所可比拟，声名威望，交通部望尘莫及。总工程师张承祜在真如筹设国际电台，与菲列（律）宾马尼拉商定通报及分收往来报费办法，定期通报。1929 年业务粗定，年终即生变化。张静江因交通部人言啧啧，皆谓王、恽二人逼人太甚，命徐恩曾、林士模接替王崇植、恽震的工作。为时不久，何应钦帮助其亲戚交通部长王伯群在中央政治会议提议，交通部电讯大权，被人所夺，不合国家常规。于是政治会议决议：无线电管理权仍应由交通部从建设委员会收回，电力行政权划交建委会。这是 1931 年的事。

张学良在东北三省易帜，与国民党蒋介石政权合作，是 1928 年底的事。恽震于1929年在上海工作和居住了一年之后，于1930年初随同上海新闻界东北考察团到东北去访问了一次，亲自听到张将军在席间的抗日和保卫东北的演说辞，决心很大，那时还料不到会出现1931年“九一八”的事变。朱光沐是张的交际处长。

建设委员会在1929年，向民营电业震华公司（在戚墅堰设厂和在无锡售电营业）进行了一次夺权国有化。这是张静江的部下潘铭新出的主意，他建议请交大教授鲍国宝到南京任电气处处长，并约前辈吴玉麟做戚墅堰电厂厂长，吴新炳任总工程师。那时秘书长制已改为副委员长制，曾养甫做了副委员长。他因为恽震不搞无线电，应该让恽震去担任戚墅堰电厂的厂长。不料潘铭新坚决反对，因此曾养甫只好调他到南京会里任简任技正，命鲍国宝专任首都电厂厂长，命恽震兼任电业室主任。因此恽于1930年移家由沪赴宁，直至1937年日军沦陷上海后方始离开。

在王、恽二人共事的时候，杜光祖、尹仲容、俞汝鑫三人的才能和友谊，表现得很突出，可以共患难，相互帮助。王、恽二人共同写了一本书，是王崇植发起的，书名叫《无线电与中国》。他们找到国内外许多关于海底电缆和大东、大北公司历来控制中国对外电讯的资料。自从长短波无线电报电话问世以来，世界上电讯往来的情况大大改变。中国应该大兴无线电，但有线电保密性强，亦不可偏废。他们那时没有可能了解今日利用电子计算机进行自动化的电信网络，以及利用光缆作为传递电报、电话、广播、电视的可能性。这本书近20万字，由商务印书馆于1930年以32开本出版，现在只能用作历史性的参考书。

这一年，他回到南京，国内却大搞内战。阎锡山于1930年2月通电反对蒋介石独揽大权，要蒋下野，二、三、四集团军将领50余人联合反蒋，在陇海铁路上大战，最后阎、冯相继败退。7月，反蒋各派在北平开会，组成新中央。9 月，张学良派兵入关，通电拥蒋。11 月，冯玉祥、阎锡山宣告息兵退让。蒋介石获胜后，立即到南昌，开始对红军的围剿。英国将庚子赔款退还中国，规定以大部分用作教育基金，并用于铁路建设及其他生产事业。南京政府设立中英联合董事会处理庚款，命王景春在伦敦设购料委员会，主要为铁道部服务。

1931 年，日本军国主义于 9 月 18 日在沈阳发动袭击，侵占我东北三省。此时张学良滞留北平，奉蒋介石命令对日不抵抗，日军遂沿南满路北进，占领我东北各城市，义军纷起。上一年恽代英在上海被捕，叛徒指出其姓名，1931 年移送南京，关押在老虎桥监狱，恽妻翁之敏因恽出差，到监狱送药。蒋派人利诱劝降，代英屹然不动，乃移送水西门外军人监狱，4 月 29 日就义于狱中操场。

钱昌照在国民政府做了教育部次长，仍是蒋介石的参谋。1932 年是东北三省失陷后的第二年，1 月 28 日，日本军进攻上海，国民政府迁都洛阳，12 月始迁返南京。在这一年里，蒋介石采用了钱昌照的建议，在参谋本部之下设置了一个调查研究全国国情的“国防设计委员会”，由蒋自兼委员长，以钱昌照为实际负责人，名义是副秘书长。秘书长则是尚未到职的北京地质调查所所长翁文灏。恽震那时与国防设计委员会尚无关系，因与钱昌照是朋友，十分知己。有一次他们谈到水力在浙闽的调查，恽告诉他：“我有志愿要实地调查勘测长江三峡水力到底有多大的开发可能性，并研究在什么地段可以建立大电站的水坝，但是建设委员会无意于此项工作，也没有勘测水力的预算。”钱先生笑着说道：“那真巧了，我们的国防设计委员会已经有黄育贤等在做浙闽一带河流的调查，因此可以帮助你做这一最伟大的三峡水力勘测。你需用的经费可以按实际报销。你先去约定你所要约请的工程师，然后由国防设计委员会正式函请建设委员会，借调你来主持这一特殊而有意义的任务。你所约请的专家，也由本会用公函去借调。”恽震听了十分欣慰，连声道谢，就立即开始这一工作，并与建委会秘书长陈逸凡说明这一原委，请他报知张静江委员长和曾养甫。这是1932年夏天的谈话。

恽当时对这一问题，心中已有了一个轮廓规划。他在美国威斯康星大学里认识一位比他年长好几岁的水力工程师同学曹瑞芝（字子仙），是该校著名水力教授Mead的得意学生。他是山西人，学验甚深，作风朴实，当时在山东建设厅任技正。另外，恽知道这一工作必须取得交通部长江水道整治委员会的帮助。虽然该会只管航运，不管水力发展，但水文数据及勘测人力可以借重他们的宜昌勘测站，而且该会的技术处长宋希尚（字达庵）是恽在南京相识相熟的，因为彼此都是中国工程师学会的热心会员。宋君才智不凡，学识亦广，他与曹君瑞芝尚属初交，由恽为他们介绍团结。恽震启程前的准备工作，是用两个月时间细读三峡地质名家（李四光、谢家荣、赵亚曾等）的研究报告，及长江中上游的水文与水道资料。海关方面1923年出版的《扬子江上游图》宜渝段38张，以及扬子江委员会1924年测量的宜渝段河床坡度及水面纵剖图，均分别在南京及宜昌与曹、宋二君共同研阅讨论。宋希尚处长又邀请该委员会水道测量总工程师史笃培（Col. C. G. Stoebe，美国人）及技术员陈晋模参加我们的勘测队。这5个人于1932年10月下旬在宜昌会齐。研究勘测步骤后，11月5日起，开始测量宜昌附近的葛洲坝。恽已了解峡中地质多数是石灰岩，只有三斗坪地层是玄武岩、火成岩大片，因此于11月8日，租船到黄陵庙、三斗坪一带测量。曹、恽、史、宋4人都认为三斗坪地形好，这两处都可以选作将来筑坝开发水力的地方。从地质方面和地貌方面看，黄陵庙、三斗坪当然是最优越的高坝地址。11月10日，他们留陈晋模及测生二人在宜昌继续工作，曹、恽、宋、史4人乘班轮上驶，前往重庆，趁低水期间，作宜渝间的全部瞭望，按图观察。在重庆及北碚，会晤了民生实业航运公司的创办人卢作孚，11月19日回至宜昌。全队复继续工作3天。恽、曹、宋3人23日由宜昌回南京，共同讨论报告的写法和将来初步开发的设计。

鉴于当时国力和工业水平的薄弱，电力需要不多。他们明知三峡水力工程开发，其蕴藏能力必在一千数百万千瓦以上，如计划建设高坝和巨型水电站，在彼时徒然惊世骇俗，殊无实效可言。故不如按其常年最低流量，作一低坝之设计，长期出电30万千瓦，建设费用估计为每千瓦300元左右。这一设想，实际上在当时的国民党政府根本也不会予以考虑。到了真正可以建设的时机，此计划则未能充分利用地貌落差的优越性，自然也必须重新设计。该报告之价值，乃在于根据地质水文资料，在1932年就选定了黄陵庙、三斗坪作为最优越的建坝地点。

12年之后，中日交战正殷，中国请了美国萨凡奇（Dr. Savage）博士在1944—1945年战火弥漫的时候，费了很多时间和力量，制成选址的报告，却忽视了早已存在的资料，故其所选的几个坝址地点，在地质地形上都不及我们中国人自选的地点。当时招待他的陈中熙、黄育贤，不把《工程》上的文章摘要翻译给他看，可以说是不够尽责的。当时恽震正在美国，没有机会见到萨凡奇先生。以恽震、曹瑞芝、宋希尚3人具名的勘测报告和初步开发计划于1933年春写成以后，即以正本呈国防设计委员会，同时以副本送请建设委员会和交通部分别备案。此外，中国工程师学会的学报《工程》季刊总编辑沈怡，早已向恽约稿，要求将该文在《工程》季刊上发表，并取得了钱昌照先生的同意。因此，这一篇原始性的勘测报告尚能公之于世，留存到今天，由长江流域规划办公室和水电部朱成章同志分别地发掘出来并复印，再一次公开备查。这是一次私人宏愿偶得资助，从而对国家资源开发作出一种贡献的机缘实例。

关于三峡工程的方案，现在考虑的规模总在一千数百万千瓦以上，但库区移民数近百万，工程时间 10 年以上，费用连利息达二三千亿元，泥沙及地震影响，困难极多，研究论文成篇累牍，一时难以定论。孙越崎、周培源、恽震均反对近期开工。1989 年 4 月 3 日，姚依林副总理兼国家计委主任在中外记者答问会上说，目前不能作出决策，“八五”计划亦不能列入，这一问题应继续研究，将来再予议决，而且要由全国人大会上通过。

1933 年，建设委员会张静江委员长因所属高级干部陈逸凡出任立法委员，霍宝树调任中国银行副总稽核，皆已离建委会，乃改派刘石心为秘书长。另设事业处，管理直辖事业，以秦瑜为处长（当时的处长相当于解放后的司局长），下设 3 科，即电业科，科长张家祉，矿业科，科长陈大受，水利科，科长陈夙之。此外增设全国电气事业指导委员会，与事业处相等，以恽震为主任委员，委员 6 人，由鲍国宝、陆法曾、吴玉麟、吴新炳、张家祉、陈中熙兼任。电委会主管全国民营电气事业的登记注册和指导考核，以及电力法规的拟订审查，电力数据的全国统计和出版。这一工作原归交通部电政司负责办理，现无线电交还电政司主管，电力事业的行政事项遂由政治会议决定，交由建设委员会之电委会接办。由于以前没有公营电业，自 1933 年电委会成立之日起，不论公营民营，其营业区域必须经由电委会审核厘定，发给图照。

电委会工作人员，先后有尹仲容（一年后即由黄辉接替）、朱大经、高敏学、任培元等，其名义为技正、设计委员、工程师、科员。尹仲容是在全国无线电管理处参加工作而与恽震相识的。后任李范一是安徽、陕西建设厅的科长。他是一个通才和经济奇才，精通科技及中英文，王崇植因颜任光任交通部电政司长，物理学博士不熟悉公文处理，便再三劝说恽震让出尹仲容，仲容便去帮助颜博士做帮办兼第一科科长。颜卸任后，霍宝树便将尹荐给宋子文，担任宋手下中国建设银公司协理。此后，仲容便成为宋子文的门下参谋，历任该公司所组织的扬子电气公司、淮南煤矿铁路联营公司、汉口既济水电公司的常务董事。1949 年 4 月，仲容携眷去台湾，被陈诚赏识，任台湾区生产事业管理委员会副主任。1954 年仲容任经济部长。1958 年 3 月仲容任外汇贸易审议委员会主任委员。外汇牌价定每一美元，进口为新台币 36. 38 元，出口物资为新台币 36. 08 元，完成单一汇率的改革目的。1960 年 7 月，仲容兼任台湾银行董事长，他在台 12 年不断发表关于改革台湾经济的论文和演讲，出版《我对台湾经济的看法》，全集共 4 编。1963 年 1 月 24 日逝世于台北。

恽震在建委会的电委会之真正合作者是黄辉，福州人，二人在一起工作共 5 年。先在南京，后在湘潭下摄司。黄离开湘江电厂后，便在资源委员会专任水利勘察总队的队长，没有参加中央电工器材厂的工作。恽到美不久，他到美休养，病痊愈，参加了一部分国际考察。日本投降后，他被派为台湾电力公司协理兼总工程师。刘晋钰总经理被害后，他接任总经理。黄、恽二友分别 40 年，1988 年 5 月黄辉初访上海，老友皆 85 岁以外之人，一旦相逢，其喜可知。

这里可以夹叙一下王崇植、沈怡、恽震 3 位青年的关系，1920 年交通大学之王、恽及同济大学之沈怡、宗白华、杨继曾 5 人，都因在五四运动中加入了在北京成立的“少年中国学会”，互相交好，成为至交。宗白华做了《时事新报》的《学灯》栏编辑，成为一个文学家。1933 年，王、恽、杨都在南京机关里工作，沈怡和留德同学黄伯樵（在上海市政府任局长），都是爱国忧时之士，觉得国民党党风不好，大家想到“先正己而后正人”的格言，就共同起草，设立“正己社”，其规约为三点如下：

一、处事唯忠，交友唯信，攻学唯勤，奉己唯俭。

二、不以贿赂或其他不正当之手段，取得任何地位。

三、不取非义的财物，并努力使同事朋僚同样廉洁。

正己社社员入社，须全体社员在年会时通过。除沈、黄及王、恽四人外，宗白华是文哲方面的教授，不在工业和经济界而未加入；其余社员，按是否移居台美来划分，列举如下：

（甲）1949 年解放后仍在大陆者：黄伯樵（已故），恽震，吴保丰（前交大校长，已故），王志莘（前新华商业银行经理，已故），李承干（解放后国家标准局局长，已故），蒋以铎（参加建设长春汽车厂，已故），陈中熙（电力工程师，已故），许应期（已故），张承祜（已故），黄修青（四机部顾问，已故），郑葆成（已故），吴半农（外交部国际问题研究所顾问，已故），郑家觉（化学工程师，已故），孙越崎（全国政协常委），杜光祖（交大教授，已故），杨公兆（北京矿大教授，已故），程义法（北京矿大教授，已故），鲍国宝（电力专家，已故），薛次莘（建筑及公路专家，已故），冯飏云（已故），许元方（经济学家，已故）。以上共 21 人。

（乙）解放前赴台湾、美国者：王崇植（在台湾去世），尹仲容（在台湾去世），沈怡（在美国去世），谭伯羽（在美去世），陈良辅（在美，年 90 岁），莫衡（在台），杨继曾（在台），李法端（在美），黄辉（在台，退休）。以上共 9 人。

以下叙恽震在建设委员会电力方面的工作。当时中国几十个大中城市的电厂，都叫做“电灯公司”，它们的发电设备都是美、英、德、瑞等国的舶来品。除东北以外，关内总发电容量为 63 万多千瓦。原在交通部电政司登记注册的电厂，1932 年移转由建委的电委会来管理指导。从美国来的机器，频率用 60 周波或 50 周波。如上海原由英国主持电气处，幸而在转移到美商上海电力公司手里时，只得仍用 50 周波。但是几个口岸城市已用了美国标准的 60 周波。美国专家说，60 周波的电动机每分钟的同期转速（每分钟3 600转）比 50 周波电动机（同期转速3 000转/分）快 20%，因而比速和效率较高。因此中国采用美国和加拿大的频率标准 60 周波是比较先进的和经济上合算的。关于用户的灯和电力合用的三相低电压，有 220 伏、380 伏与 110 伏、190 伏的区别，欧洲习惯都采用前者，而美洲习惯则用后者。欧洲人说，他们的选择用铜可节约甚多；美洲人说，用了 110 伏的电灯电压，白炽灯发光效率较高，这也是节约之方式。因此，中国要订立标准，请教外国专家或教授，各执一词，各有其理由。电委会已经把全国电气事业的设备技术数据调查清楚，并已付印发刊。当时各地所用输电电压，是戚墅堰电厂送电到无锡而由震华公司所安装选用的33 000伏，算是较高的；东北由日本电厂用的输电电压，也不超过此数。介于其间的配电电压，则3 300伏和6 600伏都很普遍。

电委会的 7 个委员和黄辉都了解国外情况，知道 50 与 60 周波的标准频率（称作工业频率，或工频）在世界上早有论争；日本因为举棋不定，分成两个频率区域，联网时要设置变频站，非常不便，中国当以此为鉴，必须早定决心，不贻后患。电灯电压，110 伏的效率确比 220 伏高，但中国铜资源未开辟，故以节铜为要，其利远大于弊。这个问题开了好几次讨论会，也在中国工程师学会的年会里专题研讨过。结论是：标准工频应采用全世界多数国家采用的 50 周波，而不是美国人所鼓吹的 60 周波；用户电压应采用三相四线式 220 伏、380 伏，而不是美国式的 110 伏、190 伏或单相110伏；输配电的高压层次，采用欧洲习惯及本国已采用的电压，高于220千伏的暂不列入，将来再补充。这个《电气事业频率和电压标准条例》，经立法院审查通过（审查的经济委员会是由马寅初先生主持的），由南京国民政府1933年公布实行。到了50年代，人民政府第一机械工业部于1954年修订这一法规，重新公布，当时有电工总局褚应璜、技术司恽震，还有一位苏联电力专家，共同研讨，增加了更高级的输电电压，成为一个新的标准法规，经过立法手续，公布施行，作为新中国第一个国家标准。

恽震、陈中熙、黄辉3人编译制订了中国的《电气事业气压气温造订规则》、《屋内和屋外电气布线的安全规则》等共5种，主要是取材于美、德二国的资料，经过有关政府机关会同审查，由建设委员会批准公布，印行发售。全国电委会编印了《中国电厂调查》和《中国各大电厂纪要》二书；此外，由黄辉、朱大经主持，逐年编辑发行《中国电气统计》若干册，直至抗战发生的1937年为止。

电委会应军事委员会军需司陈良司长的公文邀请，为河南洛阳西宫设计安装一座500千瓦的烧煤小电厂，经正式招标，选购了英国制造的发电设备，招致浙江大学毕业的寿光，带若干职工前往洛阳，会同供货商行的机师装机，如期发电。恽往洛阳做了接收试验，前后不到两年，即告完成。陈良向蒋介石报告后，蒋在军校办公室接见，对恽加以赞许。恽对蒋没有什么好的印象，因为蒋说话庸俗。

南京官办西华门电厂，设备过旧，改为首都电厂的办公处所，其下关发电所，地位甚佳，其容量亦不过万余千瓦。建设委员会于1928年接管震华公司戚墅堰电厂及无锡耀明电灯公司合组的永兴公司筹备处，并未备具相当之代价，亦未与商办公司达成协议，只以“收归国有、听候估价”

的一纸空文，径行接管，迄未与震华耀明双方董事会有一度正式之接洽谈判，大为两公司股东所不满，以致登报反对。戚墅堰电厂原有两台3 200千瓦发电设备，接管后又添置一台，合为9 600千瓦，成为沪宁铁路线上最大之电厂，与今日镇江谏壁电厂之162.5万千瓦相比，相差160余倍。该会欠两公司股款之债务，后以电气公债偿还，股东损失不小。对这两个国营电厂，上述之电委会无权过问。当时外国资本所办电厂共有10余所，关内装机总容量有275 295千瓦（1936年）。1936年在电委会注册登记的民营电厂共有451所，不算东北三省日本人的势力范围，其总容量只有355 870千瓦。这些公司乐于与电气事业指导委员会发生接触，因其奖导有方，不摆官架子，而且在电气事业法人从开业规划是否与营业区域相配，以及防止和处理窃电的规程方面，在取缔军警机关部队及所属官兵强行用电方面，都订立有正式法规，站在维护公司事业和社会安全的立场上，为人民立法创制，受到欢迎。

张静江原是一个在海外经营商业的商人，是孙中山先生的信徒，但不赞成孙先生的三大政策，现在身体残废，雄心不减，想做一个大资本家。蒋介石对他很尊敬，但也不能助以巨额国库资金，去发展事业，因此他对于国营事业，失去了信心。时世渐趋平静，宋子文已创办了一个“中国建设银公司”，他愿意勾结宋子文，来创办他的“电矿王国”的私营集团。霍宝树为宋所重用，正好做宋、张之间的联系人。他手下的秦瑜、刘石心、张仁农都是他的心腹。上海电力公司是美国大资本的海外公司，在1924年，它的杨树浦新电厂总容量达121 000千瓦，已成为当时远东第一大电厂。它的营业区域早已向西区突出，包括租界外越界筑路的许多地段，但在法律上还没有根据，愿出资300万元购买专管权。因此该公司总裁霍丕金斯（Hopkins）拟组成一个“沪西电力公司”，目前已投资七百数十万元，每年向上海电力公司购电 1.57 亿度。市公用局长黄伯樵认为，沪西区供电是该公司自愿投资的，并无另立电力公司及申请营业区域权之必要。但市财政局长蔡某则认为，上海电力公司自愿出资 300 万元购买沪西营业区域专营权，为什么不同意。蔡某就直接向张静江提出，并说这一笔营业区域专营权代价可由建委会与上海市政府对分，张听了十分同意。在这件事上恽震的看法与黄伯樵的相一致，不赞成接受这笔钱，但又拗不过上级的张静江。张静江与霍宝树、秦瑜商定，将首都和戚墅堰两电厂组建为“扬子电力有限公司”，将淮南煤矿及由矿区通连蚌埠到芜湖北岸的铁路组建为“淮南矿路有限公司”。这两个公司的大股东是建设银公司，董事长当然是宋子文，张静江、霍宝树、秦瑜、张仁农、尹仲容等人既是股东，又是董事，有的是常务董事。恽震非常看不惯这种“化公为私、各吃一口”的勾当，因此他有意转移到资源委员会去工作。

在 1935 年的时候，各方面都需要中等电气专业的人才，建委会需要，各地公营私营电厂也需要。事业处和电委会就合办一个“电业人员训练所”，在各大城市招收中学毕业生 40 多人，分为工程班和业务班，两年毕业。毕业后可以做电厂的工务人员和营业、会计人员。由于考试严格，学生水平不错，后来多半成为事业的中坚干部。恽震任所长，张家祉任教务长，教师除少数专职外，多数是由建委会有经验的职员兼任。

恽震在 20 年代已是推动中国工程师学会发展者之一，其前辈如铁道界的颜德庆、凌鸿勋、萨福均，机械工程界的程孝刚、陈石英、施伯安、李承干、支秉渊，水利土木界的李仪祉、茅以升、薛次莘、施嘉炀、曹瑞芝，采矿冶炼界的吴健、胡庶华、周仁、周志宏、程义法，电机电讯界的李熙谋、任之慕、黄友兰、陈东、黄修青，化学工程界的吴承洛、徐佩璜、吴蕴初等，皆为该学会之中坚。恽多次当选为学会之董事，两次任副会长，分别与凌鸿勋和徐佩璜合作。与学会会计裘锡钧，总编辑沈怡，在学会共事甚久。其时各专门学会都已成立，中国电机工程师学会独立后，清华大学教授顾毓琇、浙江大学教授李熙谋、上海交通大学教授赵曾珏三人发起组织，征求恽加入为发起人。1935 年第一任会长是李熙谋，1936 年第二任会长顾毓琇，1937 年第三任恽震，刚接事即遭逢卢沟桥事变。

1935 年 4 月，国防设计委员会改组为行政院资源委员会，负责兴办重工业，开发各种资源，专营钨、锑、锡、汞等特种金属之出口。蒋介石以行政院长的身份，选派地质学家翁文灏为主任委员，兼行政院秘书长，何廉为政务处处长。原国防设计委员会副秘书长钱昌照改任资委会副主任委员。该会委员有陈仪、俞大维、顾振、徐新六、吴蕴初、沈怡等人，皆是兼任。1936 年 3 月，该委员会根据历年调研资料，制成一个重工业五年建设计划，7 月行政院予以批准，开始分年拨款投资，初期由国库拨发，尚是足值。该计划要求五年内投资国币 2 亿 7 千余万元，兴建钢铁、钨铁、机械、电力、电机电器、化工、燃料等工业 30 余个大中型厂矿。电机电器工业只有 1 500 万元的预算。1936 年资委会派委员顾振、专家王守竞赴德，签订一亿金马克的中德信贷合同，其中 90%用于购买军火及兵工设备，余下的 10%用于购买工业设备。到 1941 年中德断交时止，中方收到购买的机器值 350 余万马克，用于昆明中央机器厂及川、滇两个小钢铁厂。

资委会派恽震为专门委员兼中央电工器材厂筹备委员会主任委员，委员为王崇植（原交大教授、开滦煤矿局总经理）、张承祜（原国际电台总工程师、电机专家）、朱其清（资委会电气研究室主任，无线电专家）、黄修青（原交通部电话局长，电讯专家）、许应期（原中央大学教授，建委会电机制造厂厂长）、冯家铮（原民营灯泡厂工程师、灯泡制造专家）、杜光祖（交通大学力学教授）、张延祥（电力及机料采购专家）共 9 人。另外资委会还派专门委员任国常（电瓷专家）和周维干（无线电专家）提前到湖南长沙兴建电瓷厂和无线电厂，他们也是筹委会委员。这 11 个人多半是交通大学的先后校友，在 1935—1936 两年间集合在一起。他们同中央钢铁厂筹委会代理主任程义法、中央机器厂筹委会主任王守竞，共同商讨，初步决定以湖南湘潭下摄司为三大厂建设地址。王崇植因为北方煤矿事业责任所限制，不能来参加。筹委会首先请朱其清到美国去为电子管的专有制造技术寻求售主，请张承祜到英国去为电线电缆找技术转让厂家；最后关于电话设备的制造，在美、德两国之间，究竟向何国引进，方为恰当，踌躇未决，先在上海向美、德两国商行初步询价。

这时钱昌照副主委通知恽震，中国建设银公司董事长宋子文建议资委会，应向美国芝加哥电话制造公司购买其专有技术许可证，因为这是宋子文的“关系户”。他们这些书生，对“权势豪门”的指挥有反感，同时询价比较下来，认为德国西门子霍尔斯克公司（Siemens Halske Co.）条件比美国厂家优惠，技术水平相同，就决定舍美而取德。恽震于 1937 年战争爆发前，呈请派黄修青赴德，谈判后授权他负责签订技术引进合同，并在德购机器设备。黄修青带新参加的沈家桢前往，到德后又吸收卢祖谋为助理，国内有黄宏任工程师。

湘潭下摄司设三大工厂，当地的电力无法供应，因此恽震于 1936 年就规划设立一个“湘江电厂”，第一期先购置两套 2 000 千瓦的汽轮发电机组和配套锅炉。此后铁道部和中国汽车制造公司又准备在株洲设立中央机车厂和中国汽车制造厂。恽震与王守竞联合签呈资委会转咨建设委员会，湘江电厂的规模，应以湘潭县之湘江东岸全部境界为营业区域，第一期先装 4 000 千瓦，用 3 万伏高压线贯通湘潭、株洲两地，则机车厂和汽车厂之动力问题及早得以解决，预计电厂工程 1938 年 3 月即可完成发电，以后视需要可扩充至数万千瓦。同年 12 月，资委会委托全国电气事业指导委员会，在南京代湘江电厂购置机器询价招标。汽轮发电机组由德国 A. E. G. 公司中标，锅炉由英国拔柏葛（B. &W. ）公司中标，分别订购签约，机炉总值 25 790 英镑。所购设备皆由水路由沪运湘，第一批于 1937 年上半年最早运抵下摄司灵集渡电工器材厂所建码头。第二批货物卸存上海，因 8 月 13 日日军在沪入侵一直无法运出，只得重新补购。以后只好改在香港卸货，再由驻港的杜光祖、张延祥两委员提存，经由粤汉铁路陆续运摄。工程进行为此累遭困难挫折，直到 1938 年全部拆迁。

在 1937 年抗战前两个月，翁文灏主任委员由英国到了苏联，打电报给蒋介石和钱昌照，说苏联已同意我国可组织一个技术考察团去参观几个关键工矿事业，请速派人来，他在俄等着。钱奉命安排，水利选李仪祉，矿冶选王宠佑，机械工程选支秉渊，电气工程选恽震，等等。按常规，政府派往国外去的人，必须觐见一次蒋委员长。恽、支二人被安排立即飞往九江上牯岭去谒见。于是这两个老友就匆匆赶上庐山，由何廉引入蒋公馆，报名而入。蒋介石看了这两人的简历，对支秉渊的家乡嵊县发生了兴趣。他因为嵊县和奉化只隔开一座山，觉得支秉渊是他的同乡人，就谈起家常来，也没有来得及指示，到苏联去应该注意哪些事。10 分钟一到，他就示意送客了，这使得远道而来的人非常失望。这几个人结果没有去得成苏联，因为卢沟桥事变爆发了。恽震第二次谒见蒋，丝毫未得到扼要的指示，也未引起敬仰，只是心中想到他为什么不肯放张学良自由，此人太狠辣。

第2章 抗战时期的电工技术

1938年春，南京已失陷，武汉变成临时首都，资委会奉命接收建委会，张静江已经由南京逃往香港，后来赴美国去了。翁文灏在1937年军事委员会改成作战体系时，被任命为同中将的第三部部长，司撤退战区工业到川、桂、滇、黔去。他任命恽震为电力工业处处长（同少将），要把战区的发电设备尽可能地拆迁到后方去，恽又保荐好友陈良辅为副处长，带着一队机匠去做具体拆迁的任务。南京和戚墅堰的电厂本来是应该拆迁的，可是现在归了豪门宋子文。厂长陆法曾说“不许拆”，那就是准备给日本侵略军来使用了。那时甚至汉口既济水电公司（电力10 500千瓦，又向英国订购6 000千瓦一台）也归建设银公司所控制，也是同南京戚墅堰一样，“不许拆”。陈良辅拆迁了河南焦作煤矿的发电设备，运到四川重庆，孙越崎深得其用；其他的电厂拆迁，为量就不多了。1938年蒋介石在汉口被推为国民党总裁，改组了政府。第三部、实业部和建设委员会均撤销，成立经济部，资源委员会直属于经济部。翁文灏以部长兼资委会主任委员，又兼任主管江南民营工业入川的工矿调整处的处长职，张兹闿、林继庸任副处长。经济大权集于翁之一身。他在资委会内，除主任秘书及其所属各室外，设工业、矿业、电业三大处，以杜殿英任工业处长，杨公兆任矿业处长，恽震兼任电业处长。主任秘书初为沈怡，后改童受民（原浦东电气公司经理，由恽震荐举），最后由吴兆洪升任。吴为中央大学毕业，钱之亲戚，但翁极加信任，后来与老友孙越崎同一程度。由此可见吴之机敏和长才，无怪日后钱离资委会后，孙继任委员长，吴能任副委员长，且为行政院长翁公之高级参谋也。

恽震那时身兼两职，呈请以陈良辅、陈中熙为电业处副处长，函约广州电厂厂长鲍国宝经越、滇入川，上海闸北电厂总工程师刘晋钰入滇会齐。他自己回湘潭，欢迎建委会电机厂许应期厂长到下摄司叙会。黄辉自1937年起已任湘江电厂厂长；辅佐他的工程师有方刚、顾谷同、姚由之、高敏学及哈工大毕业的孙运璿。他们夙兴夜寐，赶运赶装新机，并买了两台小型的柴油机和煤气机济急。许应期带来一大批优秀青年工程师，如褚应璜（上海自制第一台感应电动机首功）、汤明奇（变压器设计）、朱仁堪（电机设计）、林津（开关和电表设计）、俞恩瀛（电力）、潘福莹（电池）、王宗素（电机）、余耀南（电机、电力）、蓝毓钟（开关设计）、陶炜（机械）、吴天霖（电机）、张弘夏（电机）等。所可惜者，第一厂电线、第二厂电子管、第三厂电话机，三厂的购机经费皆已于去年（1937）领到一部分，并换成外汇使用，唯独第四厂电机方面，需款更多，而战事方殷，领不到额定的款项，使恽、许二人焦虑不已，无法汇款到欧美去购买设备。

当时下摄司已设第二厂工场，由冯家铮主持。无线电通讯及广播已盛行一时，独缺收发信的电子管生产机构。朱其清早于1936年冬到纽约，由清华大学教授吴有训介绍，与两位在纽奥克（Newark）的阿克脱勒斯（Arcturus）收信管制造厂和国际电话电报公司（I. T. & T.）的发信管制造厂实习的工程师蔡金涛和蒋葆增，共同草拟购机及技术引进计划，开出设备购置清单，并与 Arcturus 公司商订技术转让合同，接收设计工艺资料和一些设备。蔡金涛仍参加无线电器材厂工作，朱其清在美遴选另二位电子管专家张朝汉、刘卓钧一同回国。那时恽震已从各大学吸收到电讯系毕业的技术人员吴祖垲、朱谱康、陈熙、陈俊雷、俞显昌等，还有电气室专做电子管试验的单宗肃。灯泡厂的设备可供制造电子管之用，其利润可补电子管批量不足之损失。蒋葆增 1937 年夏到达湘潭，合力研制，在 1938 年已试生产出第一批合用的电子管。因战局日紧，二厂和四厂迁移到桂林南门外将军桥江边，设置比较简陋的厂房。全系列的收发信电子管到 1939 年才正式成批投产，经过鉴定试用，各方面的军民用户都感到满意。

张承祜 1937 年初到英国，凭借驻英庚款购料委员会主任王景春博士的介绍，及其助手朱世衷之合作，他与英国绝缘电缆公司（British Insulated Cables，Ltd.）、开伦特电缆公司（Callender Cable Co. Ltd.）及亨利电缆公司（Henley Cable Mfg. Co.）三家商订技术转让合同，收费甚为合理。根据合同，该公司开具制造设备清单，在英招标买到一部分，但轧铜压延设备和电缆铅包机英国不能提供，只得到德国去买。工程师已有葛和林、娄尔康为首，后又聘得支少炎及史通（轧钢专家）、李杜等人。英方派来装机工程师布莱克（Blake），甚得力，装机于 1939 年完工。

由于湘潭地临战区，1938 年 6 月，中央钢铁厂筹委会已放弃建设之希望，中央机器厂王守竞已先到昆明去设厂，中央电工器材厂筹委会最大的投资是电线电缆的第一厂，因此派土木工程师方刚先赴昆明找地。机器厂先到，选了北郊黑龙潭，电工厂选了西山附近的石咀和马街子。湘江电厂 1 号机炉不久装好，可以发电，恽、黄二人接到武汉的命令，先拆迁第 2 号机炉。黄辉选定祁阳，用 12 条船将 300 多吨的 2 号机炉运去，刚到祁阳，又有电报来命他运向广西，经柳州由昆明的人来接运，经越南上火车运达昆明。这就是以刘晋钰为厂长的第一台 2 000 千瓦机组，恽震命名为“昆湖电厂”，地点在昆明湖畔西山石咀，紧靠着炼铜厂和电工一厂。总工程师是桂乃黄。湘江电厂的 1 号机炉，又奉电令拆卸运川，先派电训所会计顾芸，从水路辗转冒战火运至宜昌，也是近 400 吨的船队。1939 年再从宜昌运经重庆，交给刚从广东来的鲍国宝和南京来的蔡昌年，转运川西五通桥，与天津搬来的碱厂总经理范旭东共处，并向该厂供电。恽震去看了即将建起电厂的地点，定名为“岷江电厂”，容量是2 000千瓦，再加一个小型机器。真想不到，原安装在湘江边上的两台发电设备，为因抗日之故，分别到昆明湖和岷江边上去效劳。

资委会又命令黄辉厂长到湘南去安设小型军用电厂，因为武汉失陷，政府移往重庆，而总司令部还要在南岳和郴县举行军事会议和训练营。黄辉、高敏学、孙运璿三人率机匠在这两个据点，利用几台柴油发电机（已受损）辛劳发电，躲避敌机袭击，供给军部办公之用。到 1938 年底，军部也去重庆了，湘南小厂发电随告结束。黄辉赴重庆入电业处，于 1939 年任水力发电勘测总队队长，驻长寿。顾谷同、高敏学先后到昆明中央电工厂任职，孙运璿奉令到宝鸡去运输连云港电厂设备，由陆路过秦岭巴山，到自贡去安装。安装毕，陈中熙副处长又派他到青海西宁去建电厂。

第一、二、三厂都购有英、美、德三国较先进新式的机器设备，四厂许应期厂长参加较晚，他带来制造电机、电器、电池的设备，精度都比较差，还要分设桂林、昆明两地（以昆明为主），而技术人才却比其他各厂为多，故深感长才不易发展，制造的品种和规格不能扩大和增多。桂二厂及昆桂四厂建筑均系临时性，竹筋泥墙，覆以竹瓦，后再加固增修，仍极简朴。第一厂机器齐全，具有 30 年代最高水平，故厂房规模宏大，布置整齐，然在战时，却形成敌机轰炸之目标，两次遭炸，损失不小。幸职工上下齐心，每次炸后，尽快修理，半月内即已复工生产。第三厂机器皆为德货，越南不让通过，乃先在九龙设预备厂，将存港军用话机材料装配成件，供应军需。后经竭力设法，将全部机器经由缅甸的仰光，由铁路转腊戍公路运到昆明，于1940年7月在马街子开工。但因厂房密集，空袭危险，乃在碧鸡关西20公里、安宁县的清音山侧，建一与昆四厂规模相似的厂房，虽仍简陋，效率不亚于正规大厂。

电工厂筹委会自1936年7月在南京开始工作，继而在湘潭、桂林，最后在昆明马街子村建成总管理处。1939年，筹委会呈会报告，四个厂已陆续开工，请准结束筹备。同年7月1日，中央电工器材厂宣告正式成立，奉资源委员会令，派恽震为总经理，仍兼电业处处长，陈良辅为协理，解去电业处副处长职；张承祜、冯家铮、黄修青、许应期为第一厂、第二厂、第三厂、第四厂的厂长。秘书室主任郑家觉，业务室主任姒南笙，会计室主任王镇中，技术室主任顾谷同兼第三厂副厂长，运输处主任朱璆。恽总经理派诸葛恂为昆四厂副厂长，褚应璜为主任工程师，蒋家铢为会计课长，又延纳浙大毕业、清华教师、英国实习的孙瑞珩，英国实习回国的艾维超、方福林，交大毕业的杨锦山、孟庆元，与原从上海来的工程技术人员朱仁堪、沈从龙、林津、汤明奇、温建中、沈宝书、俞炳元、俞恩瀛、王佥仁等人合作。昆四厂后来又从大同大学、西南联大、迁到贵州的浙大、重庆之交大四校吸收冯勤为、严筱钧、彭俊甫、李子白、周茂培、王文铮、高庆荣、刘填、黄祖干、刘隆士、叶自仪、吴履梯、卢荣光、吴国城等。在桂四厂方面，恽震同意许应期的意见，指派王宗素为副厂长，分由电机和电池两大组负责生产，王兼电机组组长，带余耀南、蓝毓钟、吴天霖、陶炜、张弘夏、丘伟、李文渊、萧心等工作，电池组组长是潘福莹，他的日月牌干电池配方是上海老厂的易鼎新开始，而潘又加以改进的，他的同事魏彦章、高嵩、陶永明对于干湿电池都有足够的经验。许厂长建议在重庆化龙桥设立一个电池支厂，以高嵩为主任；在兰州也设立一个支厂，以陶永明为主任。因之二厂冯家铮也派出工程师吴祖垲和梅开基到重庆南岸黄桷树设一灯泡支厂。目的都是以产就销，接近市场为主，便利后方客户。

陈良辅重视培植开辟营业的人才，并注意与大后方的用户联系。他依靠杜光祖所介绍倚重的陆鸣嘉和陶寿康，为上海购料代表，使上海不断地成为昆、桂原材料的可靠来源。陆、陶二人对鉴别订购原材料和配件的能力和操守品格，不仅在当时有口皆碑，到解放后 30 年之服务，仍不断受人钦佩。业务人才，首重品德，次论器识，然后是专业性的市场知识与应付变化的能力。如南笙、沈家桢、荣志惠、俞恩瀛、许声潮、童宝琪、方纪难、陈之颉、钱瀚声、魏重庆、沈嘉英、殷关元、程欲明、杨沁尘都是这方面的优秀人选。

1940 年是资源委员会玉门油矿开始的第一年，也是全中国从无石油到有石油，并且可以大办石油化工的源头。恽震那一年在昆明，忽然接到钱昌照先生的电报，叫他赶飞重庆，陪同钱和孙越崎到玉门老君庙去看石油矿井，同行者有吴兆洪、孙恭度、陈中熙。原来地质学家孙健初、探矿工程师严爽已在老君庙苦干了好几年，现在油田眉目已有豁然开朗之势，翁部长已呈请设立油矿局，大量投资，要孙越崎亲自来看一下，放弃四川煤矿公司之职务，专心一意来搞油矿。由于孙、恽二人是老同学和好友，所以翁、钱二公要恽同来一观事实，进行说服。看过油井之后，让孙越崎思考一番，然后恽震就诚挚进言。他说："四川几个煤矿，是由你起死回生的，已有初步成就，放手也不要紧，而玉门油矿则在启蒙时期，等待你去开发，以供抗战的军用。国家对石油的投资，将是一次破天荒的规模。蒋先生对你已有深切认识，如本会委托他人，他就不敢放手投资，更不肯放心授权。所以这是抗战胜败的关键，也是你作为大丈夫报国的机会。当然，你接受这一委托，不是没有冒险的性质；但是我们不应该只顾自己的成败，而忘掉国事的安危。”恽接着说：“翁、钱二公都深信你肯担和能担这个责任。我环顾国内，也认为只有你可以当此大任。假如我具有你的条件和搞煤和油矿的阅历，我就愿意毛遂自荐，当仁不让。机器要从美国买，由腊戍到玉门是万里征程；玉门出了石油，要炼成合格的柴油、汽油运到前方，我认为这可以找薛次莘和莫衡。在矿上的辅佐，你有严爽和金开英，就十分得力。关于在重庆帮你管理财务领款，我推荐现在翁先生身边的主任秘书童受民，他原是我举荐给翁先生的。你以为如何?”这一番话他都点首称是。

从玉门回到兰州，钱先生有事要同朱绍良（八战区司令长官兼甘肃省主席）商谈几天，恽震、陈中熙二人就到青海西宁，去看孙运璿办电厂有否困难。坐卡车费时一天半，住昆仑旅馆。这时正当金秋八月，孙运璿已经同马家军阀应付得很好，城里的电灯到处很光明。恽震写了一首诗送给陈、孙二友：

“今夜中秋月，飞来青海看。谁怜西北地，尺寸近长安。

积石江河下，祁连风雪寒。举杯肝胆照，共喜泪痕干!”

恽震回到重庆，就向翁先生请辞电业处长兼职。理由是“电业处长必须长期驻重庆，而电工总厂则远在昆明。电工总厂这个大型企业，有三类产品中国从未生产过，还有第四厂的技术引进尚未办，所以我要以全力去使它们搞活，能够在国际上具有竞争力。两者不能兼顾，只得请辞去一个，好在陈中熙也干得很好”。翁文灏说，他希望恽不要辞，电工总厂处可移来重庆，而且电工器材厂可以交给电业处管辖。恽不以为然，回答说：“电工器材厂是一种制造工业，应该由工业处监督指导。若为了我兼职的方便，而把制造工厂交给主管动力的电业处去管，那就是因人设事，人家会批评我，也会批评你翁先生的。”翁部长语塞，就批准了恽震的辞呈。以后恽因公每年总要来一次重庆，但是从 1940 年到 1944 年，四年常在昆明办公。

中央电工器材厂的广告

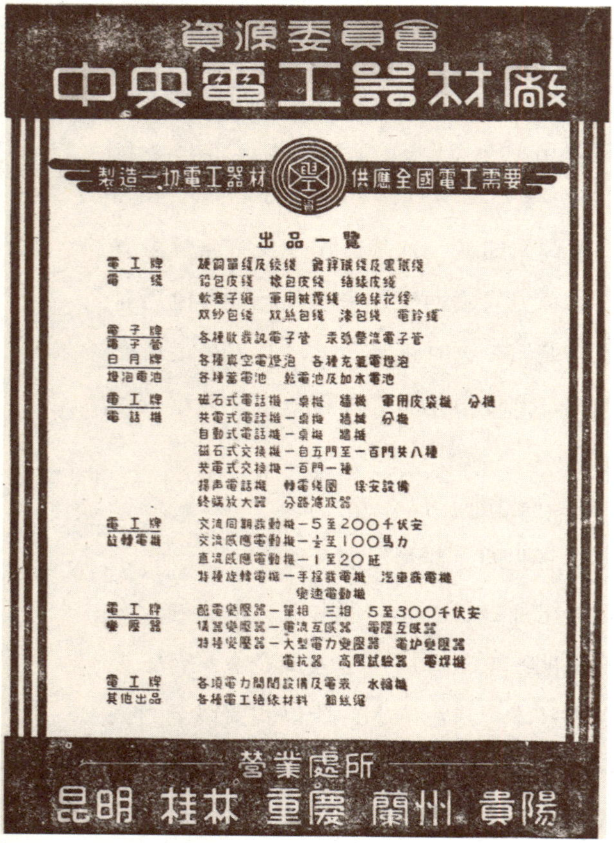

恽震对动力机器的制造最感兴趣，一、二、三厂的技术引进，只有一厂是兼顾电力和电讯两种事业的，二、三两厂都属于电讯方面；四厂含有两个部类，电机、变压器、开关设备和仪表属于电力类，而干湿电池本身是由化学物质提供电力，但它们的主要用途是电讯。中央机器厂设在昆明城北黑龙潭，其工作母机是从德、美两国在战前订购的，精度比较高，主要技术干部有施伯安（锅炉设计制造）、吴学蔺（冶金铸钢）、张宝龄（机械制造）、王守泰（机械电机制造）、贝季瑶

(机床制造)、连忠静(纺织机制造)等。由于施伯安在上海创办新通公司时,已与瑞士的 Brown Boveri Co.(简称 B. B. C.)取得协作的关系,所以王守竞总经理于 1938 年便通过他的介绍,与 B. B. C. 签订技术引进合同。第一步先由 B. B. C. 供给 2 000 千瓦汽轮机和汽轮发电机的技术图纸和工艺规程。中机厂审时度势,只购买两台汽轮机(整机)和两台发电机转子,完工则由中机厂按 B. B. C. 图纸自行制造。该厂按照与电业处所商订之供货合同,连同锅炉及一切辅机,送到四川泸县电厂和昆明本地的昆湖电厂,分别安装交货,用户均相当满意。施伯安本人研究设计 Sterling 式的电站锅炉,掌握了瑞士 Sulzer 公司的工艺方法,所以这两套锅炉都是施厂长负责设计并主持制造的。此外,该厂还制造煤气内燃机和水轮机,与中央电工厂四厂的交流三相发电机相配合,供小型电站或工厂自备动力之用。在抗战时期,昆明中机厂和电工一、四厂都能在发电和输变电多方作出贡献,是十分可喜的。

1942 年,资委会为了加强对美谋求技术合作、购买机料和训练员生,便在纽约设立一个驻美办事处,地点在 111 Broadway,与国外贸易分所相邻近,派王守竞为主任,又调电工厂协理陈良辅前往负责训练组事宜(厂协理由郑家觉接替)。钱昌照通知各主要厂矿及本会各处,推荐优秀人员赴美入学深造专研,或进厂实习,这样选定了 30 多人出国。恽震保荐褚应璜、汤明奇、林津(电机电器)、单宗肃(电子管)、潘福莹(电池)、葛世儒(绝缘化工材料,他学到高技术回国,离厂搞私营,1951 年去世);王守竞保荐雷天觉(机床)、韩云岑(工具设计)、江厚渊(柴油机)等;陈中熙保荐张光斗、黄辉(水力发电)、谢佩和、施洪熙、孙运璿、王平洋(电力);周维干保荐王端骧、沈嘉英、王安(无线电);杨公兆保荐袁慧灼(金属矿)、丘玉池、安朝俊(钢铁);杜殿英保荐孙竹生（机车）、刘曾适（造船）、龚祖德（化工）；孙越崎保荐熊尚元（炼油）、翁心源（石油管运）；吴兆洪保荐李彭龄（工业管理）、蔡同屿（会计）。后来有了美国租借法案对外经济管理局（Lend-Lease F. E. A.）的经营项目，经济部考选了358人赴美，多数是资委会各厂矿和工矿调整处及私营厂的技术人员。这些人员的才干在解放后都得到了充分的发挥，作了出色的贡献。后来还有三峡工程计划到美国Denver参加设计的约50人，和中央电工厂与西屋电气公司技术合作专案派遣的50余人，这样两批。在昆明考取美英留学的俞恩瀛、孟庆元，毕业以后也到西屋公司去实习。

资源委员会对技术人员和知识青年有一套“工业化中国”的理论，以“公、诚”二字为会训。技术人员和管理人员分成两大类，定职称和月薪为6等32级，最高级都是600元，使技术与管理同样受到重视。恽震拟订“忠、信、敏、确”四字为厂训，号召“忠于事业而信于人群，敏于设计而确于质量”，这受到翁、钱二领导人的认可。国民党统治时期，国民党党员的名誉不太好，但在资委会范围内，青年们多有“国民党不好，但资委会还是比较好的”的看法。中央电工厂对于新来到的职工，要他们填履历表，其中有一项是“党籍”，但该厂自1936年筹备起，到1943年夏天，从未设有国民党的党支部。到了昆明，也不向云南省党部联系。原因是恽震和厂长们对办党的事不感兴趣，虽然“总理纪念周”还有时作为集会的方式。国民党的陈果夫、陈立夫兄弟和组织部长朱家骅，人称C. C. 派，他们极不满意资源委员会下属各单位不设党部，就通过蒋介石对翁、钱二人指示，要资委会和所属各单位都一律设置党部。翁、钱二人对C. C. 派讲明，党部可以设，但不同意由中央党部组织部派人下来，一切区党部和区分部书记的人选，都由原单位主管人兼任，有事请示或报告，应向翁、钱二人呈报，再转组织部。根据这些协议，翁、钱便下训令安排，昆明西山各厂设立西山工厂区党部，派恽震、张承祜、郑家觉、黄修青、阮鸿仪（昆明炼铜厂厂长）、刘晋钰（昆湖电厂厂长）6人为区党部委员，以恽震为书记，其余5人兼任5个区分部的书记。这样的做法，就要求各厂尽量吸收优秀职工入党为党员，在生产力挣扎前进的时候，无异是搞一种政治运动，对职工尤其是埋头奋斗的工程师，是一种骚扰，或者可以说是强制性的束缚。昆四厂的沈从龙工程师对此不耐烦了，他正式对劝他入国民党的副厂长说："我不喜欢这种政治玩意，我不愿入党，请勿来麻烦我。"这一反响，震动了昆四厂，消息传到恽总经理那里，恽认为沈从龙的态度是正确的，入党一定要自己情愿，不可勉强，更不可以入党人数的百分比视作党基层单位的成绩好坏。后来抗日战争胜利，国民党中央在复员时在报纸登出通告，要每一个新旧党员到达复员地点，到所在地的省市县党部登记。中央电工厂没有理会这个通告，各成员也不再在各级厂部里设置党的机构。因为人人爱国，人人也反对内战，你越要"戡乱"，我就越不靠近你。

蒋介石成为国民党的"领袖"，又是国府主席，自封是孙中山的继承人，三民主义不包括三大政策，共同抗日时就不断反共，企图消灭共产党和八路军、新四军。他搞一个"中央训练团"，设在重庆郊外，命令军政工商各机关企业的负责人员都要轮流去受训五六个星期，出国人员也必须先去受训，目的就是灌注崇拜领袖的和反对社会主义的封建主义。恽震由于翁部长派他出国考察，所以1944年夏天就被排定去受训，恰好支秉渊、华罗庚也同一期受训。那时翁文灏、钱昌照、孙越崎三人在国民党五届十一中全会（1943年9月6日至13日）已被选为中央委员。由于玉门油矿开发和炼油成绩卓著，蒋介石经常召见孙，要他开具知名有才能的人的名单，孙把恽震的名字也开列在内，因此又被传见。这是恽第三次的对蒋面谈，蒋问电工器材厂的成绩，恽回答："战时建设工业，虽已生产出几种前所未有国产的电工器材，稍补时艰，但最需要的发电设备，从五千到一二万千瓦的机组尚不能自制，要引进制造技术，训练人才，厚集资金，购买机床，方为有效。"蒋对此只说"好，好，你努力去干吧！"并没有具体的指示。恽不得要领而退。

西屋电气公司的在华经售商威廉·亨特（William Hunt）是孔祥熙的好朋友，孔的国外财产由他经管。这次他拿了一份西屋公司的技术转让合同草案向翁部长兜售，想做一次两三百万美元的生意，他好拿佣金回扣。翁部长把这一合同草案交给恽震，说："你同厂里的有关专家加以研究，看看提供开发的产品是否适合需要，增减后你带往美国，当面同西屋公司谈判，讲论代价，再与其他公司如通用电气公司等加以比较，向我报告。我估计战后国营工业，需要资金至少10亿美元，方能把几个主要工厂如钢铁、石油、发电设备、化工、机械等铺开，最好是同美国大企业合资经营，这样我方就可以一个钱做两三个钱的事。技术和资本都要引进。你可以先向西屋公司敲开大门，就可能引起别个资本集团的兴趣，这是你此行的要领。"这番话他是单独对恽震细谈的，恽十分佩服他的识见卓越。只可惜那两位相差10岁的同志都不了解国民党和旧中国在西方的身价和印象。假如战后国共认真合作，不打内战，则天下事未可知也！可惜呀！蒋的无知与独裁，害了国民党逃往台湾；解放后的失算与一言堂害了新中国丧失10多年的现代化时机。1978年以后的10年改革开放，还为时未晚。

恽震于1944年8月从昆明搭乘美军运输机到印度加尔各答，参观印度利用美国技术办的商营钢铁厂，约定了学汽轮机的赵硕颀参加美国实习，即乘火车穿过半大陆到卡拉奇，再换美机经非洲北陆到摩洛哥，休息后换机夜渡大西洋，到美国纽约，与王守竞、陈良辅、张文潜、卢祖诒、尹仲容相晤。时王为办事处总代表，尹为外贸分所美国所长。恽奉派为驻美技术委员会常务委员。

此时国内战局紧张，11 月国民党军弃守衡阳，桂林、柳州、南宁、独山皆沦陷，这就是震惊中外的湘桂大撤退。桂林三个厂拆迁重庆，因军事转恶，交通阻塞，撤退机料能安全运到贵阳的只有半数。桂二厂与渝二支厂合并为渝二厂，另在昆明成立昆二支厂。桂四厂与渝池支厂合并为渝四厂，均于短期内先后复工。

恽震在美受命任资源委员会技术考察团团长，程义法为副团长，团员有鲍国宝、杜殿英、孙恭度、丘玉池、黄辉、任国常、周维干、许应期、林文彪、杨廷宝、吴半农、周茂柏、徐宗涑、姚文林、李庆逢。考察团在加拿大东部和中部，美国东、中、西部，分几次巡回参观。尹仲容亦参加一部分。张文潜担任团的会计，司旅费开支。这些人的考察，在一些重要的对象，如通用电气公司（G. E. Co.）等，是集中参观的，此外依专业分散进行，均由办事处训练组代为安排联系。

关于西屋电气公司，恽震到纽约后，即与其所属西屋国际公司联系，由亨特介绍恽去会见西屋国际公司的技术合作部经理麦克曼尼格尔（Mac Manigal）。这是他此后半年多作具体谈判的对手，是一位精明老练的工商业家。西屋电气总公司在宾州匹兹堡市，而这个直属的国际公司的地点在纽约华尔街。它有三个主要业务部门：第一个是管理国外各地区的子公司和代理商的销售业务；第二个是承办在国内外“交钥匙”（Turn-Key）的大型承包工程；第三个是技术合作部，负责开发和经营国际技术转让的许可证进出口商务。专有技术和专利权是有出有进的。据麦克说，西屋公司当时在国际上已拥有 36 个技术受让人（Licensee，指公司法人），遍布于世界各国，主要的有英国电气公司、英国茂伟公司、法国 C. E. M. 公司、日本三菱株式会社，以及意大利、西班牙、墨西哥等国的电机动力制造公司。

恽在纽约获得西屋国际公司的协助，编印了中央电工器材厂 8 年创业、由湘迁昆桂、惨淡经营情况的小册子，以便于对外作自我介绍。1944 年 12 月，恽偕桂四厂许应期、南开大学电机系主任卢祖诒、电机工程师褚应璜、朱仁堪、林津，应邀前去匹兹堡市，访问西屋电气公司总管理处及其主厂。他们的董事长是一位 70 多岁的老者，接见中国客人很有礼貌。董事长是一般公司决策集体的首脑（由股东大会选举出的一位股东，英文叫 Chairman of the Board），他与公司执行实际工作的总裁（President，中国叫总经理）很好地配合，在战略方针上导归一致，使公司适应时势，稳步前进，这是中国企业，尤其是中大型工业，应该学习借鉴的。西屋当时的总裁名叫伯纳姆（Burnham），年龄在 50 岁左右，恽震时为 43 岁。他们见面谈了两次，因系初访，谈话未深入。但他是一个极有才识的人，后来为西屋改造老厂，创建新厂，成绩很大。70 年代中美建交后，他以董事长的身份首先来华访问，恽震在报上看到他作了很有价值的演讲词，可惜那时恽远在贵阳被拘，没有机会同他见面谈谈。

西屋公司的三位副总裁（V. P.，分别负责主持工程设计部、制造管理部、营业销售经营部）同中国来客开了一次座谈会，了解中方的主观意图和技术合作范围，并且试图劝说中国最好能采用 60 周波的美国频率。恽透露了希望西屋和它的 Mellon 资本集团投资于中国工业的意愿。他们避开了直接的答复，只说时机尚未成熟，请先商谈技术转让。中方代表团参观了西屋的电机总厂、附近的电瓷厂、费城的汽轮机厂和高压开关断路器厂、纽阿克的电表厂，以及其他几个电器配件厂。西屋表示不愿意把电灯泡管列入技术转让合作的范围。投资合作问题碰了软钉子。

那时欧洲战事尚未解决，苏联对于协约国是一个有力的盟邦，但美国人对苏联的厌恶情绪很强烈，带中国客人参观的人员经常这样表示："如果你们是俄国人（常有克格勃混在里面，专偷情报），我们决不愿意带你们看这一部分！"西屋的工人很喜欢像褚应璜这样的实习工程师，褚已经在这里实习过一年多，现在则在 Milwaukee 的 Allis Chalmers Co.（简称 A. C. 公司）实习。西屋的负责人说，如果中美双方技术合作的合同签订了，西屋公司的各个部门都将会向中国的 N. R. C.（资源委员会的英文名称简写）人员开放。

在这次对西屋访问之前，汤明奇、葛世儒二人已在通用电气公司（General Electric Co.，简称 G. E.）实习了一年。通用电气公司在世界上和在旧中国的势力和影响高于西屋，因为它早年在上海设立了"奇异爱迪生灯泡厂"（即今日武宁路桥口上海灯泡厂的前身），其产品广销各省；此外通用公司同美国电力股票债券公司（Electric Bond and Share Co.）所控制的上海电力公司是属于同一财团资本系统的。因此，恽与王守竞、陈良辅商量，技术引进也要"货比三家"，最好要 G. E. 和 A. C. 两公司也能各自提出一个技术合作方案来，以资比较选择。联系之后，通用电气公司复信表示欢迎。1945 年 1 月，恽、许、卢三人和其他工程师都去参观该公司总厂和东部诸厂，相比之下，通用与西屋的工艺制造水平难分高下。恽在纽约曾单独邀约一位通用公司副总裁晤谈，向他表示愿与 G. E. 进行技术合作加经济合资经营，不知有意讨论否。他说，关于对华作新的投资，因战争尚未结束，须待将来局势明朗后再行商量；如资委会有什么建议，可先与现住在纽约的浙江实业银行董事长李铭商谈，他代表通用电气公司在华的利益。关于技术转让，则因西屋公司已向资委会提出方案，通用公司不愿与之竞争。如西屋谈判不成，那时再提方案不迟。后来李铭邀恽震到他寓所去会面，他说通用公司是不会愿意同中国官办企业合资经营的。技术转让的商谈则是可能的，但通用不同西屋抢这笔生意。

上述的A. C. 公司位于美国中部大湖附近，在动力电工制造行业中的地位，仅次于G. E. 和Westinghouse两巨头，居第三位，但它的水轮机制造更有名望，是前两家大公司所不制造的（现在哈尔滨电机厂已与该公司订有技术合作合同，关系十分友好）。褚应璜工程师正在这里实习，恽、许、卢等人前来访问时，他就做了他们考察小组的向导。恽特意在拜会A. C. 公司的总裁时，谈了中国资委会欢迎该公司投资合作的意愿，回答也是否定的。他们不愿意投资的理由是中国太乱，社会不稳定，投资没有保障。这样，资委会在邀请投资方面，连碰了三次壁；在技术引进方面，只能先同西屋公司周旋到底，求得一个合理有利的结果。

现在再回转去叙述恽震在纽约商订技术转让合同的经过。西屋公司原先主张资委会受让技术后的电工产品只可以在中国国内销售。经过据理争议，始同意除美国本土及其附庸控制地带外，可以在世界任何其他国家或地区销我方产品。西屋公司原认为在合同期内中方关于合同产品的改进、发明、创造及专利，应该让该公司无偿使用，恽认为这样太不公道，不对等。麦克说，他们是老师，中国一方是经验不足的学生，学生不可能有许多发明创造，即使有，也应该给老师无偿使用。经过争论再三，麦克始同意中方的发明、专利和技术改进，西屋公司如要采用，也应该付给中方许可证代价或费用，其具体数值由双方届时共同核议。在合同期内，西屋对于合同产品的一切改进或新创造，在中方依约付足有关费用的条件下，应无偿将有关资料交与中方，其内容应无异于西屋自己工厂所使用的资料。

资委会可以在中国境内转让合同产品的制造技术产权，售给中方的任何许可证受让人。这一点在合同上载明，是很重要的。在合同期内，资委会得派驻在西屋公司若干常驻代表，并将按照中方的需要，由西屋派遣专门人员到中国工厂去帮助做指导工作，其费用为西屋所付的成本，加来往旅费及在中国的食住费用。如西屋公司将来需要中国专家帮助时，其办法和费用是对等的和相互的。在合同签字生效的20年内的头5年，西屋公司同意接受中方派遣培训人员不超过300人，但在任何一年内的人数不得超过100人。从本合同的第六年起，培训人员每年以6人为限。这一培训权利，中方后来没有充分利用，只培训了87人。

按照中方的产品范围、品种和年产量的要求，设计工厂完成后的规模，为汽轮机年产63台，200 000千瓦（最大10 000千瓦），配合凝汽器、汽轮发电机；同步电动机340 000千瓦；水轮发电机300 000千瓦；异步电动机246 000马力；单相电动机16 000只；三相电动机40 000马力；直流电机2 170台；电力变压器300 000千伏安；电炉变压器30 000千伏安；整流器变压器75 000千伏安；配电变压器580 000千伏安；单相变压器10 000只，110 000千伏安；C. T. 8 000只，P. T. 2 500只，整流器500只；载流调压器200只；电力整流器50 000千瓦；各种电焊机1 600只；电焊条300吨；油断路器2 000只；空气断路器20 200只；发电机自动调压器300只；熔断器38 000只；断路开关10 000只；避雷器34 600只；开关控制台3 000只；交流电机控制器63 000只；直流电机控制器1 500只；牵引电动机控制设备200只；电阻器和调阻器6 500只；电力电容器6 000只；电度表和最高负荷计272 000只；电流计和电压计41 000只；继电器8 000只；绝缘材料（塑胶、绝缘纸、绝缘布，云母制品，石棉晶，各种树脂制品，漆类）年产值2 100 000美元；以上总计年产值34 428 000美元。

生产规模商定之后，技术转让代价由麦克先生提出，在11年内分年缴付清，共计3 400 000美元，但第一次付10万美元后，此后10次须将全款在签约前一次存入纽约大通银行，由该行开出不可收回的信用证 10 张，交由西屋公司收执。从第十一年起直至第二十年，资委会新建厂全部有关合同产品的营业销售收入，按出厂价的 3%向西屋公司缴纳提成报酬金（royalty）。恽震对此付款方案不同意，他认为，许可证代价总数应不超过 300 万美元；不应该将逐年待付之款一次交存银行，这明明是不相信中方；第三是 10 年后的提成报酬金不应该全部以 3%计算，而应按销售额分级递减。

麦克经过内部研商，于次日答复：第一点总数 340 万美元不能减少；第二点由于西屋公司技术图纸资料在 15 个月内均须向资委会交齐，所以 10 年的待付款也应一次存入美国银行，否则也是不对等；第三点可以接受，修改为：产品销售收入的第一个1 000万元，提成报酬金 3%，第二个 1 000万元销售额，提成 2.5%，超过2 000万元销售额之数，提成减至 2%。

因为对方不同意修改第一点和第二点，恽震声明暂停谈判，并电告重庆资委会。这时欧洲战事已告结束，1945 年 6 月初，恽收到翁文灏的来信，其中附有致财政部长孔祥熙的介绍信。翁氏信中说，他已商请孔财长支持这一技术引进合同，并取得其同意由财政部支付这笔款项。翁这时已兼任战时生产局长之职，有调度金融的权力。由于孔氏有公务飞美，所以要恽去面晤孔氏，说明这一事的重要性。于是恽震就拿了翁部长的介绍信，到他居住的旅馆去找孔氏。首先遇到他的秘书长冀朝鼎（地下党员），恽把情由先向冀说明。孔祥熙向来骄傲，这时好似恽有求于他，冷笑着说："我给你们付了学费，可要好好地学呀！"实际上，他已经从他的好朋友威廉·亨特那里，掌握了我方和西屋公司的交涉争点，准备插入他那一只贪婪的手。但那时恽还不了解他的心思。

第二天，恽震正坐在自己的旅馆里，突然有客来找，原来就是亨特。这里亨特从未来过，此时他忽然来访，笑嘻嘻地拿出一张复印的英文信笺给恽看。原来这正是孔祥熙以中国财政部长的名义给西屋电气国际公司的一张公事信，他在信中声明，他完全同意西屋公司提出的技术转让代价340万美元的数目及其先期付款预存的全部条件。恽看了这信默默无言，亨特却是得意非凡，一副狡猾的表情，好像是在说："看，你的争论是徒劳的，你们的财政部长尚且听我的话，依我的摆布，你能跳得出我的手心吗?"恽对他敷衍两句，收下这张复印的信，礼貌地把他送走。恽这时了然于心，原来这位美国投机商人兼孔府的大掌柜，又利用中美这次的技术引进交涉，为他的东家和他自己赚到一笔不小的回扣佣金。西屋、亨特、孔祥熙三方得利，中国吃点亏，而由于国民党蒋家王朝挑起内战，使这份技术引进合同不能实现，要不然这个亏就更吃得大了！

西屋公司通过这个掮客，在1945年7月21日签字之前，就可以一次取得10万美元和10张可以贴现的银行分期本票信用证，合计330万美元，而他们自己对华的技术服务还没有开场。这是何等优越而单向有利的技术交易！孔祥熙作为中国政府的财政部长，竟对正在进行的涉外商务谈判这样插手干预，使对方大大占了便宜，丢尽了中国人的脸！这个合同还没有来得及全文译成中文，寄请重庆资委会审查，只是因为合同条款的争执已完全解决，翁文灏打来电报，委派驻美办事处主任王守竞和中央电工器材厂总经理恽震二人为资源委员会代表，在合同上签字。签字的时间是1945年7月31日（日本尚未投降），地点在纽约西屋国际公司。对方签字人为西屋电气公司总裁伯纳姆（G. H. Burnham）和西屋国际公司总裁以及经办的部门经理麦克曼尼格尔。过了40年，即1985年，恽震通过朋友的协助，重新获得该合同的原文复印本（他所保存的副本，经过几次的折腾，已失落了)，才能把这一过程的数目字再现出来，公之大众。

恽在美国开始执行合同的具体项目。他呈准指派褚应璜为资委会中央电工器材厂驻西屋电气公司的代表，负责会同西屋的代表华勒士（Wallis）办理下列事项：(1) 部署安排中方培训人员的岗位分配和考核调动；(2) 接受西屋公司依据合同分批交来的技术图纸和工艺文件，加以核对审阅，装箱分批运华；(3) 西屋派规划设计工程师蒙哥马利（Montgomery）担任中国新厂的布置设计和机床设备清单及平面图的编制工作，由褚应璜代表负责联系综合。

恽震与昆明的代总经理张承祜往返函商，慎选优秀技术人员（包括部分财会、经营管理人员）分批派来实习。入选标准，只要德才兼备，工作勤奋有成绩，即可选派，不论其出身何校，是否大学毕业，或是否国民党员。事实上其中有几位在解放后方知是共产党员（如杨锦山、蓝毓钟、陶炜、卢荣光、葛和林)，但当时选拔人恽与张并不知道，而是一视同仁的。此外并请褚、林、汤、朱四位工程师帮同物色在美留学的技术人员，邀约其参加这一实习队伍。恽在印度约好的赵硕颀，纽约办事处工作的王兆华，都是后来在哈尔滨开创汽轮机厂最出色的工程师，而杨锦山则是在上海的汽轮机专家。褚应璜约请来的有朱春甲、张均、朱维衡、张大奇、王述羲。

史密斯水轮机公司（S. Morgan Smith Co.）在三四十年代，是美国四大著名水轮机制造厂家之一。它的工厂和实验所设在宾州的约克城（York，Penn.），企业相传数代，维持着很高的产品信誉。恽震到美不久，在 A. C. 公司拒绝合作之后，就与该公司董事长兼总经理史密斯先生直接在纽约商谈技术转让，以便配合西屋的大型发电机，将来在中国大规模发展水力发电事业。史密斯是个 50 来岁的企业家，经营有方，善用人才，对中国这样一个水力资源丰富、人民勤劳勇敢的亚洲大国，非常感兴趣。他对于恽震派去实习的俞炳元工程师十分喜爱并称赞。在西屋合同未签订以前，他以慷慨开朗的姿态，表示愿与中国的资源委员会签订技术转让合同。他不是不知道西屋的索价是数百万美元，但他开口只要 3 万美元的入门费，可见他眼光更远，姿态更高，所以双方诚意相向，一拍即合。恽震上报资委会核准后，在西屋签约之前，立即付款签约。该公司提出的合同条款简单明了，不像西屋公司合同的深文周纳。恽指派俞炳元去作系统实习外，加派原在桂林四厂的陶炜和褚应璜介绍的王述羲共三人去该公司。史密斯亲加考询，十分满意，就派公司的几位技术老手，带着他们到有关项目现场勘察设计，研究水工结构，根据不同的水头和流量，设计不同型式具有最佳可能的性能的水轮机成套系统；同时又教导他们在制造上的材料选择和铸焊加工的工艺方法，把他们训练成为知识比较全面的工程人才。公司的历年设计图纸和技术资料，对他们三人全面敞开，听凭他们查阅，需要的就复印几份带回，所以他们从史密斯公司取得的图纸资料，数量不少而又切合实际。所可惜者，中方应该再添派几个人去参加实习，但没有做到。解放后，更应该继续同该公司保持联系，在几个重大工程如刘家峡、三门峡同他们进行联合设计，这些由于政治外交的原因没能做到，连彼此通讯的可能也被断绝了。

这一年恽参加 Westinghouse 纪念论坛会，认识了西屋公司的主要技术受让人，英国电气公司（English Electric Co.）董事长纳尔逊勋爵（Lord Nelson）；又到约克城去看望史密斯兄弟二人，叙话两天。他们通过俞、陶、王三人，更深刻地理解中国人的性情气质，十分称赞三人的好学苦干和吸收知识的能力，把他们当做公司的自己人看待，诙谐欢笑，情同一家。史密斯说，他们已经在公司里经受考验，具体参加一些研究、勘察和设计的工作，都能胜任，所以他们日后回国时，都可以做负责的工程工作，尤其是俞炳元，成绩更为突出。他们三个人后来在东北电工局和哈尔滨电机厂受到领导重用，对水力发电工程事业不断作出重要的贡献。可惜俞炳元和配合他的发电机设计工程师吴天霖两人在“文革”中受迫害致死。

第3章

抗战后的电工技术

恽震签订西屋合同后，1945年8月初，即以资委会工业技术考察团团长名义乘船赴英。到英两天，即获知日本于8月14日正式宣布无条件投降的好消息，大家非常欣慰。驻英大使顾维钧博士接见了考察团15人，举行茶话会把资委会考察团介绍给英国的制造工业企业家协会，恽震致词。随即分成几个组，由协会派员陪同分组出发参观。恽震、刘晋钰、鲍国宝等的电气组访问了莎士比亚的故乡，即由英国电气公司董事长纳尔逊勋爵（Lord Nelson）带同驰车至Rugby参观他的汽轮机厂。他是西屋公司许可证受让人，可是该厂工艺水平并不亚于西屋。他同恽在美国相识，知道美中合同已签订，即向恽致贺，说将来他将到中国来，要参观中国的汽轮机和发电机厂。英国的发电设备制造业，有三大中心：一是偏北利物浦的Metropolitan Vickers Co.（华名茂佛），二是中部伯明翰的General Electric Co.（与美国的G. E. 同名而不是一家），三就是偏南Rugby的英国电气公司。这三家的组织归属系统，后来又有所改变。那时英国的电力部门已经由工党改为国营，经营管理很有成绩，所以保守党掌权之后，也不去改变这国家大电网（National Grid）的制度。这是资本主义国家最大的国营公用事业公司。

恽不久就知道以毛泽东为首的中共代表团于 8 月 28 日到了重庆，用近 50 天的时间商订了一个联合政府的“双十协定”。不料蒋介石决心要铲除中共，终于掀起内战。他因为不能到巴黎、柏林去旅行，就即刻回到纽约，了解一下陈良辅安排培训人员的情况，就从纽约飞回昆明。那时刘晋钰已奉命到台湾去接收电力公司，郑家觉已回到开滦煤矿天津总公司去了，张承祜根据国内的局势，拟订出中央电工厂开拓新局面的规划。恽、张二人与总管理处的几个主任审定了以下的步骤和负责人选：

（一）昆明一厂和四厂合并为昆明制造厂，一厂设备分一部分到上海去，以孙瑞珩为昆明厂长，兼管电缆电机（解放后电缆、电机、变压器均成立专厂），炼铜厂奉令并入一厂。

（二）昆三厂奉令改为中央有线电厂，移设南京，黄修青厂长改任总经理。

（三）得知张兹闿被任沪苏浙皖区敌伪产业处理局局长，中央电工厂派沈良骅为上海制造厂厂长，带一批电缆、电机人员与张兹闿联系，接管日本留下的一些工厂。

（四）中央电工厂总管理处移设南京，张协理兼代总经理之外，呈会加派徐均立（电讯专家）为协理兼秘书处主任，王镇中为财务处主任，周杰铭为会计处主任，顾谷同为技术处主任，陆鸣嘉为购运处主任，俞恩瀛为业务处主任。业务处直辖各地区营业处。

（五）桂林二厂剩余设备再补充新设备，在南京设电照厂，以制造日光灯管为主，由吴祖垲以副厂长代理厂长。电子管厂设备尚待另购，以单宗肃为筹备处主任。冯家铮已他就（解放后到沈阳灯泡厂工作）。

（六）重庆电池支厂和灯泡支厂合并为重庆制造厂，由高嵩、俞显昌为正副厂长。兰州支厂撤销。

（七）与西屋公司技术合作正待筹建，但缺款的电机新厂设在湘潭下摄司，命名为湘潭电机厂。因许应期厂长已改就交通大学教授，褚应璜尚未返，派朱仁堪为新厂工程处主任，从昆四厂调一部分设备前往。下摄司发电设备已由资委会发来美制1 000千瓦机组一套。林津回国后，被派为代理厂长，这是一年后的事。

（八）汉口定为电池生产中心，贵阳设备运汉，以潘福莹、魏彦章为正副厂长。

（九）天津的日本电器工厂留下有几个，在经济部特派员王翼臣（煤矿专家）照管下，总处呈准派王宗素为厂长，张朝汉为副厂长兼营业处主任。整理后该厂分成电线、电机、灯泡三组。天津所需的原材料，要从上海海路运去。

（十）沈阳情况复杂，苏联红军占领后将有价值的机器设备拆运回苏，作为战利品。鞍山、抚顺、阜新、大连等地均遭此厄。孙越崎 1945 年 9 月被任命为东北区经济部特派员，兼河北平津敌伪产业处理局局长，1946 年出入关内外 9 次。恽震派去的沈阳电工制造厂厂长汤明奇，即在孙的照管下就任，可是沈阳铁西区各厂的主要设备都被苏军拆走了。李代耕（水电部副部长）1983 年编著出版《中国电力工业发展史》，他根据档案制成一表。在该书 123 页指出，苏联于 1945 年拆走的东北发电设备，共为 1 339 000千瓦，其中已投入运行的机组为 973 000 千瓦，计有大连甘井子电厂的 5 万千瓦、阜新电厂的 16 万千瓦、抚顺电厂的 21 万千瓦、本溪的 4. 3 万千瓦、水丰水力电站的 30 万千瓦、小丰满水力电站的 21 万千瓦。其没有安装的新设备则有 366 000 千瓦，其中有阜新的 10. 6 万千瓦、小丰满水力电站的 21 万千瓦、鸡西煤矿的 1. 5 万千瓦、佳木斯的 2. 5 万千瓦。

1948 年 9 月，沈阳解放。汤明奇并不是自请调离沈阳的，是在早几个月由恽震向孙越崎申请调到南京，然后在上海迎接解放的。

恽震在昆明部署以上的 10 点安排后，1945 年 12 月接到资委会钱昌照的电召，即飞往重庆。这时西南联合大学出了“一二・一”惨案，是蒋介石的特务干的。钱昌照对恽说：“美军统帅麦克阿瑟占领日本，照理应该帮助中国从日本索赔大量的机器设备，尤其是重工业设备，以补偿中国抗战八年的生命和财产损失。宋子文行政院长希望派你去了解一下，要尽量争取美军部的合作。朱世明不久要被派去担任中国驻日本的总代表，他和你都是中国参加‘远东委员会’的委员，由外交部直接通知你。”这时翁文灏已调任行政院副院长，资委会直属行政院，钱任委员长。于是恽就直飞南京。安排一下自己收回的房屋，就于 1946 年 1 月初飞到东京，寓居帝国饭店。

他首先访问了美军总部的赔偿组，主管者是一个上校，他把自己的身份和即将参加远东委员会的情况告诉他。远东委员会的主席就是麦克阿瑟统帅，委员由美、苏、中、英 4 国代表组成。恽先要求参观东京城郊一带的工厂，他派一个美国军官和一个日本人陪同，分几天去看七八个工厂，包括航空、机械、电工制造、电力等行业。东京是瓦砾遍地，到处是轰炸的残余，有些是幸存而完好的；但是可以看得出，美国的政策是要保全日本的工业精华，要日本很快复兴，做它将来抗御苏联的助手。完整的工厂和发电厂，军部是不愿用来作为赔偿受害国之用的。这些意图，恽在 10 天左右的视察和谈话中，完全可以体会清楚，虽然军部的各组不肯太露口风。除了中国之外，还有菲律宾、印度、印尼、缅甸这些国家也都希望获得实物的赔偿。所以美军部事实上是日本的保护人，不能让这个已被它占领的国家被赔偿搞垮了。

恽震在日本访晤了蚕桑实业界，为国内蚕丝业专家葛敬中索取江南战后急需的蚕种纸版数张，据说这就可以为蚕丝业起一个带头作用。2 月，麦克阿瑟乘军舰由美来日，朱世明中将同舰到达，还有外交部的一位亚洲司杨司长，都在帝国饭店下榻。远东委员会第一次会议在东京开幕，讨论了天皇制应否维持、日本宪法的纲领问题等议案，随即开了一个战利品展览会，每个委员赠送倭刀一把，作为纪念，然后坐火车出发巡视仙台、京都、名古屋等地。朱世明在东京选了一所办公厅房屋，就同恽一道飞回南京，他向宋子文院长和王世杰部长请示。恽震作了一个视察调查报告。他的看法认为美国把日本当做囊中之物，豢养护持，使之为自己服务。赔偿的内容将限于已受破坏的工厂，以其剩余机件作为赔偿物资，而不可能听凭盟国挑选、整厂拆运。将来拿到的机器，鸡零狗碎，不能形成一个工厂的整体，所以若把日本赔偿当做我国战后复兴的大资产来源，必将失望。这一意见并未得到当局（宋子文等）的重视。1947 年 7 月，宋、王、钱三位商决，要派恽震由美调日，担任朱世明代表下面赔偿委员会的主任委员，恽坚辞不就，使他们三人都感到不快。

30 年代初，上海交通大学有一位学业非常出色的电机系毕业生钟朗璇，到瑞士 B. B. C. 公司去实习深造，对汽轮机的设计和制造工艺进行全面的研究，到 40 年代已跃升为总工程师，1946 年回国结婚。他在上海与恽震晤叙，恽告以已与西屋公司签订制造汽轮机的合约，劝他回来给祖国效力。他说等工厂建成后再回来。到解放后，他在瑞士已有著作出版，名望甚隆，因病死于瑞士。

由于 1945 年在英国遇见钱昌照先生时，得知他已被任命为资委会驻美总代表，接替王守竞的工作。在他回国处理中央电工厂事务时，纽约办事处暂由陈良辅代理，不料他又被赴日差遣之事所耽搁，直到 1946 年 4

月方才再一次回到纽约。他之所以愿就此职，不是为了自己工资可得美金支付，而是为了湘潭电机新厂需要1 500万美元购买设备。此外要继续培训新人，要请西屋专家及史密斯专家来华指导，都需要外汇专款。他准备根据西屋技术合作计划，向美国进出口银行借款，如能得手，则设法请求国家基建预算造厂房，尚不困难，只要国内团结安定，国共两党不打内战。如果内战扩大，不但美国人不肯借款，中国国库支付军费犹恐不及，哪有余钱来给你建厂。恽震也主张把中央电工厂组成公私中外合营的股份有限公司，他已经把厂的英文名称定为 Central Electric Corporation，呈准资委会备案。他还为了中央电工厂公司将来发行公司债的可能性问题同他的正己社社友新华商业储蓄银行总经理王志华商量。王说，一则你的新厂建设计划尚未开始实践，二则目前内战正在进行，金融动荡，币值下跌，所以现在不宜发动；如时局稳定，将来中国银行和新华银行一定会帮你进入市场。

恽震回到纽约资委会办事处时，该处分 4 个组工作，一为秘书财会组；二为业务组，由夏勤铎负责；三为购料组，由包新第负责，国内派人来购料的单位，都由他照料；四为训练组，由陈良辅负责，时昭涵协助，办公地点设在华盛顿，以便联络美方对等机关。在过去一年间，陈良辅、夏勤铎二人承资委会之命，为中国内地和台湾的若干企业办理了对美技术咨询和规划工作。在钢铁方面，聘美国马基公司（McKee & Co.）为顾问工程师，主要是给浦口钢铁厂和海南铁矿拟一个开发计划。在电力方面，与美国怀特公司（J. G. White & Co.）签订合同，请该公司派人到东北去协助接收电力系统，因内战未能实现。在三峡水力发展方面，已由美国内政部水土保护局派总工程师萨凡奇（Dr. Savage）于 1944—1945 年勘察长江三峡，拟出一个高坝开发计划，决定在丹佛（Denver，Colorado）该局总部进行设计，派了 30 位水利水力工程师来做具体设计，其中有杨国华、杨贤溢、徐贤修等人。恽于 1947 年春曾去视察叙谈过一次，并参观了美国西部的大型水力电站。在石油方面，为台湾高雄炼油厂与合众工程公司和世界石油产品公司（United Engineering Corp. and Universal Oil-Products Co.）咨询，开出一份修复所需清单。在铝业方面，夏勤铎与美国雷诺铝业公司（Reynold's Aluminum Co.）商谈与台湾铝厂合作，以台铝的原有资产折价 700 万美元作为优先股，再由资委会和雷诺公司各出资 50 万美元，作为普通股。但此一协议并未实行。

恽震看到卢作孚为民生轮船公司在加拿大订制新式轮船，侯德榜为浦口永利硫酸氩厂购机，均向美国国营进出口银行借款各为数百万美元的长期贷款，先后获得了成功。恽看在眼里，认为他提出湘潭电机新厂的项目，或许也有希望，何况西屋公司可以从旁协助讲话。他就在褚应璜工程师等相助之下，编制成一个与西屋公司、史密斯公司技术合作的建厂购机计划，以及准备在美选购设备的清单，作为一个贷款说帖，向美国进出口银行申请借款1 500万美元，声明将由中国财政部提供担保，建成投产后分 10 年归还本息。西屋公司在美国国会和政府方面颇有一些影响，恽请他们帮助对进出口银行施加力量，使之接受我方的申请。当时资委会和中央电工厂的同事们多认为有成功希望，在国内成立了中央电工器材公司董事会，资委会委任恽为董事长兼总经理，准备借款成功之后发行股票和公司债，招收商股，在国内外发行。

昆明中央机器厂本来是有能力自行设计制造电站锅炉的，但此时王守竞已经不过问这个事业，施伯安也离开了昆明，在上海重理新通公司的商业，所以无人来承办锅炉技术的引进。恽震在纽约，先后同美国的拔柏葛公司（Babcock & Wilcox，Co.）、燃烧工程公司（Combustion Engineering

Co. Inc.）和福斯特惠勒公司（Foster Wheeler Co.）三家商谈技术转让问题。但因资委会无暇及此，认为西屋计划尚无把握实现，何为急急再签订锅炉的引进合同，所以谈判就只得中断了。

恽震于 4 月中旬收到进出口银行董事长发来的一封信，邀请他到华盛顿总行去面谈。这位董事长在办公室接见后，便礼貌地请他到私宅去吃晚饭，以便畅谈。初次相识，主客二人就长谈了两个小时。主人坦率地对恽说："美国政府以大量金钱和军火给蒋介石政府去打仗，早先是共同打日本人，后来是以更多的钱帮他打内战。如果内战打胜了，交通和地方秩序恢复了，那么借款给你们买美国的机器设备，去搞和平建设，是可以考虑的，是不成什么大问题的。但是目前蒋介石的军队打得不好，胜利看来没有什么把握。你说我们怎么能放心大胆借款给你去办工厂呢?"

这一番话说得中国客人无言可辩，只好把话扯到别处去。进出口银行之所以迟迟不给恽震答复，是有道理的，并不是怀疑恽震没有能力经营好一个大工厂，而是要等候中国有一个和平办工业的环境，否则此时投资，他们认为就是把钱抛在海里。这位董事长接着又进一步说："我们美国人的观点认为，工业企业应该由私人企业家组成公司去经营，而不主张由政府投资去办实业。你们资源委员会的国营工业在抗战时期做出了成绩，值得我们钦佩，但是在平时就不合我们的口味。因此，中国的永利化学公司和民生轮船公司申请借款，我们都同意了，当然他们的担保人必须也是中国政府。这说明我们美国人的传统习惯是偏爱私人企业的，但是这也不是绝对的。你们这笔借款所遇到的主要障碍是中国当前的混乱和内战的局面。"

恽震这一天方才理解到，他的借款申请不能被美国国家银行接受，同他 1944—1945 年邀请美国资本家对华投资被拒绝，是同样的原因。美国政府对蒋政权的军事借款，是骑虎难下，欲罢不能。他们看出这是没有前途的投资，对手是一个不争气的腐败政府，所以不愿再在经济借款方面陷下去，作更多的投资。至于台湾岛，美国早就把它视作自己的势力范围。在1946年以后，凡在台湾的经济投资或银行贷款，只要其可行性已被证明，就不论私营公营，都可以获得美国进出口银行的资助。此外，美国政府还鼓励美商在台湾投资。

翁文灏1944年给恽震的使命，要他从美国吸引外资和借款来办战后工业，完全失败了。但是在中国方面也有所收获，那便是通过有限的技术引进，在国内战火纷飞、一片混乱的时候，培养了电工动力界七八十位工业人才。若把电线电缆、电真空和电子学、有线电和无线电通讯、电瓷电池等的人才一道计算进去，则有一百四五十人在国外得到培养训练。

恽震在纽约担任资委会总代表，时间仅一年半，便心怀退志，不想干下去，主要的原因，是在向美国进出口银行的借款申请上，因内战的影响，受到难堪的打击。中央无线电器材厂总经理周维干和协理王端骧，希望同美国无线电公司（R. C. A.）合作，获得技术转让许可证，请恽去协同谈判，但因对方要价过高，未能达成协议，使恽更感到懊丧。他向资委会提出辞职的请求，决定回国去继续为中央电工厂苦干，领取每天贬值的国币工资。亲友们都觉得这是一件怪事。那时候，中央电工厂已取得西屋电气公司在华代理专营权的合同，取代威廉·亨特及宋子安的代理商的地位。资委会指令由陈良辅接替恽的总代表工作，恽携眷回国，乘轮船穿过巴拿马运河；路过台湾，上岸访问台湾电力公司的老友黄辉和孙运璿。回到上海，已是1947年的12月。

青年同事们同恽震接触得最早的是葛和林，他是由杜宪祖教授介绍到建设委员会来的。他是一个地下共产党员，在交通大学被校长开除了，恽把他引为助手，又让他到金陵大学电机科去插班，毕业后再到中央电工厂来工作。恽派他帮张承祜建设电线电缆厂，建成后他成为一个电线电缆专家。他同张厂长关系搞不好，就从昆明到湘西去教书，因为言语不慎，他和其夫人袁敏都被国民党特务陷入狱中。恽同湘西的湖南大学校长胡庶华商量，把葛和林夫妇营救出来，回到昆明留在总处工作。葛在被派到美国调研的期间，同另一电缆工程师吴维正一道工作，深得恽震信任。葛和吴都不在西屋训练圈之内，但他们和褚应璜极要好。褚应璜的好友张大奇、杨锦山、葛和林都是党员，所以他对于回国之后应该往哪边走，煞费踌躇。1948年初，葛先回国，那时上海厂的电缆电机两条生产线都已初上轨道，电缆部分有娄尔康、吴维正、马盛模、李杜、胡懋书，电机部分有丁舜年、姚诵尧、孟庆元、冯勤为、方福林，可是工会方面很复杂，沈良骅厂长应付不了这种暗斗明争的局面，提出请求要回南京电照厂，恽震同意，便命葛和林接替他，做上海厂的厂长。

褚应璜带着到解放区去努力的决心，同他夫人吴世英回到上海，吴也是一位电缆工程师。恽和张承祜要他去湘潭电机新厂做厂长。褚知道政局大势不会容许湘厂成功，所以不愿意去湘潭，他告知了葛和林，就夫妇同赴香港；到了香港，写了一信给恽震，说他们俩“到北方解放区去，这是唯一的一条路，后会有期，愿先生珍重”。恽读了这封信，喟然而叹，葛和林开导他：“蒋家王朝必倒，应璜走的路是对的，先生也要走这条路。”

恽震归国到上海解放，只有一年半的时间，除了得到葛和林、褚应璜二人之启发外，还有一二次是孙越崎给他的指导。1948年10月，孙利用国民党社会部召开全国同业公会成立“工业总会”的机会，把资委会各地工矿电企业负责人当选为代表来南京参加会议的，约有四五十人，召集他们在会本部开会，会内各处及在南京各总管理处负责人也参加。在会上，他以委员长的身份，动员大家坚守岗位，切勿惊慌，团结职工，迎接即将来临的解放，完整地办理移交。他举出当年3月鞍山解放的事例，资委会所属鞍山钢铁公司无一人伤亡，所有人员都被留用，高级技术人员受到优待。愿走者发给路条，沿途放行，可见中共办事是合情合理的。这一番话引起了大家的思想共鸣，当场有好几位发言表示充分支持。会后不久，孙又约恽震到他家里密谈，告知这一会议已请驻港可靠人员向中共代表汇报经过，深得对方同意和赞许。他主张会属几个专业总管理处，可从南京移往上海或其他城市，以便照料本行业。因此恽震随即安排将总处迁往上海，因为湘潭虽是从美国实习回来的绝大多数技术和管理人员集中的地方，而且大量的技术资料也保存在那里，可是那里生产较少，收入甚微，维持有赖于总处的挹注，至于调度金融，应付国民党残余势力对上海工厂的压迫，都需要总管理处驻守上海，比远处湖南起更大的作用，对全局有更多的好处。总处就与上海区营业共用广东路137号一所房屋，随时与上海制造厂（溧阳路57号办公楼）相联系，颇感恰当（电线电缆分厂在军工路，电机分厂在通北路）。

在1948年11月，翁文灏的行政院长垮台，孙科继任。不多时，大约在12月下旬，蒋介石问孙越崎："你们南京有几个工厂？"孙说："在生产的有5个：电照厂、有线电厂、无线电厂、高压电瓷厂、马鞍山机器厂。"蒋说："把这5个厂迁到台湾去。"这对孙来说，好比晴天霹雷，他想这样一来，他就无颜留在大陆了，立刻推辞说："5厂现在经济已很困难，拆、运、建需要很多经费。"蒋说："这不要紧，你做预算来，我交财政部照发。为了加快和省钱起见，你们一面拆，一面派人去台湾勘定厂址，把设备直接运到新厂地址，可以节省时间。"孙离开时，他还说："预算早日送来，越快越好。"

孙回去心情颓丧，只得叫沈良骅、黄修青、王端骧、任国常、张心田5人分别做迁厂预算。因为这5个厂有4个是恽震担任董事长的，所以恽也赶到南京来商量。孙把预算送上去，很快就由蒋批回："交财政部国库署以'紧急命令'如数照拨。"机器设备拆卸工作也随即进行，孙派无线电厂总经理马师亮和机器厂厂长张心田带同其他3个厂的总工程师去台湾勘察厂址，选定新竹。孙又要恽同上海办事处主任夏宪讲租了万国轮船公司的新康轮，载重8 000多吨，先到马鞍山装运机器设备后，下驶南京，暂停江心，要等候有空隙才好靠码头装货。这时已经是1949年1月20日。

想不到那时毛泽东核定的战犯名单和议和八个条件已经公布，1949年1月21日蒋介石宣布"下野"，报上登出他即日离开南京飞往奉化，由副总统李宗仁代理总统。恽震早上8点在上海广东路办公室读到这一消息，不禁大喜，就打长途电话给南京的孙委员长，建议他立刻去谒见李宗仁，说明停迁南京5厂，对于李主张的议和有好处，请他下手谕停迁。下午2时，恽再打电话给孙，问李宗仁手谕已否拿到，码头4厂的机器设备已否下令运回，照常开工？孙答云："已经办妥了，轮船公司请你去通知，运费损失可予补偿。"但后来恽看到孙写的回忆录，却说他并未去李宗仁处请示，而是他自己提笔写了一张条子，交秘书处发一个命令，通知各厂把码头上的设备全部运回原厂。这一点不知是否孙先生记错，照说这样的大事不给李宗仁请示，似不近情。当然拒迁5厂，使这5个关键性的工厂仍然能在大陆上起作用，许多人才和职工能够不离开大陆，肯定是孙先生的功绩。

资委会这件事是冒很大的险也是有大功的，后来汤恩伯打来两个电报催运，南京卫戍司令万建藩又把沈良骅叫去催运，幸而南京很快地就解放了，否则蒋介石还要拿出杀手锏来报复孙越崎。资委会拆迁费领到台币132亿元，通过台糖公司的调换手续，把在上海售糖所收金圆券拨给有关5厂，各厂得到这一大笔补助费，可以很宽裕地维持员工生活到解放还有余。蒋介石恼羞成怒，到了台湾，宣布开除了孙越崎的国民党籍，并下令通缉他。

1949年春节前，湘厂因发不出工资向总处告急，恽电嘱纽约陈良辅、许声潮将购料款及西屋代理营业积存款抽出一部分汇沪，换成小金条，由恽携带飞往广州，转火车经长沙到湘厂，与林津代厂长、朱仁堪、沈从奄、蓝毓钟等叙谈。厂部收到金条，换成银元分发员工，稍资应付。这是恽回国后第三次视察湘厂，当时召开大会说："请大家放心，难关必能安稳渡过。"4月底，孙越崎在广州把从上海带去150多万美金的支票分发给中南、西南、西北各厂矿数十单位，湘昆汉渝4厂都派人去领，获得足够维持两月的应急款。到8月，长沙、湘潭都解放了。

第三野战军陈毅司令员率部队攻取上海的前夕，葛和林的好友汪季琦，是中共上海地下党组织的成员，叫葛转告恽震，要他设法取到资委会在沪各材料仓库的地址、负责人姓名和电话号码。恽不愿找吴兆洪和季树农（财务处长，他已与党员季崇威即他的堂侄接上联系，但恽不详知），但上海办事处主任夏宪讲（字心言）同恽比较相熟，恽就请夏心言交出这一张关键性的单子，理由是可以更有把握地保护这一大批物资，不受败退的蒋军破坏。夏当然完全了解这些物资的情况，就乐意地交出单子。汪季琦后来当面告诉恽震，他十分满意，而且做了周密的布置，使全部物资没有任何损失。

上海军事管制委员会下面设一重工业处，处长是经济学家孙冶方，他负责接管资委会在华东一带的企事业。他带来一批干部，其中就有褚应璜，原来他离沪之后，在东北找到主管电力和电工制造的程明升和周建南两同志，又到北京去进见周恩来同志，到来不过是半年时间耳，相见时甚感欢慰。孙冶方的副手是程望，干部中有曹维廉、高飞、何依、沈康等人。高飞是派来接管中央电工器材公司的军代表，何依、沈康二人接管上海两行业的制造厂。不久，重工业处即规定该厂分为两厂：上海电机厂，由何依任军代表，丁舜年任厂长；上海电线厂，由沈康任军代表，葛和林任厂长。这是一个很合理的安排。

这里要补叙一件事。解放上海的四五天前，恽震在家里收到沙逊大厦的和平饭店来的一个电话，原来打电话的是他在交大同班同学四年的常熟人王崇植（受培）。他进建设委员会是受培举荐的，进资源委员会主办中央电工厂，也是受培推荐的，两个月前王从台湾又回上海，两个人一同在公园里讨论时局，慨叹了一番。此时正当天翻地覆，上海正要被解放军打进来的时候，这位结交 32 年的同窗好友想不到又来找恽震了。恽当然知道王是来迎接他去台的。他乘车到和平饭店北楼，握手问候毕，王崇植开门见山，说："你不该留在大陆冒险，你以为共产党能用你发展电力和电工制造吗？尹仲容要我告诉你，还是同杨继曾、黄辉、谭伯羽、沈怡、莫衡这些老友在一起好，你的职位已定为美援委员会的委员，也可以在台湾建起一个电工事业。我已经给你买了 4 张飞机票，务必请你一家明天跟我一道走。至于房子，我买了两所，一所是送给你的，你也知道我是不愿同你分手的。"恽震听了就再握住崇植的手说："受培兄，交友如君，可称莫逆。但是你难道不知蒋家王朝已经是天怒人怨，失尽人心，否则为什么蒋介石有全副美式武装而两年间丧师数百万呢？社会主义无非是'不劳动不得食'和'为人民谋幸福'。民主与科学各国都要讲，共产党也要讲，现在再要加上'公道'二字。从前人家说共产党专制独裁不民主，乱杀知识分子，那是谣言。毛泽东、周恩来、董必武、吴玉章、恽代英、陈毅、张闻天不都是知识分子吗？”恽接着又说：“你在开滦10多年，同英国资本家合作，薪资特高，怕中共清算你，所以我原谅你，避开一些也好。我则不然。资委会钱、孙二先生与我同心，归降中共，想为祖国多效一些力，请你也原谅我。好友分手，是非常难过的！”谈了一小时，恽与崇植凄然而别。他在台北只住了9年，尹仲容是做了一番事业的，崇植则郁郁不得志，身体一直不好，病殁于1958年2月14日，终年63岁。这时恽已获得“右派”之名，免职降薪留用于北京，但这并没有使恽懊悔9年前不听好友王崇植的话。

上海解放后，我们首先看到的是人民子弟兵的纪律性，其次是听到陈毅司令员对我们留用人员启发勉励之讲话。然后人民政府拿出安定人民生活的粮食、油、布之类各种物资，以平定物价，同时以雷厉风行的法制行为制止市面上不法活动。甚至长期为害社会的鸦片和娼妓，亦能用釜底抽薪的办法合情合理地予以铲除解决。恽震率同主管人员将电工公司的账册、财务、业务以及全部人员及与各地厂处的关系，完整地点交给军代表高飞，两人对面办公，有问必答，双方关系十分和洽。同年9月，中央财经委员会主任陈云同志指示，解放区和华东区专家会合组成“东北华北工业考察团”，以刘鼎为团长，沈鸿为副团长，团员北方南方各半，北方多半是后来一机部局级干部（人名记不得），南方以程望为小组长，褚应璜、恽震、顾敬心、孙祥鹏等，都集中在北京出发。到了沈阳，工厂破坏较多，褚应璜要介绍与周建南相见，结果没有找到；鞍山、本溪、抚顺、大连、小丰满、长春、哈尔滨，都去看了一下。考察团挂了一节客车，10多人集中在一起，路上谈论风生，有说有笑，客车行动由刘鼎团长指挥。他在解放军中是负责兵工的，可以搭挂在任何一个列车上，适应正常班次，不是专用一部机车来拖。程明升是见到了，周建南未见到。北方的团员对天津、唐山和太原都已了解，因此这 3 个属于华北的城市只有上海来的几个人去看。恽震在天津看望了王宗素、张朝汉和天津钢厂的史通，到唐山参观开滦煤矿，并与他哥哥恽济一家欢叙。在太原看了阎锡山办的钢铁厂和附近的名胜晋祠。然后齐集北京，把各人的参观随想和意见交给刘、沈二团长，转呈陈云主任。恽震所条陈的主要意见如下：

“陈云主任：新中国要发展国民经济，提高人民生活，必须大力进行电力建设，和自力制造各种电机电器。发电机、变压器和一切电动机的最主要原材料叫做矽钢片，或硅钢片。这种硅钢锭，要轧成高级的硅钢片，用热轧达不到要求，必须用已冶炼合于规格的硅钢，冷轧而成磁性最好的硅钢片。我在美国要向著名的轧钢公司买它的专利技术，他们不卖；我要介绍一位专家丘玉池去参观，他们也不同意。现在我们开始创业时，每年只要用几万吨，而且要分成几个品种，数量太少，国内钢厂又没有冷轧和冶炼的技术资料，往往不肯找这个麻烦，可是这是电工界也就是电气化的关键原材料，非它不可。10 年以后，可能每年要用几十万以至上百万吨。为此，我建议国家财经委员会第一步要购储每年十几万吨冷轧高效硅钢片。第二步，要选择指定一家有兴趣和技术人员的钢铁厂，为专责和研究试制冷轧硅钢片，每年要准备生产十数万吨以至数十万吨的轧钢公司，将来该公司应尽快从国外引进炼制硅钢和冷轧硅钢片的新型设备和技术，同时不断在自己的研究所继续进行科研，以期依时代之发展，不使这一关键性材料受外国控制。”

这一意见陈云主任采纳了，但后来冶金工业部在执行上不够重视。先后命鞍钢和太原钢铁厂试制，但成效不佳，因为一般钢厂任务很重，品种繁多，硅钢片既难做，而数量又不大。在欧美几个国家，他们费了好几十年的苦功和智力，才能掌握这一项工艺和技术。新中国如能及时引进这一制造技术，再用苦功和智力奋斗若干年，便能并驾齐驱，不使成为居奇的货物。在70年代，成立了武汉钢铁公司，它同日本新日铁技术合作，已能自制“取向的”和“无取向的”硅钢片，但次货尚不少，还没有达到满意的量和质。

上海派出的考察团员10月初回到上海之前，中华人民共和国的开国大典已经在北京举行了。恽等在火车上看到《人民日报》上登载着“华东工业部”的人员名单，部长是汪道涵，第一副部长是孙冶方，还有两个副部长是程望、吴兆洪。部内钢铁工业处有吴学蔺、袁慧灼，机械工业处有支秉渊、夏安世，电器工业处恽震、褚应璜、曹维廉，化学工业处徐名材，经理处金芝轩，材料处蒋易均，秘书处张哲民、华明之，财务处季树农、苏曾诒。褚应璜因在东北沈阳已任命为电器工业方面的总工程师，不久便被召唤回去。曹维廉一向在新四军方面任电讯工作，恽震初次同他在同一办公室工作，相知未深，但彼此印象都感融洽。一个是党外人员，一个是老党员，两个人互相要了解彼此的性格与脾气，这就需要一段相当长的时间。按常例，执政党的党员一般做正职，党外人员一般做副手，可是在华东工业部的电器处则恰相反，对于性格比较主观和有些自傲的恽震来说，很可能在办事上不大征求曹维廉的意见，就习惯于相对的独断专行。再加处内职员大半是恽的旧部，他们请示很可能先找恽，或直接问恽而不太问曹。此外，当时上海的私营电工制造厂和企业家，有华生厂的叶有才、华成厂的周锦水、新安厂的孙鼎、公用厂的胡汝鼎、大成厂的何其义、亚先厂的张惠康等，他们都和恽震较相熟，接触较多。其中华通开关厂首先被重工业处核定为公私合营厂，陈文全同志任军代表，这使其他私营公司尤其是规模较大的华生电机厂的叶有才先生十分羡慕，不断地向恽处长要求，恽向汪道涵部长请示。当时因时机未成熟，不能予以满意的答复。

褚应璜为首的东北电工小组于 1950 年奉命来沪，一是要调用上海及湘潭的技术人员，除必须留下保持生产者外，应尽可能动员其启程赴沈阳；二是要把西屋公司和史密斯公司的图纸资料全部由湘潭移往沈阳，湘潭及上海可保留必须用的西屋副本一份。这样上海电机厂留下丁舜年、姚诵尧、孟庆元、方福林、冯勤为、朱春甲、萧心等几个工程师。丁舜年没有到过昆明，他和姚诵尧是交大杜光祖教授最得意的两个学生，所以华生的风扇能有这样好的基础，在 30 年代就蜚声东南亚。姚到过昆明一厂，为时不久，但长才巨识，能负重任，抗战胜利之后，同入中央电工厂，因此就优先被派往西屋实习。解放后一件大事，就是丁、姚、孟三人设计上海无轨电车上用的成套 80 千瓦串联式电动机，连同工艺规程，不但自己成套做，还要联合上海几个合格的电机厂一道制造，后来这一型式就风行全国了。

曹维廉得到组织的批准，去正式担任上海电机厂的厂长，这样他可以充分掌握做一个厂长的才识要求。他在电器工业处的支部书记兼副处长的工作由吴渔村来接替。此人作风与曹颇不相同，城府深，很难揣度。恽震与新安厂的孙鼎经理是同学，又因孙是一个出色的工程师企业家，新安的产品也颇有名望，恽便到他厂中去参观。他发现孙鼎的管理才能与其技术能力匹配得很好，厂中井然有序，效能和质量比一般的工厂高。新安还有一个天津分厂，孙鼎本人也曾在华通厂做过总工程师，在金融资本和生产销售经验上都是上海商品市场上的佼佼者。恽在一个刊物上著文称赞他和新安厂，说这个单位不但是私营厂的表率，公营厂在管理效能上也应向新安学习。曹维廉看到这文章后不以为然，当面劝告他，说这样表扬太过分了，说这在政治上会产生不良的影响。恽年龄虽长于曹，政治知识确还欠缺得多，他对曹是心服的。

恽震的国民党籍，早已弃若敝屣，虽其时已有“民革”，因朋友劝的不多，亦未参加。他原为中国工程师学会多年董事，抗战期间曾任中国电机工程师学会会长 3 年，上海解放前后，他是上海电机工程师学会会长，与毛启爽同志合作办《电世界》等。毛是交大教授，已参加九三学社。在上海人民代表会议席上，由毛启爽、卢于道二人介绍，恽在 1950 年初参加九三学社上海分社。他由沪入京，又经筑、宁二地，1983 年重归上海，曾任贵州省政协职及贵阳分社委员职 10 多年，至今已将近 40 年矣。

附　录

三十年来中国之机械工程

庄前鼎　刘仙洲

（一）绪论

本文系应中国工程师学会之嘱而写，会中指定之题目为："三十年来之机械工程"。故三十一年以前之机械工程不便涉及。又会中指定之内容，仅限于"机械工程学术方面"。对于"机械工程事业"及"机械工程教育"，均不令叙述，以免与中篇内"三十年来之机械工业"及下篇"三十年来之工程教育"陷于重复。根据以上所限之范围及内容，则三十年来中国之机械工程可分为下列七项：（甲）关于机械工程之发明或改进者；（乙）关于机械工程之著作或编译者；（丙）中国机械工程名词之编订；（丁）中国机械工程史料之搜集；（戊）中国机械工程学会之创立；（己）中国机械工程标准之厘定；（庚）中国燃料之研究。兹分别述之如下：

（二）关于机械工程之发明或改进者

关于此项之记载，最好依据政府核准之专利案件。惜此项案卷，在民国二十一年以前者遗于南京，无法参考。兹仅就民国二十一年至二十六年间经前实业部核准之一百二十三起及自二十七年至三十年间经经济部核准或已予公告之一百三十五起中，择其有关机械工程者，加以叙述。

查在此二百五十八起之中，属于机械工程者计有下列六大类：

（1）关于纺织机械者　此类之中，又可分为两项。一为就正式纺织厂所用之机械，凭长久之经验作部分改善：如穆湘玥、朱锡昌之穆朱式大牵伸隙罗拉；大来铁工厂张雪樵之双面双梭力织机半转齿轮换打装置；雷炳林之大牵伸机上之伸弹器及棉纺大牵伸附件均属之。一为就内地需要所设计之小型纺纱机加具特点：如梁际昌之快式纺纱机，设有调簧杆、慢性心形轮、偏心轮等调速装置；黄天宁之天宁布机，设有捲布运动所用之花板盘装置；郭志钧之川亚双面纺纱机，设有立式收纱装置；陈渠珍之三一双轮纺织机，于脚踏及成纱两部分有新颖设计；新友公司之小型棉条机、梳棉机及超大牵伸装置；吴福钧等之利民小型纺纱机及新记西北实业公司之西北金波式轮纺机均属之。

（2）关于制盐机械者　制盐为川省重要工业之一，普通均系吸收盐井中之卤水，或用天然煤气或用煤蒸煮成盐。为节省燃料起见，或则装置高架，使卤汁自上分散下注，先行浓缩。或则利用煮盐时所生之蒸汽，先行蒸煮卤汁，使之浓缩，其机械及器具之布置方法，种类甚多。已经核准专利者，有萧家干之灶用制盐真空机；李西月龙惠溪之简单二级蒸器；刘森支之煎盐机及陈仿陶之废气温热器各部装置之配合等。

（3）关于打字机者　此类之中计有俞斌祺之中文打字机；高曙青之天旋打字机；舒震东之震东式打字机及谢锦堂之手摇连印机等。

（4）关于印刷业所用之工具者　此类之中计有张晋卿、张仁山之活动字型模壳；陈立夫之船字架；张延祥之中文活字排版尺等。

（5）关于汽车附件者　此类之中计有谭废蓬之柴油化气机；王振利、王振山之化油机启闭机；郑君卓等之重油汽化器；梁守一之华南式重油汽化器；俞和平之柴油化气机；汤仲明之代油炉；向恺之汽车煤气发生炉除灰器；李仲振之介龄木炭汽炉隔气器；陆子冬、周浩家之大中式煤气炉；张维镛之煤气炉；罗又权之高速煤气炉及刘吉龙、顾丽川之内燃机燃料配合器指示表等。

（6）关于时钟及日历者　此类之中，计有丁希孟之希孟氏历钟；中华教育用品制造厂之日月星期时辰钟及活动钟马；史永恩之历钟及袁翼云之永动日历等。

（三）关于机械工程之著作或编译者

近三十年来，国人编译之机械工程书籍及发表关于机械工程之论文，亦日有增加。兹分书籍与论文两大类列表于下：

（甲）书籍（80 种，略去书名与作者姓名）

（乙）论文（156 篇，略去文题、作者姓名、发布刊物等）

（四）中国机械工程名词之编订

编订中文机械工程名词，对于用中文编译机械工程书籍，用中文发表机械工程论文及制定关于机械工程之各种法规等均有必要。在前清同治光绪年间，江南制造局兼作译书工作时，即注意及此。当《汽机发轫》与《汽机必以》两书译成后，即于光绪十五年（一八八九年）编印一册英汉机械名词，名之曰《汽机中西名目表》，其内容实不仅限于汽机。当时所译各种机械工程书籍，其名词一律以此为标准。因事属创举，结果难免有一部分不甚恰当者。甚至所译者，实为一定义或一说明而非一名词。

民国十七年八月，中国工程师学会推定程瀛章、张济翔二人编订《机械工程名词草案》一册。译名较为精审，惟全部仅二千余则，未免失之太少。

民国二十一年，中国工程师学会又推定顾毓琇为编订工程名词委员会委员长。顾君委托刘仙洲担任《机械工程名词》一种。至二十三年七月，编订完成，共得一万一千余则。当时仅印成五百余本，不数月而分散完毕。

民国二十五年五月，中国机械工程学会在杭州开成立大会。到会会员均主张请刘仙洲再行增订，并从速付印以应急需。是年九月，遂又增订完成，共得二万一千余则。

后因华北风云日亟，由清华大学机械工程系将刘仙洲所编之卡片三万余张，装箱送交南京国立编译馆，请继续加以整理。该馆先成立一机械工程名词审查委员会。后又因此项名词包含太广遂采某方之建议，将全部名词，分为六部，依次整理。第一为普通部分；第二为工具仪器部分；第三为动力厂设备部分；第四为铁路机械部分；第五为汽车航空部分；第六为纺织、兵工、造船部分。

民国二十九年普通部分之草案编成，分寄各地委员，先作初步审查。至民国三十年三月更由教育部在重庆召集正式机械工程名词审查委员会。经审查通过所有《机械工程名词（普通部）》一万七千九百五十六则。会后交国立编译馆重加整理，以便呈部核准后公布。

（五）中国机械工程史料之搜集

吾国已有四千余年之历史，其间所有关于机械工程之发明及应用，究曾达到何种程度，当为此后吾国研究机械工程者所应注意之事。即就吾民族之文化言，亦应加以整理以颂于世。刘仙洲曾对于此方面作过相当之努力，彼曾于民国二十四年秋季在清华大学《工程季刊》上发表《中国机械工程史料》一文；后又印成单行本。其内容共分十三章，第一章为“绪论”：叙述搜集中国机械工程史料所以比较困难之故。第二章为“普通用具”：分刀，斧斤，凿，锯等十项。第三章为“车”：分服牛乘马，洒道车，木牛流马及飞车等六项。第四章为“船”：分千里船，皮船，轮船及脚踏车船等七项。第五章为“农业机械”：分犁，碓，水碓，水碾，扇车等二十八项。第六章为“灌溉机械”：分桔槔，辘轳，翻车，水车，刮车及筒车等十二项。第七章为“纺布机及花机”等十八项。第八章为“兵工”：分弓矢，云梯，飞梯，枪，炮及火枪等九项。第九章为“燃料”：分炭，煤，石油及天然煤气等四项。第十章为“计时器”：分漏，沙漏及钟表等三项。第十一章为“雕板”印刷：分刻板，活字板，套板及纸等四项。第十二章为“杂项”：分水排，风箱，唧筒，油榨，木鸢，风扇，记里鼓车，走马灯，磨床，链床，肤钢法及淬火与退火等二十五项。每项均叙述其来源，考证其年代，并提出其合机械原理上之条件。最后第十三章，则叙述西洋输入之机械工程学。分明末清初，及前清同治光绪年间两个时期。又最近刘仙洲在《东方杂志》上所发表之《中国在热机学历史上之地位》一文，其中以述南怀仁在康熙年间，对于 Branca 之冲动式汽轮所作之试验，亦不失为吾国最重要之机械工程史料。

（六）中国机械工程学会之创立

机械工程学会为机械工程界共同发表研究心得之机构。故欲求机械工程学术加速进展，则此种组织，实有其必要性。

在吾国之学术团体中，有一种极明显之趋势，即成立年限愈早者，所包之学科愈多。成立愈晚者分工程度愈细。例如中华学艺社，其所发表之论文，几乎无所不包。科学社则范围稍狭。中国工程师学会则范围又狭，但仍包括各种工程。当各种工程在国内均有相当发展时，由合而分，亦自然之趋势。

民国二十四年秋季，庄前鼎、杨毅、顾毓琭，王士倬、王季绪、李辑祥、刘仙洲等七人，在北平清华大学筹备发起中国机械工程学会，先向国内机械工程界先进人士发出公函六十余件，征求愿任发起人之人。得到四十余人之回信赞成，遂正式发起，草拟简章，并普遍征求会员，当时共得二百余人。二十五年五月在杭州开成立大会，通过会章，并推定黄伯樵、庄前鼎为正副会长。更组织一编辑委员会，发刊《机械工程》季刊，推杨毅为总编辑。第一、二两期于二十六年上半年如期印行。第三期版亦制好，第四期亦集好稿件。旋因“七七事变”发生，遂归停顿。各地会员迁动者甚多，会务亦因之颇受影响。第二届会长推定陈石英，副会长仍由庄前鼎连任。因陈石英远处上海，对于会务无法执行，遂由副会长在昆明代理会务。中间因调查各地会员及报告会务起见，曾出《机工通讯》一种。民国三十年又改进职员，推定程孝刚为会长，仍由庄前鼎副之。去年职员改进推定杨毅为会长，刘仙洲为副会长，进行之事约有下列数项：（一）为进行会务比较顺利起见，采用总干事制，推欧阳仑为总干事，常驻川渝；（二）接受交通部之委托，由会组织一轻便铁路机车研究试验委员会，设于桂林；（三）征求个人及团体会员，充实本会；（四）促成各地分会；（五）筹备恢复《机工通讯》季刊，并增刊一种通俗刊物，称之曰《机械知识》。截至最近，个人会员已有四百八十三，团体会员二十，分会正式成立者七处，正在筹备成立者八处。此后更望逐渐进展，抗战结束后，更能大加扩充也。

（七）中国机械工程标准之厘定

世界各工业先进国家，大多数均有工业标准机关之设立。吾国建国前途需要工业化，已为近年来上下一致之呼声。倘在工业化大规模进行以前或进行之初，即先注意标准化，并施行标准化，则对于吾国工业前途各方面，必均有利益。

关于机械工程标准之厘定一事，在吾国亦已有十余年之经过。自民国三十一年起，进行更为积极。兹择要述其经过如下：

民国二十四年四月，实业部呈准行政院，设立工业标准委员会，罗致全国专家暨各业代表充任委员，以董其事。二十三年又呈准行政院令行全国度量衡局兼司厘定工业标准工作，并咨函中央各部会、各学术团体，以及请由教育部转知各大学暨令行各省市有关厅局，会同该部直辖各机关与工商业团体等，酌定标准，送由全国度量衡局汇编后，转送委员会审查。至二十七年，已有各项工业及简单化标准六百六十六种。其中与机械工程有关者，计有各项螺纹标准草案、工业制图标准草案及煤焦检定法草案等。

民国三十一年三月，全国度量衡局呈准经济部，组织机械工业标准起草委员会。

四月间邀请杜殿英、顾毓瑔、欧阳仑、杨家瑜、周茂柏、张可治、萧万成、王树芳等开筹备会，商讨进行步骤。并函请交通部、教育部、兵工署、中央研究院、中央大学、西南联大、同济大学、中国科学社、中国工程师学会等机关团体三十一单位；中央机器厂、中国兴业公司等工厂二十五单位；杨家瑜、杜殿英等专家七十余人参加。六月七日在重庆开成立大会，到会者共有二十二单位之代表及专家三十七人。其重要之议决案如下：

甲、就机械工业标准种类划分组别。结果暂设下列六组：（一）机械基本标准组；（二）机械原件组；（三）工具与工作机组；（四）动力组；（五）车辆组；（六）船舶组。

乙、推定常务委员及各组负责人。结果推定常务委员杨继曾、杨家瑜、顾毓瑔、颜耀秋及欧阳仑五人。各组负责人如下：

机械基本标准组——金锡如、李承干、马雄冠。

机械原件组——李酉山、包可永、萧万成。

工具与工作机组——张传琦、周芳世、张可治。

动力组——陈大燮、杜殿英、周茂柏。

车辆组——张登义、杨毅、王树芳。

船舶组——王涚、李允成、商船学校代表。

（八）中国燃料之研究

过去十余年来，有与机械工程有关且进展甚速，成绩极优，值得大书而特书之一事，即中国燃料之研究是。

民国十九年夏，北平金绍基（沁园）先生捐专款，在地质调查所创立沁园燃料研究室。东北事变后，该所因时局关系，奉政府命于南京有所建设。燃料研究室得经济委员会之协助，因此在南京建设新实验室，二十五年春落成。全室设备颇为丰富，不但普通化学用品及燃料分析工具均甚完备，关于高压氢化设备，亦略具规模。

民国二十六年，抗战军兴，当时燃料研究室进行以植物油裂解制造汽油，颇具眉目。经济部资源委员会因利用此法，筹设“植物油提炼轻油厂”。后于二十八年夏又更名为“动力油料厂”设于重庆。

当燃料研究隶属地质调查所时，进行工作以煤为主。除物理性的研究以外，多注重于煤之利用；如煤之氢化，煤之蒸馏，费薛氏方法制油等等。迨迁至重庆后，因环境及需要之不同，注意点亦因而略异。现今偏重者为液体燃料，石油之代替物及植物油之利用等。兹将该研究室历年对燃料研究所得之结果，分类列表如下：

1. 燃料之分析——其中以煤之分析为最多。所采标本遍及全国（访谈者略去表）

2. 煤岩学及煤之物理的分析（访谈者略去表）

3. 煤之蒸馏及炼焦（访谈者略去表）

4. 石油代替品（访谈者略去表）

5. 植物油之热裂及利用（访谈者略去表）

此外，该室对于润滑油类，亦颇有贡献。曾以植物油为主要原料，制成机器油、调水油、擦枪油、乳化油及润滑脂等。

（九）结论

就以上所述之各项观之，可知在过去三十年之中，吾国在机械工程学术之各方面，尚不无相当之表现。惟就真正之成绩言，除燃料之研究一项外，似难免仍有“尚欠努力”之感。因有系零星改进，其发明之价值并不甚高；甚至一经实用，竟至失败者；有系方在萌芽，因抗战关系，几等于停顿者；有系初步工作，尚未完成者；有系方经开始，尚无工作可言者；即就书籍论文言，不但数量上失之过少，且就内容查之，亦多数失之不甚充实。此后欲求吾国达到工业化之程度，实在需要机械工程方面之学识与技术。故深望吾国机械工程界同人，负起责任，努力前进也。

三十年来中国之机械工业

顾毓琇

第一节　引言

现代工业之肇始，应溯自十八世纪末叶，史家称之为工业革命。在一七七〇前后十余年中，有纺织机械之四大发明，与瓦特蒸汽机之发明，此项机械发明实推动工业革命之主力。而无论纺织机之四大发明，与瓦特蒸汽机，其主要特征凡二：一为人类智慧技术之传递于机器，使机器代人操作。一为利用天然动力之源，以替代人力畜力。易言之，操作之基础与动力之基础均有极大之改革。在以前若干制造工作，依赖技术极高之工人始能得之，现在一设计完善之机器可以优为之，因此项机器乃人类智慧技术传递设计之结晶品，操作结果可以全如预料。人力操作其产量速度有一定之限制，而机器操作则产量速度可以远比人力操作为高，而唯一限制为机器之设计与所用材料之强弱限度。人力操作可能得相当精确程度，而机器操作其精确程度之达到殆无疑义。以前之制造工作赖人力或畜力，力量小而效率低，瓦特发明之蒸汽机，乃象征动力基础之革命。利用无穷尽天然动力之源，以役于人，使人力所不胜之工作可以实现。且动力可以自由传递，制造结果自宏。故工业革命之所以划人类历史为两个不同之时代者，简言之：为人类智慧技术之传递于机器，而操作之基础与动力之基础均有革命式之改变也。

机械之成为工业之中心，实自工业革命始。近数十年中，工业上伟大之进步，已数见不鲜。史家以第一次欧战前后名之曰第二次工业革命，此次世界大战中之工业进步名之曰第三次工业革命。在每一次革命式的工业进步中，机械工业每为推动之主力。直至现在，机械工业已成一国工业化之尺度，国家现代化之绳准，国力之泉源矣。

世界工业之突飞猛进，使努力进步之中国仍觉瞠乎其后。今日中国之问题，乃在于相当短期间内完成世界已经历之三次工业革命。而此三次工业革命之主要基础，仍不外乎操作基础之革命，与动力基础之革命。易言之工业之机械化是也。中国之新式工业虽肇始于同治年间（一八六六），而民国以来始有显著之发展。民国以来，欧战时期各种工业顿为活跃。欧战终止，全世界工业不景气之怒潮浸及中国，加以内战纷扰，工业骤形衰落。民国十六年，国民政府定都南京，全国统一，政府提倡保护，工业又得复苏，进步较前加速。民国二十年，“九一八”事变起，全国益策励图进，工业进步益复加速。若干新兴工业皆相率建立。及至“七七事变”中国工业已具雏形。“七七”抗战突起，中国工业不免稍受挫折，但工业内迁以后，在封锁线内，及不利之环境下，努力奋斗，奠定后方抗战工业之基础，其功绩不可埋没。中国机械工业素来落后，工业所需之机器皆仰给外国输入。三十年来各种机器之输入，有如第一第二两图（访谈者略去图）。第一图表示机器输入之种类，第二图表示输入之国别。若详细研究机械输入之增减，可以作中国工业之兴衰起伏之写照。益证机械工业可作工业化之指数也。第三第四两图（访谈者略去图）表示历年工厂之登记及机械工厂之登记情形，合并研究益可了然。

研究中国机械工业之进步，可以约略分为三个时期。第一为初创时期，自民国初年以至民国二十年“九一八事变”。第二为仿造时期，自民国二十年至民国二十六年“七七事变”。第三为创造时期自“七七”以至于今。

自前清同治（一八六二）以后，始有军械工厂之设立，民国肇始（一九一二），方有普通机械之产品。然以受不平等条约之束缚，以及国内政治不靖，机械工业未能大量发展。此时期可称为我国机械工业之初创时期。迨及民国廿年（一九三一）“九一八事变”发生，国人咸感机械之重要，纷纷设厂仿造国外出品，产品种类数量日渐增多，此时期可称为我国机械工业之仿造时期。廿六年（一九三七）抗战军兴，国外机械输入锐减，卅年太平洋战事爆发，国外物资无法输入，而国人亦深感国内所需机械之种类式样未尽与国外产品相若，故由仿造进而为创造改良，以求国内机械生产之自给与需要之配合，故此时期可称为我国机械工业之创造时期之始。兹将三十年来我国机械工业之概况依上述三时期分别叙述于次。

第二节　初创时期

我国之有机械工业，始于同治元年（一八六二）。李鸿章在上海创办制炮局，四年（一八六五）扩充为江南制造总局，专造军械。次年左宗棠设马尾船政局，注重造船。同年又设天津机器制造局，此时始有普通机械之出品。光绪十六年（一八九〇），汉阳铁厂兴工，卅四年（一九〇八）上海扬子江机器厂成立，资本较大，出品亦渐可观。故我国机械制造项目实以军械生产开其源，经营方法亦以官营事业发其端。

民国初年，国人渐感现代工业之重要，复以政府提倡民营工厂之设立，外人在华设厂之数量亦日增，机械之输入年有增加。尤以民国四年（一九一五）以后欧战爆发，我国机械工业日渐发达。民国六年（一九一七）之机器输入值为八百六十万两，至民国十年（一九二一）突增至五千余万两。欧战既终，各交战国家努力生产，开拓国外市场，而我国则以内乱频仍，百业凋敝，遂成为各生产国家消费品市场之尾闾，机器输入一落千丈。我国建立未久而基础未固之新式工业，所受影响至巨。中国之机械工业在此期间进步更缓，于第一图中工具机输入之数字可得概要。

国民政府成立，积极提倡工业，复经从事机械工业人士之艰苦奋斗，机器之输入又步增。我国机械工业亦始日渐步入发展之途径。民国十六年（一九二七）我国机械工厂虽仅有十九单位，而十八年（一九二九）即增至一〇一单位，廿年（一九三一）增至一九一单位。我国机械工业资本数在十六年虽仅有二十万元左右，十八年增至一百六十万元，而二十年又增至四百余万元。兹将十六年至二十年历年间我国机械工业之厂数、资本数、工人数，列表于后（访谈者略去《民国十六年至二十年我国机械工业概况表》），借以明了其进展概况。

在此时期中，外商在我上海、大连等地纷纷设厂制造各种机器，利用我廉价之人工与原料及广大之市场，颇为发达，兹将外商在我国所设之机器工厂之所在地，设立年份，资本金，及制品列表于后（访谈者略去《外商在我国所设重要机械工厂一览表》）。

第三节　仿造时期

民国廿年（一九三一），“九一八事变”发生，东北四省相继沦陷，东北规模较大之机械工厂，如沈阳兵工厂等，悉为敌人侵占。国人咸感机械自给之迫切需要，遂由国外购置转而为仿效制造。政府既积极奖励扶助，人民亦努力进行。各地机械工厂纷纷设立，其分布概况、资金工人数额、出品价值列如下表（访谈者略去表）。

实业部中央机器厂亦在二十年九月开始筹设，资本定为三百万元，机器设备利用英庚款治购。惜以政府政策不定，终于机器运华后改归铁道部机厂，抗战起后，设备散失不少，乃成泡影。

国内机械制造工厂之普遍设立情形如上述，其仿造机械之种类、数量亦日有增加。在此时期中仿造各种机械著有成绩者列如下表（访谈者略去表）。

“九一八”至“七七”数年中，吾国各项工业皆有显著之进步。一方面受外力侵略之压迫，举国上下皆有奋发图强之意志。另一方面政府提倡保护，使工业化之工作得有荫庇。机械工业在此期亦有良好之进步。若干普通机器向来仰给外国者，至此可以仿造。上海外国洋行，每以中国机器厂自制之机器加上洋行之牌号，以供给中国工厂，亦足以证明仿造结果之相当满意。至精确度较高之机器，如自动螺丝机及灯泡钨丝拉丝机亦能仿造，其精确程度皆称满意。在此时期中，国营机器厂、铁路机厂方面，以津浦机厂、四方机厂、吴淞机厂、武昌机厂规模最大，出品最佳。兵工厂方面，以金陵兵工厂最为称著。民营机器厂制造成绩最佳者，为新中工程公司、永利化学公司机器厂、大隆机器厂、寰球机器厂、周恒顺机器厂、康元制罐厂、新民机器厂、顺昌机器厂等工作最佳，出品优良。加以六河沟炼铁厂能出优良之铣铁，中央研究院工程研究所及大鑫钢铁厂能出电炉钢及马丁炉钢，使中国机器工业有良好之原料，亦本期中机械工业进步之重要因素。然机械工业之制造技术，如铸工、锻工、车工、淬火等尚鲜进步，不免墨守成法，至可憾惜耳。

第四节　创作时期

民国二十六年（一九三七）“七七”抗战发生，十一月政府即督促战区厂矿积极内迁，当时上海及沿江下游各埠之厂矿，均陆续将机器拆迁。全国民营工厂得政府协助而迁入陕川滇湘桂等省者计三三九厂，内机械工业占一四三家，内迁机件共五八九零零吨。兹将内迁工厂之类别及迁移机器设备吨数列如下表（访谈者略去表）。

尚有若干民营工厂，未经政府协助自动内迁为数亦众，尤以若干工厂自上海沦陷后历尽艰辛，绕道海防、宁波、金华等经公路跋涉千里之遥尤属可嘉。

三十年十二月内迁之民营机械工厂增至二三零厂，复工者一九八厂。三十二年八月统计，后方民营机械工厂共六零零家，其分布如下表（访谈者略去表）。

民营机械工业规模较大设于重庆市区者，有周恒顺机器厂、顺昌机器厂、新民机器厂、上海机器厂、民生机器厂、中国机器厂、震旦机器厂、福裕机器厂、裕民机器厂等。其他各地机械工业规模较大者，如五通桥永利化学公司机械工厂、广西纺织机械厂、君武机器厂，及湖南新中工程公司等。

至于国营机械工业如兵工署、资源委员会、航空委员会、中央工业试验所，及交通部等所属机械工厂，亦均自行筹划内迁。其中行动规模最大、撤退最彻底者，首推军政部所辖各兵工厂。抗战以来，努力生产成为长期抗战主力之一，计先后在昆明、重庆、泸州、桐梓、万县等地设立之兵工署所属机械工厂，有第一、第三、第十、第十一、第二十、第二十一、第二十二、第二十四、第二十五、第三十、第四十、第四十一、第五十、第五十一等兵工厂，制造各种武器及军用机械。航空委员会所属第一、第二、第三制造厂，及大定发动机制造厂①，制造驱逐机、双发动机运输机、木身教练机、塞克隆发动机等。上述各机械工厂之情况，均有关军事机密未便详述。

国营机械工业除兵工署及航委会所属各工厂外，资源委员会办有昆明中央机器厂、宜宾机器厂，在广东坪石与广东省政府合办粤北铁工厂，在甘肃兰州合办甘肃机器厂，在江西泰和与江西省政府合办江西机器厂、江西车船厂等六处，从事各种机械之制造。交通部主持者有全州机器厂、柳江机器厂、贵定黔中机器厂、黔桂铁路苏桥机厂、湘桂铁路桂林机厂、湘桂铁路衡阳机厂、粤汉铁路郴县机厂、陇海铁路宝鸡机厂、叙昆铁路昆明机厂、重庆中央汽车配件制造厂、桂林器材修配厂及重庆钢铁配件厂等十二处，从事交通工具之制造。

经济部中央工业试验所机械制造实验工厂，从事精密试验仪器设备及工具机械之制造。

国营机械工厂中具有现代规模，符合标准方法者，首推资源委员会之中央机器厂，兵工署之第五十、第十兵工厂，航空委员会之大定机器厂。资源委员会中央机器厂，设分厂七，第一分厂为金属冶炼厂，掌理钢铁五金之冶炼、铸造、锻制等工作。第二分厂蒸汽锅炉厂，设计制造蒸汽锅炉及有关机器。第三分厂内燃机厂，设计制造内燃机及有关器材。第四分厂电机厂，设计制造大型发电机、电动机及有关器材。第五分厂工具机厂，设计制造精密工具及工具机。第六分厂纺织机厂，设计制造纺织机。第七分厂普通机械厂，设计制造普通机械及一般工业设备。各厂设备皆称精确，作业方法亦皆有标准，堪称机械工业之模范。兵工署之第五十厂、第十厂设备精密，机械工厂之具有大量生产之意义者，应以此为模范。航空委员会之大定机器厂设备甚

① 即大定飞机发动机厂。

精良，设计之完善与欧美各国相类之工厂相比拟，亦可无愧色。

省营机械作业，发轫于贵州二十八年六月贵州中国机器厂。其他各省亦相继创设，如四川之四川机械公司，广东、江西、甘肃等省与资源委员会合办之机器厂亦皆颇有规模，出品称佳。

在此时期中，我国机械工业与国际运输断绝，国外器材无法内运，受需要之紧逼乃竭各人之能力，渐由仿造阶段，步入创作之领域。其最著成绩者如下列。动力机械：如资源委员会中央机器厂二零零零千瓦汽轮机，中央电工器材厂之一五零零千瓦汽轮发电机，周恒顺机器厂之一二零及一八零马力船用蒸汽机，上海机器厂小型水轮机。交通机械：如中国汽车制造公司桐油汽车，交通部中央汽车配件制造厂之传动齿轮，新中工程公司之煤气车等。作业机械：如中央机器厂，周恒顺，顺昌，公益，经纬及广西纺织机械厂等。各型纺织机，如中央工业试验所机械制造实验工厂之化工机械等。精密工具机械：如中央、顺昌、上海、新民、柳江等厂之出品。精密试验仪器：如中央工业试验所机械工厂之油类、水泥、石材、木材、纤维、纺织、陶瓷、金属等试验仪器。

新型创作之机械与工具经实业部及经济部核准专利者，至今计一零一案。就性质言，复可分为（1）锅炉、（2）动力机、（3）纺织机、（4）制盐机器、（5）各项作业机、（6）交通工具、（7）工具等类。战后以大型锅炉之制造设备繁重，且小型锅炉之需要亦日增，故国内自制者多属于小型。核准专利之旋篦蒸汽锅炉及竖立回火管锅炉均属此类。动力机械之创作范围尤为广泛，如核准专利之转缸式飞机发动机，及仲明动力机等，设想均甚新颖。如煤气机副空气活门，及差压引火方法等，亦极适于实用。纺织机械可分两种，一为就大型纺织机，为长时期之研究，做部分之改良者，如棉纺大牵伸机上各附件均属之。一为就内地需要，设计各型小型纺纱机者，如快式、川亚、三一、新农、七七、西北等式均属之。抗战前各厂所装，均为大型机械，观摩既多，遂有发明。抗战初期，纱布需要甚殷，而大型纱机及印度式纱锭之仿制，尚未成功，故小型机遂应时而起。其研究时期以二十九及三十两年为最盛。制盐机器有压盐砖机及电力吸卤机械，至于各项作业机械均就已有机械再改造，工具则均以灵巧见长。交通工具机械经核准专利者大别复可分为：（a）柴油化油器，（b）煤气炉，（c）节油器，及（d）其他交通工具数类。战前柴油价格廉于汽油，技术专家所注重者为柴油之如何充分汽化，故实业部核准各案，大多为柴油化气机。战后液体燃料运输不易，则又趋于煤气炉之如何改进，以及燃料之如何节省。故经济部核准各案以煤气炉及节油器为多。煤气炉所用燃料或为木炭，或为无烟煤。核准专利各案或于某一部分有其特殊构造，或于配合装置新颖而又适合实用。现后方各公路运输车辆已有一部分改装此种煤气炉。汽油车改用煤气炉后，引擎马力必有相当之减低，为补救起见，或则更改机械齿轮或则加装增力机，以增多进入汽缸之煤气量，或则换装较大引擎，以抵消因改用煤气而减少之引擎马力。然煤气车行驶成功之重要关键，仍为煤气发生炉及其他配件之设计得宜。关于煤气之调节，经核准专利者，有（i）煤气调节器，及（ii）发焰空气自动调节器两种。兹将二十七年一月至今经济部核定专利之重要机械与工具之名称及用途列表于后（访谈者略去表）。

抗战以来，我国机械工业技术之进步，已如上述，至其产量，虽在抗战初期略受战事迁移影响，惟自二十八年以来，产量大增，自二十九年至三十一年民营机械工业重要机器生产增长百分数列如下表（访谈者略去表）。

二十八年至三十一年国营机械工业重要机器生产增长百分率列如下表（访谈者略去表）。

三十年年底，后方机械工业之单位超过战前之数量，技工人数达一四八四六人之多，兹将三十年度后方机械工业主要产量列表于下（访谈者略去表），借以明了机械工业之生产实况。

在此时期中，我国机械工业自内迁以至建厂复工，在艰苦之环境中接受军需民用之要求，制造各种机器。由于政府之协助鼓励，企业家工程师之艰苦奋斗，率能克服困难，步入创作性之领域。苦于机器为战前所未能自制者，若干机器其能力及大小为以前所尚未达到者，现在皆能自制。此外尚有数项新趋势为前所未见，而将为推进今后机械工业之动力者：

（1）标准化之提倡。政府提倡工业标准化已历十余年，而“七七”以后提倡益力。工业方面对标准化亦有更深切之认识，若干公营工厂，如兵工厂及资委会中央机器厂等，皆自订各种标准，以资提倡。民营工厂中，如新中工程公司、顺昌铁工厂、周恒顺机器厂等亦订有若干标准，忠实推行。政府集各厂之意见乃能议订统一之机械基本标准，以树基础。而机械工厂无论大小，皆于标准化有深切之认识，并有推进之热忱，此为战前所无者。

（2）精确度之提高。机械制造贵在精确。精确程度随工业进步而提高，二十年前公差在一英吋之五十分之一左右，认为已可满意。而现代机械制造其公差常在一英吋之百万分之一。中国机械工业一般而言之，精确程度尚在甚低水准，自宜急起直追。“七七”以后，至今机械工业为需要所迫，确有良好之进步。兵工厂及若干公营机器厂，皆严格检验其出品之精确度，风气所及，民营工厂亦趋响应。尤以接受兵工制造之工厂非符合标准不可。故整个机械工业皆于精确观念逐渐树立，此于战后机械工业之推进，有莫大之关系。

以上两项皆此期中之新趋势，足以欣慰者。但机械制造之基本技术，如铸工、锻工、淬火等，除公营工厂及极少数之民营工厂加以注意并有进步外，一般工厂仍昧于基本学识，不求改进。此则有待于今后机械工程界之力为提倡与改进也。

第五节　回顾与展望

综观三十年来中国工业之进展，民元以前至民国十六年国府定都南京以前，工业进步较为迟缓。十七年以后经民国二十年之“九一八事变”直至“七七事变”，工业之进步至少可以代表十年至二十年之进步。“七七”至民国三十年其中虽有挫折而进步速度仍高。此种情形可以历年工厂登记情形表示其进展概况（见图三，访谈者略去图）。机械工业之进展亦可作为整个工业进展之指数（见图四，访谈者略去图）至为明显，若参阅图一图二（访谈者略去图）合并研究，更可得其真义。今后中国工业化工作之推进，将使此上升之曲线继续上扬，而机械工业进展之曲线不但应同步前进，且将超而上之，庶中国工业化能得相当机械化之基础，此则全在机械工业界之努力耳。

机械工业在过去三十年中确有相当进步。由初创而至仿造，由仿造至于创造。制造种类，年有增加。制造技术，亦有进步。但缺点尚多，应设法克服庶能继续精进。

（1）专业化——中国机械大都是普通机械之制造，缺乏种类之专业化，与技术之专业化。不专故不能精，不精乃不易进。今后要求精进，必须设法鼓励专业化。

（2）基本技术之研究改进——中国机械工业之制品表面似甚完美，但材料之性能是否合格实大成问题。一般机械工厂不注意于基本技术，如铸工、锻工、焠火等，乃最大缺点。今后亟应改进。

（3）精确与标准——精确与标准为机械化生产之基本。抗战以来已有显著之进步，而尚赖今后之力图推进。

以上三者皆以前之缺乏，今后应设法改良之要素。中国机械工业有赖于此，中国工业之机械化更将以此为基础也。

三十年来中国之电机工程

顾毓琇

我国电机工程学术，发达较晚。早年温毓庆氏为哈佛大学皮亚斯教授（Prof. G. W. Pierce）校订著书，对电讯学术颇有贡献。电力方面，在我国《工程》杂志发表之重要论文，则首推周琦氏关于感应电动机之设计与制造。

民国十八年冬，万国工业会议在东京举行，我国代表团在电工方面宣读之论文，计有三篇：

（一）萨本栋著：

《多向矢量代表多相电系之方法》

Representation of Polyphase Systems by Multi-Dimensional Vectors

（二）朱物华著：

《电滤波器之瞬变电流》

Transient Currents of Electric Wave Filters

（三）顾毓琇著：

《交流发电机之瞬变分析》

Transient Analysis of an Alternator

萨氏前在民国十六年及十七年《美国电机工程师学会会报》（*A. I. E. E.*）发表二文，一文报告空气介质之火花研究，一文讨论对称坐标之图解方法。

顾氏于二十五年三月，在美国《数理杂志》发表四次方程式之求通解法，二十八年一月又在 *A. I. E. E.* 发表论文，以运算微积学解析交流电机之瞬变现象，理论计算与实验结果均相符合。

自民国十八年以后，国人一面继续在国外发表电工论文，一面在国内《工程》杂志及《电工杂志》等刊物，发表研究心得，兹分别略为介绍如下：

关于电路分析，萨本栋氏于民国二十年及二十四年在国立清华大学《理科报告》先后发表五文，其中 Impedance Dyadics of Three-Phase Synchronous Machines 系与严晙君合作。二十五年，萨氏赴美讲学，又在 *A. I. E. E.* 发表二文。各文重要内容，汇集成书，名曰 *Dyadic Circuit Analysis*，已于二十八年在美国出版，堪称国人对于世界电工学术之重要贡献。二十九年，又在*A. I. E. E.* 发表短文，讨论三相电路之二相坐标。

关于电网络之分析，中央研究院王季同、丁燮林二氏于二十三年及二十四年先后在该院研究报告中发表论文。后蔡金涛氏又在《物理学报》及《电工杂志》发表电网络行列式之简易算法。顾毓琇氏前于二十一年在清华大学《理科报告》发表一文，引申马克士威定则，以求电网络中任何一部分之电流值。

民国二十一年，李郁荣氏在美国《数理杂志》发表关于“电网络之综合”重要论文，题为 Synthesis of Electric Networks by Means of the Fourier Transforms of Laguerres Functions。此文发表后，李氏又与美国麻省理工大学数学教授温纳博士（Dr. Norbert Wiener，曾来华讲学）有共同发明，获美国政府专利。国人电工发明，能在国外取得专利，实亦为极大荣誉。二十五年李氏与张思侯君在国内发表一文，对于电网络之 Parameter Transforms 又有贡献，并举实例以明之。李氏又曾与顾氏合著一文，讨论二正弦波之叠合，后顾氏即应用此研究结果，分析同步电机异步运用时稳定电流之波形。

关于电讯网络，朱物华氏于二十一年发表二文，一为“电阻端滤波器之瞬流”，一为“人造线路之相当网络”。关于“人造线路”（Artificial Lines）之瞬变电流，顾氏与赵曾珏、朱允二氏另有分析，载《电工杂志》。二十二年，朱物华氏在《电工杂志》发表“任何频率时之相等网络”，二十六年，又发表“Π式滤波器之特性”。二十七年，朱氏在美国 *I. R. E.* 发表“电阻端低频带及高频带滤波器之瞬变电流”。至普通频带（Band-Pass）滤波器之瞬变电流，则于三十年《电工杂志》中另有专文论之。

关于无线电之研究，冯简及倪尚达二氏从事甚早。冯氏对于 Beam Antenna 及短波无线电均有研究，其理想为电力可以无线电输送。后从事于中央广播电台之建设，抗战以来，成绩卓著，名誉驰于国内外。倪氏曾著有无线电专书，其研究结果，散见《科学》杂志，《工程》杂志，及中央大学《理科研究录》。民国十九年，在《科学》发表"极高周率振荡器之分析及其应用"，二十年及二十一年，又发表"百分调幅之分析"。在中央大学《理科研究录》发表者则有"屏栅谐振器之怪象及其解释"（二十三年），"第一氧化铜整流器"（二十四年），及"倍压器之特性及其应用"（二十五年）。倪氏近著"小型磁化器之设计"，曾在二十九年工程师学会年会与戚作钧君之"介质常数测量计之设计"同时宣读。

关于肯内来海佛仙气层（Kennelly-Heaviside Layer），任之慕氏在民国十九年已在美国 *I. R. E.* 发表论文二篇，王葆和氏在二十二年 *I. R. E.* 亦有研究报告。陈茂康氏于二十四年，发表关于中国高空气层（Ionospheric Layer）之初步报告，二十六年又发表关于二十五年六月十九日日蚀之测验结果。

任之慕氏于民国二十年在 *I. R. E.* 发表"反馈耦合电子管振荡器之新研究"。十年以后，又在 *I. R. E.* 发表重要论文二编题为：On the Induced Current and Energy Balance in Electronics；On the Energy Equation in Electronics at Ultra High Frequencies。

任氏近年主持清华大学无线电研究所，对超短波无线电甚有研究。二十九年曾与林家翘君在物理学会发表"秘密无线电话"一文，近著"超高频电子学之电磁论"，已在三十年清华大学《理科报告》发表。

民国二十二年、二十三年，萨本栋氏曾发表关于三极振荡器之论文三篇。自二十二年起陈茂康氏关于阴射线电波计（Wavemeter）及脉振发电器（Pulse Generator）之设计试验，曾发表报告多篇：关于"空心石英柱之振荡"，严济慈、钱临照诸氏于二十五年 *I. R. E.* 亦有报告。

以制造世界上最小型真空管驰名之孟昭英氏，于二十九年在 *I. R. E.* 发表"三极放大器之直线屏极调幅"一文，三十年中国工程师学会年会发表"四极管及聚射管之调幅研究”一文，得电工论文第一奖。兰州年会又宣读“电阻耦合振荡器”一文。

二十四年，赵曾珏、叶楷二氏曾在《电工杂志》发表一文，讨论电灯泡及真空管之制造。后叶楷君在哈佛大学研究，发现真空管内负值电阻之现象。三十年，叶氏在清华大学《理科报告》发表“滤波器耦合宽波带放大器之分析”一文，兰州年会又宣读“含钍钨丝炭化度之研究”。范绪筠氏于二十八年在美国《物理学报》发表一文题为：Transition from Glow Discharge to Arc。

抗战以来，范氏亦从事于真空管之制造研究，三十年在清华大学《理科报告》曾发表：Thermionic Electron Emission of Oxide-Coted Emiters。

中国工程师学会三十年年会时，沈尚贤君另发表“射频功率放大器之最佳板流角度”一文。

二十八年，朱兰成君在 *I. R. E.* 发表关于“电磁角”（Electromagnetic Horn）之论文二篇。三十年，又在美国《应用物理学报》发表：Steady-State Solutions of Electromagnetic Field Problems。

三十年 *I. R. E.* 中，另有国人王君（C. C. Wang）发表一文，题为：Large Signal High-Frequency Electronics of Thermionic Tubes。

关于超短波之研究，马师亮氏曾在二十九年中国工程师学会年会提出论文三篇，最近又于年会中宣读二文，题为“电抗调频器之理论与设计”及“调频调幅改换机”，获本届电工论文第一奖。又朱恩隆君同时提出“反馈电路之分析”一文。

关于输电工程，李郁荣氏于民国十七年及十九年即在 *A. I. E. E.* 发表二文，一文计算三线电缆中电线间之电容。一文讨论输电电线之“接近效应”（Proximity Effect）。王国松氏曾用有向电势求一圆形导体之“皮肤效应”及“接近效应”，于二十三年《电工杂志》发表其研究结果。关于长方形导体之“皮肤效应”，则在浙江大学《电机工程》杂志发表。冯和修君关于高频率交流电侵入无限长导体之研究，发表于二十三年《电工杂志》。近年，程式君在德国亦有关于输电工程之研究论文，题为：Anwendungs Möglichkeiten der symmetrischen Komponenten auf dem Gibier der Selektiv-Schulztechnik elektrischer Kraftbertragungsleitungen。

关于电机之分析，顾毓琇氏应用运算微积分及对称坐标法分析交流电机（包括同步机及感应电动机)，与派克氏（R. H. Park）根据两应学说对民国十八年春同时发表论文，可谓对三相同步机之精确分析，得圆满之解决。二十一年，顾氏方法又应用于凸极同步机，并提及“自磁激”之现象。

民国二十年，顾氏在《电工杂志》讨论同步机之异步运用。二十二年以后，此项研究及实验结果，继续由顾氏及朱颂伟、朱曾赏诸君在清华大学《理科报告》发表。

二十四年，章名涛氏发表一文，讨论同步机在周期振荡时之制摆系数（Damping Coefficient)。中国工程师学会兰州年会，杨耀德氏发表论文，题为“同步电机摆荡时之制摆矩”，后陈宗善君在美撰博士论文，研究“同步机之自磁激”。近在中国工程师学会兰州年会发表二文，题为“凸极同步机之相当电路”及“震荡体系之稳定度”。张钟俊君则研究“单相流发电机之短接电流”，论文载二十九年出版之清华大学《理科报告》，并提交三十年中国工程师学会年会宣读。

自二十二年起，顾氏即注意于运算微积法及两应学说之沟通。二十四年，曾发表“同步机之运算分析”一文，研究甚详。二十六年，在 *A. I. E. E.* 发表一文，题为“两应学说对于多相同步机之应用”，不但证明二法可以完全沟通，且进而分析多相同步机之复杂现象。二十七年中国工程师学会年会，顾氏另宣读“多相同步机之分析”一文，用运算微积法求得同样之结果。

关于感应电动机之瞬变分析，顾氏于十八年 *A. I. E. E.* 论文中已曾提及，并证明理论与实验互相符合。二十四年，顾氏在中国工程师学会年会宣读“感应电动机之串联运用”一文，曾得年会论文第一奖。以后五年中，此项研究及实验结果，由顾氏及朱曾赏、徐范、严畯、孙绍先诸君陆续在清华大学《理科报告》及《电工杂志》发表。关于单相转子之多相感应机，亦曾加以分析，并作比较研究。

章名涛氏对于以“张量分析”（Tenson Analysis）应用于电机分析，颇有深刻研究，二十六年曾在清华大学《工程季刊》发表“单相感应电动机之理论及张量分析”，其具体结果较普通公式更为有用，且鼠笼捲中每匝之电流，用变化阵列式即可求得。闵乃大君对张量分析亦有浓厚兴趣，曾在德国以其心得，印成专册。

关于以普通坐标（Generalized Coordinates）应用于矢量分析，王启贤氏曾于二十六年《电工杂志》中详论之。近年美国方面对三相电路可以二相坐标代表，讨论甚多，萨本栋氏亦有通讯在 *A. I. E. E.* 发表。

胡汝鼎氏对于以“对称坐标法”应用于感应电机，曾印有专刊。胡氏曾得一新法单相感应机，后张藕舫氏又得一法。二法同时由张氏发表于二十九年之《电工杂志》。

关于交流单相鼠笼推拒式电动机之特性，杨耀德氏曾加以研究，在浙江大学《电机工程》杂志发表。十年中国工程师学会年会，杨氏又发表论文：“感应电动机直流制动之理论与实验”。

关于电机圆线图，曹凤山氏前曾在《电工杂志》发表论文数篇。关于凸极同步机之矢量图，顾毓琇氏曾利用“相称矢量”（Conjugate Vectors）得简明之结果。王国松氏近为文讨论三刷发电机，对兰司独夫氏（Prof. A. S. Langsdorf）书中所述中以修正，说明磁化作用之计算法，并作特性曲线之简单分析。

关于电力网络，倪俊氏于《电工杂志》第一卷即曾为文讨论。二十六年又在清华《工程季刊》发表“交流电工程中之极性问题”。顾毓琇氏对于电力网络中各点短接电流之计算，亦曾于十年前发表其心得。董维翰氏在德国曾有关于电力调整之论文，题为：Behandlung von Schwierigen Regelvorgangen bei elektromechanischen Reglern nach einem graphicshen Verfahren。

美国麻省理工大学王尔兹教授（Prof. K. L. Wilds）于二十五年至二十六年曾来清华大学讲授电力网及电系稳定度（System Stability），于我国电工学术亦有良好影响。

关于高压电试验，杨耀德氏于《电工》第二卷曾发表“高压绝缘试验之结果”，实为较早之报告。后建设委员会及清华大学分别设置高压实验室，前者由陈中熙氏主持，后者之设备情形及实验报告，由顾毓琇、娄尔康三氏在二十六年《工程》杂志发表。建设委员会之高压实验设备，现移交中央工业试验所。该所施汝砺君近在中国工程师学会兰州年会发表关于电气标准之论文。

关于电热方面，李文采君在德国研究“感应电炉”，曾著有论文。

以上但就作者所知叙述大概，疏漏之处，请电工同人赐以指正，并加增补，不胜感幸。(关于电工英文论文请参看《中国电工杂志》)。

三十年来中国之电机制造工业

恽震

中国电机制造工业，创始于民国四五年间，逐渐进步，逐渐开展，至抗战前夕，即民国二十六年春，全国大小制造有关电器电料之工厂，共有二百家之多。（根据资源委员会中央电工器材厂当时之调查，有《中国电器制造事业一览表》印行）其中有一百五十九家，即四分之三以上，集中于上海一隅。至二十八年中央电工器材厂正式成立于西南内地，始为中国电工制造界开一新纪元。兹谨各种电器电料之性质，别为九门：（1）电力机器（2）灯泡及真空管（3）无线电（4）电报电话（5）电池（6）电表（7）电线（8）电瓷及电木（9）五金电器杂类，分述如下：

（1）电力机器类

首先制造小型电力机器设备之工厂，当数“华生电器制造厂”，创办人为叶有才，工程主持人为杨济川，初期得翁工程师（存斋）为技术方面指导之力甚多。其发展程序如下：

民国五年开始制造限制表、自动开关、配电板；

六年开始制造变压器、电熨斗、电火炉；

十三年开始制造电风扇；

十五年开始制造交流发电机；

廿二年开始制造火车轮轴发电机、火车用各项电具。

该厂为华商股份有限公司组织，于民国五年创办，至二十五年已达全盛时期，其制造能力，变压器可至二千开维爱，交流发电机可至二百开维爱，但其主要之营业仍为电风扇。不但国内市场华生可执牛耳，即南洋群岛及印度一带，华生风扇亦可运往畅销。技术方面，以仿制美国奇异公司式样为主体，工场管理，因避免上海工潮不良风气关系，采用分散方式，主要工场分设上海南翔三处。抗战后，初迁汉口，次迁重庆，管理及出品成绩远不如前，至上海方面，则仍继续维持，以图复兴之机会。

华生之后，于民国十一年，上海复有“益中机器瓷电公司”之创设，资本为五十万元，与华生相同。益中主办人为工程师周琦、杨景时、刘锡麟三人，皆为美国留学生，在西屋电气公司曾实习者。该厂主要出品为变压器及电瓷两种，变压器可制至一千开维爱，电压至三万三千伏，瓷料则以六千六百伏为比较可靠，开关设备亦可兼制，种类颇多。抗战后，益中仍在上海工作，未迁入内地，营业颇不振。

电机业历史上居第三位者，为“华通电业机器厂”。华通创办在民国八年，早于益中，但其驰名国内，则在最近十余年。创办人为姚德甫，原系上海电力公司之技工，其初期营业亦赖该公司之扶植，专事仿造英国 G. E. C. 之油开关及电灶。总工程师为孙鼎，交通大学毕业生，于二十一年加入。制品以开关设备为最著，其他如电扇、变压器、电炉电灶、铁路行车电讯设备等，亦颇有名。抗战后迄未内迁，逐步扩充，营业甚盛。

电机业后起之秀为“华成电器制造厂”，创于民国二十一年，资本四十万元。主持人为周锦水，工程师初为钟兆琳、褚应璜，次为朱仁堪，现为褚应鎏。其出品集中全力于交流感应电动机，自半马力至一百马力，颇有声于时。抗战后全部由南翔迁汉口，嗣移衡阳，现兼制工具机。

英国通用电器公司，亦在上海河间路设一电动机制造厂，与国人自办之厂竞争，但成立较迟，约在二十六年，最近情形未详。

建设委员会电机制造厂，设上海高昌庙，原以无线电机为主要出品，至二十二年，兼制电动机及变压器，但数量不多。太原省营西北实业公司，亦制电动机及电扇，其规模更小。

根据二十六年调查，电力机器业共有十六家，但除上述各家以外，其他皆不甚重要。中央电工器材厂第四厂，为专力制造电力机器之新兴国营工厂，现分电机、变压器及开关设备三组，主体在昆明，一部分在桂林，厂长为许应期，工程师为褚应璜、孙瑞珩、林津、朱仁堪、余耀南等。目下贡献于后方生产者虽颇不小，但因机器未能及时运入，设备尚欠完善，有待于将来之扩充。昆明中央机器厂，本拟仿制一二千瓦之瑞士卜朗比厂式汽轮发电机，现先制二百瓦之煤气引擎发电机，本年可有出品应世，其工程师为施伯安、王守泰等。

（2）灯泡及真空管类

灯泡业之范围最大、历史最久者，当数上海美商“奇异安迪生电器公司”，创始于民国五六年间，灯泡最初每日产量仅千余只，现在约为二万只。二十年间，德国亚司令牌及荷兰飞利浦牌灯泡，亦均由该厂代制统销，对外营业名称改为中和公司，中国境内之灯泡市场，几为该公司所独占。

灯泡机器轻便，价值亦不过昂，钨丝铜线，运自外洋，毫不费力，故小规模之灯泡厂，在民国二十年前后，风起云涌，亦如日本灯泡厂之鼎盛。小灯泡又名电珠，系手工业性质，开设更多。二十六年调查，共计有三十五家，多半粗制滥造，罔思改进，渐归淘汰，其中比较规模大者，为亚浦耳及华德两厂。

亚浦耳创于民国十四年，初为中日合资，五卅后全归华商，资本自一万元逐步增至五十万元。总经理为胡西园，工程师为冯家铮，冯于二十五年离厂。该厂每日产量自千余只增至一万五千只。抗战时，一部分机器内迁，未加利用，现存辰溪。目下另租他厂机器，仍在上海出货，每日仅及千余只。

华德工厂为灯泡业后起之秀，创于民国十九年，经营得法，出品优良。主持人唐兆能、李庆祥、李庆华皆甚干练，抗战时未曾内迁，营业反盛。近因英美抵制日货，南洋国外订货更多，该厂之基础益固。

制造真空管（即电子管）之机器，一部分与灯泡机器相同，故二者可互相调剂。中国尚无制造真空管者，以其技术较难，而获利不易。中央广播事业管理处屡思筹办，嗣于二十五年商决，由资源委员会中央电工器材厂负责进行。资委会派朱其清赴美购机，并与 Arcturus，Radio Tubs Co. 订立收信管技术合作合同。二十六年机器运抵湖南湘潭，开始装置，二十七年夏开工，同年秋迁往桂林，二十八年全部出货，发信管、收信管之成绩皆甚优美。灯泡亦同时制造。该部分为中央电工器材厂之第二厂，厂长冯家铮，工程师为单宗肃、张朝汉、刘卓钧、陈熙等。

（3）无线电类

以无线电为国内正式商用通讯工具者，中国可称首屈一指，其原因则以有线电太窳败，无线电台起而代之，因利乘便也。根据二十六年调查，无线电装配制造业，计有建设委员会电机制造厂、军政部电机修造厂、大华无线电公司、中国无线电业公司、中华三极铣电公司、中华无线电研究社、亚美公司、亚洲无线电公司、湖南电器制造厂，及其他较小之厂共十二家。历史以亚美公司为最久，创于民国十一年，主持人为苏氏弟兄祖圭、祖国、祖修、祖尧等，出品注重自造零件，颇多贡献。建设委员会电机制造厂，原为军事委员会无线电机制造厂，发源于交通大学雨中操场，在国民革命军龙潭战役中，功绩甚大，厥后为建设委员会开设各地商用电台及试制国际电台，皆为首功，主持人为李范一、王崇植、俞汝鑫，工程师为张玉麟、颜任光、周维干。嗣后兼营电池及电机，主持人旋易林士模、胡汝鼎、许应期。于民国二十七年春并入中央电工器材厂，其无线电部分并入中央无线电机制造厂。

大华主持人为曹仲渊，资本十万元，创于二十一年，现仍在上海。中国无线电业公司，主持人为胡光鹿，工程师曹昌、王端骧，资本十二万五千元，创于十六年，现迁往重庆，并入中国兴业公司。三极铣电公司主持人为张贡九，资本四万元，创于十六年，现仍在上海。中华无线电研究社，主持人为陶胜百、邹雅言，资本二十万元，创于十六年，二十七年一部分迁重庆，一部分迁香港。湖南电器制造厂原由资源委员会及湖南政府合办，于二十五年创设于长沙，以制造广播收音机为主。抗战军兴，该厂改名“中央无线电机制造厂”，由中央广播事业管理处参加投资，资本由二十二万元增至三十三万元，旋又增至三百万元。厂址迁至桂林，并在昆明、重庆设立分厂。出品以军用收发报机为主体，以无线电话机、广播机及收音机为副，营业极盛，近又改名“中央无线电器材厂”。主持人为周维干，工程师为金贤藻。

（4）电报电话机类

莫尔斯电报机，在中国仿制较早，系由交通部上海浦东修造厂承制。自动电报机及电话机制造较难，仿制者极少。根据二十六年调查，此类工厂计有天津中天电机厂、上海中国电气公司、国际物产公司、南京交通部电信机件修造厂、济南同义电料行工厂等五六家。

交通部电信机件修造厂由上海浦东移设南京，主持人为舒震东，工程师为张育俊，制造范围有莫尔斯机、韦氏收发电报机、波纹收报机、电话机、交换机等，供给交通部各电报话局一部分之需要，抗战后迁至四川泸县工作。中天电机厂系王汰甄、周仁斋等创办，仿制西门子式共电及磁石电话机，颇著成绩，惟电话零件最多，体积甚小，需要准确程度最高，故由装配而进入于制造之工厂殊不易得。中天现在上海、香港仍继续有出品。中国电气公司系交通部与美商美洲电报电话公司所合办，但管理之权悉在美方，其上海工厂以修理电话机交换机为主要工作，兼为美商推销美货，在制造方面，无多贡献。国际公司由一技工沈增法创办，修造自动电话，颇有成绩。

资源委员会鉴于电话机制造之重要，乃于二十六年与美洲电报电话公司及德国西门子公司分别接洽谈判技术合作，卒以西门子式最适宜于军用，并以其条件较优，乃征得交通部及军政部之同意，与西门子订约，派员赴德鉴制机器并学习制造方法。二十六年，中央电工器材厂在香港成立电话预备厂，二十八年德国运来机器及工具被阻于海防，乃改由仰光进口，几经波折，始于二十九年运抵昆明，成立第三厂。二十九年七月开工，不久即有交换机及军用电话机出品，其精确优美与德货无异。厂长为黄修青，工程师为顾谷同、许德纪、卢祖谋、黄宏、沈家桢等。

（5）电池类

干电池制造宜于小本经营，蓄电池之装配亦不需大量资本，故电池工厂，在二十六年时，全国有六十一家之多。民营中较著者为上海合众电器公司，资本十六万元，二十一年创办，由俞汝鑫、王振基主持，商标明珠牌。其次为汇明电筒电池厂，资本三十万元，十四年创办，由丁熊照、柳宗曦主持，商标大无畏牌。以上二者，皆可与外货永备牌及国营日月牌分席抗衡。抗战以还，后方电池制造，虽亦如雨后春笋，遍植各地，而以原料欠精，品质不一，旋起旋灭，惟中央电工器材厂在渝、桂二地所出之日月牌，供给最广，近又在兰州添设工厂，除甲电乙电单电之外，兼制军用加水电池。电工厂是项制造，为该厂第四厂之一部分，厂长为许应期，工程师为潘福莹。此外如军政部电机修造厂在重庆所出之电池，及广西省军部在桂林所出之电池，皆能供给一部分，保持相当品质。

蓄电池之制造，在公营方面有津浦铁路电气厂（主持人翁为）、京沪铁路上海电厂（主持人郑葆成），民营方面有中国蓄电池厂（主持人胡国光，民国元年创办，资本三万元）、胜舶蓄电池厂（主持人魏达刚，十一年创办，资本五万元）、谭泮蓄电池公司（主持人谭泮，十二年创办，资本三万元）。抗战后公营两厂已不复存在，继起者有中央电工器材厂之日月牌蓄电池，惟产量尚不丰。

电池所需原料，锰粉及铅板，向有国货供给，惟锌皮、铵盐、石墨粉及硬橡皮箱，以往均赖舶来，其实国产足资替代者亦颇有可能，现正在积极研究中。

（6）电表类

电表制造，乃极精细之工业，需要机器及技术，均非寻常普泛之标准。二十六年调查，仅得大华科学机器公司一家，创办于十四年，主持人丁佐成，工程师李耀邦，但其出品亦仅限于电流表、电压表及无线电机，不敢遽造电度表。电度表销路最广，家家需用，其所以无人敢当试者，乃以国际市场竞争过剧，非大量制造不足以希望获利也。现中央电工器材厂正在计划从事于此项之制造。

（7）电线类

在北京政府时代，交通部曾与日本合作，办一"中华电气制作所"，厂址在上海军工路，以日本铜杆为原料，拉成各式铜线，并拟制橡皮绝缘线。已落成开工矣，卒以中国资本缴纳不足，缺少流动资金，中日两方意见不合而停办。至于用中国铜，自辗、自制，则抗战以前，向未曾有。四川成都以旧时制穿珠宝用铜丝之方法，小规模自拉短段铜线，其法以小熔铜炉铸成铜条，然后用人力从钢模中逐步拉细，每段仅十余尺①，或数十尺，不但质地欠纯，电阻太高，且粗细不匀，短段接长，需要多量焊接，质脆易断。笔者曾于二十三年发表一文曰《中国需要一电线厂乎》，结论主张自办电线厂实为必要。建设委员会曾拟利用英庚款设立一电线厂，由笔者及王崇植君筹划，但当局无此决心，终无所成。廿五年，资源委员会决定筹设中央电工器材厂，其中包含五个厂，第一厂即电线厂。是年冬，张承祜被派赴英，商承王景春博士，招标购机，并与英国著名制线三大厂，商洽技术合作，结果皆甚圆满。铜锭辗压机器，英

① 长度单位，10 寸等于 1 尺，10 尺等于 1 丈。1 市尺等于 1/3 米。

国不能供给，乃向德国 Demag 厂定制，同时订购制镀锌铁丝之机器。铜料之取给，初拟熔炼废铜，向英国 B. T. H. 厂订购直流电解机，设置长沙湘潭间。二十七年春，该厂鉴于战局情形，又知云南铜产较丰，滇越铁路可供大件运输，乃决定改设昆明，并与炼铜厂联合进行。越一年，大部厂房已告完成，二十八年七月一日先行开始拉线，为交通部代制裸线数百吨。二十九年夏，辗压厂完工，炼铜厂铜锭之技术联系，亦告成功，乃开始用中国铜，制各种电线。橡皮则用缅甸原料，绝缘线之出品，亦甚满意。此厂能力，足以供给全部自由中国之需要，惜自产原料不足，尚不能充分发挥其能力也。该厂厂长为张承祜，工程师为史通、娄尔康、卞学曾、葛和林等。

（8）电瓷及电木类

中国本以瓷器著名世界，但绝缘用之瓷料，则须另加科学之研究处理，非一蹴可就。在中国最先制售电瓷者，为上海美商奇异安迪生电器公司，及唐山启新磁厂（经理袁永定，工程师德人 Gunther），只限于六千六百伏以下之电压。安迪生公司曾派员赴美入厂受训练，但亦无意从事于高压瓷。此外如益中机器瓷电公司及山东省立窑业试验厂（厂长杨法权），出品亦殊不恶，益中且已试制三万三千伏之瓷瓶，著名产瓷之江西景德镇则对此无所表现。二十六年，资源委员会根据专家任国常调查试验之结果，邀请交通部建设委员会合股，在长沙设立中央电瓷厂，乃厂窑甫成，而战局变化，不得不定计西迁。现该厂总厂设四川宜宾，尚未出货，分厂设湘西沅陵，承长沙之业，早已出货，仍苦为量不多。另有杜重远创办之光大磁厂，由九江迁长沙，复迁四川泸县及云南曲靖，惜皆系手工，而无动力，制作欠精，只能勉强供低压之用也。

电木粉乃化学原料，我国尚不能自制，原料必须来自欧美。十年前，上海以电木（又名胶木）器皿及电具营业甚获利，乃纷起设厂，一时有二三十家之多，后因竞争太剧，偷工减料，不能持久，多数旋归失败。其中佼佼者，为亚光制造公司，创于二十年，资本二十五万元，主持人为张惠康、陈良辅。陈君旋加入中央电工器材厂，张君兼办东方年红电光公司，亦颇有声。该公司至今仍在上海，继续维持。

瓷及电木以外之绝缘材料，如玻璃、云母、石棉、紫胶等均极重要。目下各厂仅采用小量自制替代品，尚无大规模设厂制造者。

（9）五金电器杂类

此类包括电筒、灯头、电铃、灯罩、台灯、熨斗、咖啡壶、电炉、电灶、磨面机、热风机、电冰箱、小变压器、电料零件、铁件、电车用件、小开关等物品。上海此类小工厂最易创设，内地则不甚易，环境使然也。二十六年调查，得四十六家，恐广州、天津、青岛各埠遗漏者尚多。以其关系较小，不多加论述。

结　　论

电机或电工器材制造工业，本可包括在机械工业之大分类内，但因近三十年来，电学发展奇速，电器应用日广，通讯、动力、照明、电化，其范围之大，可与机械工业本身相颉颃，故应别树一帜。此外，如航空工业、造船工业、纺织工业，亦骎骎乎可以自成一大部门，从机械工业之母体中分出，此乃近代进化之自然现象也。我国电器工业最近既已有长足之进步，将来在建国建军方面，自必有伟大之贡献。现在西南各省之工厂，在抗战胜利以后，非但不必东迁，且宜加以充实，使永为后方重镇。沦陷各省区收复后，各项电机制造工厂，应予重要地点，另购最新设备，妥为布置，并与欧美先进国家取得技术上之联系。此外，笔者认为更重要者，整个中国工业化，必须在各项工业之发展上，得到最合理之步骤协调，不可轻重倒置，缓急失宜。笔者固主张电机工业应从速发展，但供给电工原料之矿冶化工事业，必须更为加速之发展，庶几电工业所急需之钢料、矽钢片、合金磁钢、铜、铝、锌、铅、绝缘油漆、电木粉等可以充分取得也。

人名索引

M

Z

图书在版编目（CIP）数据

民国时期机电技术 / 王守泰等口述；张柏春访问整理．— 长沙：湖南教育出版社，2009.7（2019.12 重印）
（20 世纪中国科学口述史 / 樊洪业主编）
ISBN 978－7－5355－6142－8

Ⅰ．①民…　Ⅱ．①王…　②张…　Ⅲ．①机械工业—工业史—中国—民国　②电气工业—工业史—中国—民国　Ⅳ．①F426.4　②F426.6

中国版本图书馆 CIP 数据核字（2009）第 118277 号

书　　名	20 世纪中国科学口述史 民国时期机电技术 Minguo Shiqi Jidian Jishu
作　　者	王守泰　陆景云　顾毓瑔　雷天觉等口述 恽　震自述　张柏春访问整理
责任编辑	陈　凯
责任校对	黄　玉　龚　昊
出版发行	湖南教育出版社（长沙市韶山北路 443 号）
网　　址	http://www.hneph.com
电子邮箱	hnjycbs@sina.com
客　　服	电话 0731－85486979
经　　销	湖南省新华书店
印　　刷	长沙超峰印刷有限公司
开　　本	710×1000　16 开
印　　张	17.25
字　　数	212 000
版　　次	2009 年 7 月第 1 版　2019 年 12 月第 1 版第 3 次印刷
书　　号	ISBN 978－7－5355－6142－8
定　　价	45.00 元